국어과
객관식 문항 개발의
방법과 실제

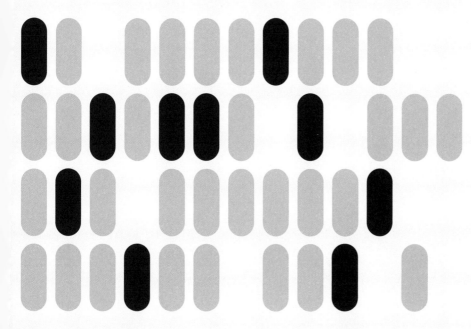

국어과
객관식 문항 개발의
방법과 실제

이정찬 · 민준홍 · 이지훈 · 하성욱 지음

사회평론아카데미

국어과 객관식 문항 개발의 방법과 실제

2020년 1월 13일 초판 1쇄 펴냄
2023년 6월 21일 초판 2쇄 펴냄

지은이 이정찬·민준홍·이지훈·하성욱
펴낸이 권현준
펴낸곳 ㈜사회평론아카데미

책임편집 고하영·정세민
편집 이소영·김혜림·조유리
디자인 김진운
본문조판 토비트
마케팅 김현주

등록번호 2013-000247(2013년 8월 23일)
전화 02-326-1545
팩스 02-326-1626
주소 (03978) 서울특별시 마포구 월드컵북로12길 17
홈페이지 www.sapyoung.com
이메일 academy@sapyoung.com

ISBN 979-11-89946-38-8 93370

머리말

고등학교 현장에서 국어 수업을 한 지 20여 년, EBS 연계 교재 및 대단위의 평가 시험 등을 출제한 지 십수 년이 지났다. 국어 교사로 생활하면서 가장 시간을 많이 쏟은 것 중 하나가 적절한 평가 방법에 기초한 문항 출제였고, 매 학기 학생들과의 수업을 통해 어떤 평가 방법이 학생들의 능력과 열정을 제대로 확인할 수 있는 것인가에 대해 현장 교사로서 많이 고민해 왔다. 객관식 문항 출제와 관련해 나름대로 쌓아 온 생각과 접근 방법을 글로 정리할 수는 없을까 하는 생각을 하던 차에, 평소 비슷한 고민을 하던 한국교육과정평가원의 이정찬 박사님, 이지훈 선생님, 하성욱 선생님과 문항 개발의 과정·방법·사례 등을 소개하는 안내서를 만들어 보자고 의기투합하게 되었다. 그렇게 약 2년 정도 자료 수집과 토의, 집필 과정을 거쳐 소박한 결과물을 출간하였다. 그 과정에서 주도적인 역할을 하신 이정찬 박사님과 이지훈 선생님, 하성욱 선생님께 감사드린다. 단지 연장자라는 이유로 본인이 대표로 머리말을 썼지만, 이 책이 세상에 나오는 데 세 분이 크게 기여하셨음을 솔직하게 밝힌다.

이 책은 엄정한 지침서나 보편적인 개론서가 아니라 객관식 문항 출제에 관심을 가진 교육 현장의 여러 선생님들에게 개략적 방법을 소개하는 일종의 안내서이다. 네 명의 집필자가 틀을 정하고 각자의 주관과 경험을 녹여 객관식 문항 개발의 방법과 향후 주목할 만한 새로운 문항 유형을 제시하였는데, 미흡한 점에 대한 지적은 겸허히 받을 것이다. 여러 선생님들이 이 책을 통해 학교의 내신 시험을 비롯한 다양한 문항 출제에 대해 사고의 지평을 넓히고 도움을 받을 수 있다면 더 바랄 것이 없겠다. 아울러 이 책에 제시된 다양한 사례들은 이해를 돕기 위해 대학수학능력시험, 전국연합학력평가 등에서 선별하였다. 다만, 집필 목적과 의도 등에 따라 일부 내용을 수정하거나 변형하였음을 밝힌다.

이 책에서 인용한 전문적인 내용들에 대해 하나하나 출처를 밝히는 것이 마땅하나, 그간 안내서에서 용인되던 관행과 편집상의 필요 때문에 책 뒷부분에 참고문헌으로 수록하였다. 여러 전문가들의 이해를 바라며, 그분들에게 감사와 존경의 마음을 전한다.

거친 초고를 살펴보며 조언과 의견을 주신 장창중 선생님, 노은주 선생님, 윤금준 선생님께도 지면을 빌려 감사의 말을 드린다. 이분들의 도움으로 이 책의 가치가 배가되었다.

아무쪼록 이 책이 객관식 문항 출제의 과정과 방법에 대해 진지하게 고민하는 신생님들에게 길잡이 역할을 하기를 바란다. 아울러 선생님들이 개인적으로 애쓰고 노력하여 설계한 문항이 적절한 평가 도구로 인정받아 교사와 학생이 모두 만족할 수 있는 결과로 이어지는 데 미력하나마 힘이 되기를 간절히 바란다.

필진을 대표하여
민준홍 씀

차례

1

국어 교과의
평가 문항 개발

01 문항 개발 과정의 개요

국어 교과의 문항은 학생의 성취를 평가할 뿐 아니라 교수·학습의 내용과 방법을 함의할 수 있는 정보를 제공해 주고 교육의 궁극적인 목적인 전인 양성에 기여할 수 있도록 설계되어야 한다. 문항이 단순한 평가로서의 역할을 넘어 국어 교육의 방향을 구체적으로 제시해 줄 수 있을 때, 국어 교육의 질을 개선하고 향상하는 데 공헌할 수 있다.

불과 10여 년 전까지만 하더라도 평가는 교사가 학생들의 지식을 측정하여 줄을 세우는 역할에 중점을 두고 있었다. 그러나 교육과정의 패러다임이 변화하면서 현장 교사 및 국어 교육 연구자들 사이에서는 기존의 교사 중심의 평가관에서 탈피하여 학습자 중심의 평가관으로 바뀌어야 한다는 공감대가 형성되었다. 이에 따라 학생들이 교사에게 전달받고 이양받은 형식적 지식을 평가하는 것을 넘어, 실제적인 지식을 탐구하고 생활 속에서 실천할 수

[표 1-1] 2015 개정 교육과정에 제시된 국어 교과의 역량

국어 교과의 역량	내용
비판적·창의적 사고 역량	다양한 상황이나 자료, 담화, 글을 주체적인 관점에서 해석하고 평가하여 새롭고 독창적인 의미를 부여하거나 만드는 능력
자료·정보 활용 역량	필요한 자료나 정보를 수집, 분석, 평가하고 이를 효과적으로 활용하여 의사를 결정하거나 문제를 해결하는 능력
의사소통 역량	음성 언어, 문자 언어, 기호와 매체 등을 활용하여 생각과 느낌, 경험을 표현하거나 이해하면서 의미를 구성하고 자아와 타인, 세계의 관계를 점검·조정하는 능력
공동체·대인 관계 역량	공동체의 가치와 공동체 구성원의 다양성을 존중하고 상호 협력하며 관계를 맺고 갈등을 조정하는 능력
문화 향유 역량	국어로 형성·계승되는 다양한 문화를 이해하고 그 아름다움과 가치를 내면화하여 수준 높은 문화를 향유·생산하는 능력
자기 성찰·계발 역량	삶의 가치와 의미를 끊임없이 반성하고 탐색하며 변화하는 사회에서 필요한 재능과 자질을 계발하고 관리하는 능력

주의점
교육의 질이 교사의 질을 넘어설 수 없다는 말이 있듯이, 문항의 질 또한 문항 설계자의 질을 넘어설 수 없다. 문항 설계자의 질은 관련 지식과 기능을 습득함으로써 향상될 수 있다. 그러나 더욱 중요하게는 그러한 지식과 기능을 학교 현장에서 발현하면서 얻게 되는 전문적 경험과 판단을 통해 확보될 수 있다.

있는 '살아 있는' 평가를 해야 한다는 점이 강조되고 있다. 더욱이 지식의 직접적 측정을 최대한 배제하고자 하는 대학수학능력시험 체제는 이러한 변화에 촉매 역할을 하였다.

그럼에도 불구하고 여전히 각급 학교의 내신 시험에서는 화법·작문 이론, 문학사, 문법 등의 지식을 직접적으로 묻거나 제시된 자료를 한정된 관점에서 이해하고 적용하는 등의 제한적인 문제를 출제하는 경우가 많다. 여기에는 기본적으로 교사의 업무 과중, 공동 출제 협의 시간의 부족, 전문 검토 인력의 부재, 내신 시험 문항의 변별도 확보의 어려움 등 여러 원인이 있다. 그리고 대학수학능력시험이나 EBS 연계 교재와 같이 고려해야 할 현실적인 제약도 존재한다. 하지만 이러한 요인을 극복하고 교사가 질이 좋은 문항을 출제하고 싶다 해도, 무엇을 평가 요소로 삼아 그것을 어떻게 문항으로 설계하고 구현할 수 있는지를 알지 못한다면 현 상황을 근본적으로 해결하기는 어렵다.

따라서 기존의 내신 시험 문항의 출제 관행에서 벗어나 수준 높은 문항을 작성하기 위해서는 문학·독서·문법·화법·작문 과목 전반에 걸쳐 문항을 제작하는 구체적인 과정을 살펴볼 필요가 있다.

02 문항 제작의 과정

문항을 제작할 때는 기본적으로 '성취기준-수업-평가'의 일체화를 고려해야 한다. 이는 교육과정에 제시된 성취기준을 바탕으로 수업이 구성되어야 하고, 그 수업의 내용을 바탕으로 평가가 이루어져야 한다는 것이다. 예를 들어 [12문학03-02] '대표적인 문학 작품을 통해 한국 문학의 전통과 특질을 파악하고 감상한다.'라는 성취기준을 바탕으로 고려가요 「가시리」와 현대시 「진달래꽃」에 드러난 한국 문학의 전통과 특질을 수업하였는데, 평가에서는 「가시리」에 쓰인 시어의 사전적 의미와 「진달래꽃」에 쓰인 시어의 표현 기법만 묻는 문항을 출제했다면 세 요소의 일체화가 제대로 이루어지지 않은 것이다.

일체화 관점을 유지하며 문항을 제작하는 과정은 일반적으로 다음과 같다.

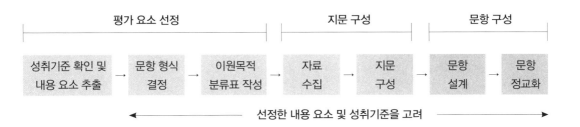

문항 제작의 첫 번째 단계는 성취기준을 확인하고, 내용 요소를 추출하는 일이다. 예전에는 교과서의 단원 순서대로 수업을 진행하는 경우가 많았으나, 최근에는 교사의 의도에 따라 수업을 다양화하는 추세이다. 즉, 교사의 전문적인 판단하에 단원 구성을 새롭게 하거나 수업 순서를 조정하는 등의 모습들이 나타나고 있다. 그러나 수업을 어떻게 진행하든, 교육과정에서 제시하고 있는 성취기준을 분석하고 해석하는 과정을 가장 먼저 거쳐야 한다.

국어과 교육과정에서 제시하고 있는 성취기준은 모든 학생이 도달해야 하는 목표로서, 하나의 성취기준에는 일반적으로 여러 개의 내용 요소가 포함되어 있다. 가령, [12화작02-04] '협상 절차에 따라 상황에 맞는 전략을 사용하여 문제를 해결한다.'라는 성취기준이 있다면, 여기에는 '협상 절차',

'상황에 맞는 전략', '문제 해결' 등의 여러 가지 내용 요소들이 존재한다. 이러한 내용 요소는 개념에 대한 이해는 물론, 특정한 전략이나 기능의 사용 등과 같이 다양한 방식으로 해석될 수 있다. 앞에서 예로 든 성취기준 [12화작 02-04]는 협상 절차를 이해하고 협상 과정에서 나타날 수 있는 다양한 상황에 대해 적합한 말하기·듣기 전략을 사용하며, 타당한 해결 방안을 도출 혹은 강구하는 것까지를 모두 포함하는 것이라 할 수 있다. 따라서 교사는 이러한 성취기준을 면밀히 분석하고 수업 상황 등을 고려하여, 평가의 맥락으로 각각의 내용 요소 중 어느 것을 강조하고 어떤 화제를 통해 이를 구체적인 담화 상황으로 제시할 것인지 등을 결정해야 한다. 만약 이러한 과정이 제대로 이루어지지 않으면 문항 제작은 물론 평가 과정 전체가 타당성을 잃을 수 있다.

다음으로, 수업 목표와 학생 집단의 성질 등을 종합적으로 판단하여 객관식, 단답형, 서술형 등 문항 형식을 결정한다. 이때 평가 시간을 고려하여 문항 수도 같이 결정한다. 가령 짧은 시간에 지나치게 많은 문항 수로 평가가 이루어진다면 타당도 및 신뢰도를 확보하기 어렵다.

문항 형식이 결정된 후에는 이원목적분류표를 작성한다. 이는 문항 내용과 수준의 기준 역할을 하므로 문항을 구성하는 것만큼 심의를 기울일 필요가 있다. 때로 학교 현장에서는 문항 제작을 먼저 해 놓고 그 뒤에 이원목적분류표를 작성하기도 하는데, 이렇게 할 경우 난도 조정이나 성취기준 배분에 문제가 생길 수 있으므로 지양하는 것이 바람직하다.

이원목적분류표 작성이 끝나면 평가 목표에 따라 구체적인 문항을 설계하여 작성하는 단계에 들어간다. 자료를 수집하여 지문을 구성하고 문항을 설계한 뒤 정교화하는 과정은 2~6장에서 과목별로 자세히 다루고 있으므로, 여기에서는 문항을 제작할 때 일반적으로 유의해야 할 점들에 대해서 살펴보자.

먼저, 타당성 있는 문항을 제작해야 한다. 비판적 사고 능력을 측정하겠다고 계획하고 실제로는 학생들의 배경지식이나 어휘력 또는 독해력에 의해 정답 여부가 결정되는 문항을 제작한다면, 이 평가는 타당성을 충족하지 못하게 된다.

또한 문항이 모호하지 않도록 구조화할 필요가 있다. 구조화란 문항의 체계성과 명료성을 의미한다. 문항을 제작할 때는 발문과 선택지의 내용을 체계적이고 명확하게 표현하여 오해의 여지를 없애고, 학생들이 답해야 할 방향을 구체화해 주어야 한다.

문항의 난도가 적절한지도 고려해야 한다. 어떤 이유에서건 지나치게 쉽거나 어려운 문항은 배제하는 것이 좋다. 학교의 내신 시험 문항을 출제할 때는 고등학교의 경우 분할점수를 산출하며 난도를 예측하는데, 학생들이 느끼는 문항 난도는 출제자의 예상과 다를 수 있음을 염두에 두고 난도를 신중하게 고려할 필요가 있다.

문항 설계를 마치고 문항을 정교화하는 과정에서 중점을 두어야 하는 것은 오류가 없는 문항인지를 검토하는 것이다. 문항에 오류가 발생하면 행정적으로나 심적으로 어려움이 따르기 마련이다. 내신 시험 문항에 오류가 발생하면 '모두 정답'이나 '정답 없음'으로 처리하지 않고, 단 한 개의 문항이라 할지라도 학업성적관리위원회를 거쳐 재시험을 치르는 것이 일반적이다. 이러한 일이 발생하지 않으려면 정답 시비가 생길 수 있는 내용은 애초에 출제되지 않도록 해야 한다. 그리고 매력도가 너무 높아 문항의 변별도를 떨어뜨리는 오답지는 없는지 검토하며, 해당 선택지를 정교화할 필요도 있다. 아울러 글만으로 설명이 불충분한 경우에는 그림, 사진, 도표 등의 시각 자료를 적절하게 활용하여 내용을 구체적으로 제시해 주는 것도 필요하다.

TIP

작성한 이원목적분류표를 비탕으로 분할점수를 산출한다. 교과 담당 교사들은 학기 단위 성취 수준 기술, 성취 수준에서의 최소 능력 특성을 함께 검토하여 분할점수에 대해 합의해야 한다. 산출된 분할점수는 평가 문항을 확정한 뒤 평가 시행 전에 학생에게 공지하게 되어 있다.

03 문항의 구조

국어 교과의 문항은 크게 지문 부분과 그에 딸린 문항 부분으로 구성된다. 지문 부분은 문항을 풀이하는 데에 준거가 되는 자료로, 독서의 경우 1,400~2,200자 정도로 구성되고, 문법의 경우 1,200자 내외로 구성된다. 문항 부분에서는 지문과 별개로 〈보기〉와 같은 제시문이나 자료를 넣기도 한다. 이러한 제시문 및 자료는 500자 내외로 구성하는 것이 일반적이다. 문항 부분은 구체적으로 묻고자 하는 평가 요소를 실현한 부분으로, 지문 부분과 긴밀하게 연관된다.

다음은 문항의 구조를 보여 주는 예로, 문항의 구성 요소에는 '대발문, 지문, 발문, 〈보기〉, 선택지' 등이 있다.

TIP
'대발문'을 '지시문', '발문'을 '문두', '선택지'를 '선지'나 '답지'라고 부르기도 한다.

2017학년도 대학수학능력시험 14~15번

[14~15] 다음 글을 읽고 물음에 답하시오.　　　　　　　대발문

> 국어에서 동사나 형용사에 붙어 새로운 단어를 형성하는 접미사는 다양한 문법적 특징을 지니고 있다. 그 특징은 다음과 같다.
>
> 첫째로, 접미사는 동사나 형용사에 붙어 새로운 어간을 형성한다. 예를 들면, '녹다'의 어근 '녹-'에 접미사 '-이-'가 붙어 새로운 어간 '녹이-'가 형성된다. 이렇게 만들어진 '녹이다'의 어간 '녹이-'는 '녹다'의 어간 '녹-'과 구별된다. 둘째로, 접미사는 동사나 형용사의 어근에 붙어 품사를 바꾸기도 한다. 예를 들면, 명사 '먹이'나 '넓이'는 각각 동사와 형용사의 어근에 접미사 '-이'가 붙어 형성된 단어이다. (중략)
>
> 한편, 하나의 접미사가 모든 동사나 형용사에 자유롭게 결합하는 것은 아니다. 예를 들면, 접미사 '-히-'는 '읽다'의 어근 '읽-'에 붙어 '읽히다'를 만들 수 있지만, '살다'의 어근 '살-'에는 붙지 못한다. 어근 '살-'에는 접미사 '-리-'가 붙어 '살리다'

지문　　지문
　　　부분

가 형성된다. 또한 어근과 접미사 사이에는 다른 형태소가 끼어들 수 없다. 가령, 어근 '읽-'과 접미사 '-히-' 사이에 '-시-'와 같은 선어말 어미가 끼어든 '읽시히-'와 같은 것은 만들어지지 않는다.

발문

14. 윗글을 바탕으로 〈보기〉의 ⓐ~ⓔ를 이해한 내용으로 적절한 것은?

─── 〈 보기 〉 ───
ⓐ 달콤한 휴식을 위해 시간을 <u>비워</u> 놓았다.
ⓑ 아주 <u>높이</u> 나는 새라야 멀리 볼 수 있다.
ⓒ 마을 앞 공터를 <u>놀이</u> 공간으로 조성했다.
ⓓ 멀리서 찾아온 손님을 위해 차를 <u>끓였다.</u>
ⓔ 할아버지께서는 오늘 일찍 <u>오시기</u> 힘들다.

〈보기〉

문항
부분

① ⓐ에서 '비워'의 어간은 '시간이 빈다.'에서 '비다'의 어간과 같다.
② ⓑ에서 '높이'는 형용사 '높다'의 어근 '높-'에 접미사 '-이'가 붙어 형성된 명사이다.
③ ⓒ에서 '놀이'는 명사이므로 '놀이' 속의 '놀-'은 서술어로 기능하지 못한다.
④ ⓓ에서 '끓였다'의 어근에 붙은 접미사 '-이-'는 모든 동사에 자유롭게 결합한다.
⑤ ⓔ에서 '오시기'는 '오-'와 '-기' 사이에 다른 형태소가 끼어든 것이므로 명사이다.

선택지

1) 대발문

대학수학능력시험에서 대발문은 독서·문학·문법 과목의 경우 "[20~22] 다음을 읽고 물음에 답하시오."와 같은 방식을 주로 사용한다. 여기서 '20~22'는 지문이 몇 번 문항까지 관련되어 있는지를 나타내는 것으로, 복수의 문항으로 이루어진 일반적인 시험지 구성에서 지문과 문항 간의 관련성을 직접적으로 드러내는 표시이다. 따라서 관행적인 표시처럼 보일지라도 최종 단계에서는 이 표시가 정확한지를 반드시 확인해야 한다.

학교 현장에서도 "[20~22] 다음 글을 읽고 물음에 답하시오."와 같은 대발문을 자주 사용하곤 한다. 한편 화법·작문 과목처럼 의사소통 상황을 제시해야 하는 경우에는 그 상황을 구체적으로 대발문에 기술할 수 있다. 예를 들어 화법 과목 문항에서 학생이 수업 시간에 발표하는 상황을 드러내고자 한다면 "다음은 학생이 수업 시간에 한 발표이다. 물음에 답하시오."를 대발문으로 사용할 수 있다. 그리고 의사소통 상황이 여러 개의 지문으로 제시될 때에도 이를 대발문에 구체적으로 드러낼 수 있다. 예컨대 작문 과목 문항에서 학생이 작성한 메모를 바탕으로 초고를 쓰는 상황이 지문 (가)와 (나)에 제시되었다면 대발문으로 "(가)는 학생의 메모이고, (나)는 (가)를 바탕으로 쓴 초고이다. 물음에 답하시오."를 사용할 수 있다. 여러 지문이 제시되고 지문 간의 관계를 드러냄으로써 의사소통 상황 등을 구체화할 수 있을 때 이러한 대발문을 사용한다. 한편 화법·작문 융합 문항에서는 화법 상황과 작문 상황을 묶어서 제시해야 하는데, 이 경우 "(가)는 활동지에 따라 학생들이 실시한 독서 토의의 일부이고, (나)는 학생A가 활동지에 따라 작성한 글의 초고이다. 물음에 답하시오."와 같이 대발문에 두 상황을 모두 드러낼 필요가 있다.

2) 지문

지문은 문학·독서·문법·화법·작문 등 과목을 막론하고 문항 풀이의 구심점이 되는 부분이기 때문에 지문 선정에서부터 윤문에 이르기까지 꼼꼼하게 신경 써야 한다. 문학 과목에서는 작품을 선정하면 지문에서 새로이 내용을 구성할 부분은 사실상 없다. 반면 독서·화법·작문 과목에서는 처음 구성한 지문을 지속적으로 수정하면서 윤문을 해야 한다. 필요하다면 학생들이 글을 이해하는 데 도움을 줄 수 있는 장치로 그래프나 그림, 표를 활용할 수도 있다. 이 경우 글의 내용과 관련된 부분만 단순화하여 나타내고 글의 가독성을 해치지 않도록 적절하게 배치해야 한다.

지문을 구성할 때는 '교육적 적합성, 사회적 합의성, 학문적 엄밀성, 인지적 참신성'이라는 네 가지 기준을 고려하는 것이 바람직하다.

TIP
원문자 기호를 지문에 사용할 때는, '㉠-㉮-ⓐ-Ⓐ'의 순으로 사용하는 것이 일반적이다. 동일한 부분에서 같은 기호를 겹쳐 사용하지 않도록 유의해야 한다.

TIP
산문을 지문으로 활용하는 경우에는 장면을 잘 잘라내는 것이 관건이다. 장면에 따라 대표 문항이 체계적으로 구성될 수도 있고, 그렇지 않을 수도 있기 때문이다. 고전문학의 경우 어휘 풀이 각주를 달아 지문에 대한 이해도를 높일 수 있다.

'교육적 적합성'은 지문에 제시된 정보와 내용이 학생들의 인지적·정서적 성장에 긍정적인 역할을 할 수 있어야 한다는 것이다. 인지적 성장을 위해서는 제재가 학생들의 발달 정도에 부합하고 인지적 깨달음을 줄 수 있는지 고려해야 한다. 그리고 정서적 성장을 위해서는 학생들이 감성적 공감이나 감동을 느낄 수 있는 제재를 선정하는 것이 좋다. 다시 말해 학생들에게 인지적·정서적 만족감을 주는 지문을 구성하여 긍정적인 학업 동기를 형성하는 데 도움이 되어야 한다.

'사회적 합의성'은 사회 구성원들이 일반적으로 동의할 수 있는 내용이어야 한다는 것이다. 이를 위해서는 사회 구성원들 사이에서 논란이 없고, 구성원들에게 상처를 주지 않는 내용의 지문을 선택해야 한다. 특정 집단의 주장을 무조건 비하 또는 옹호하는 내용을 담고 있는 글이나 여성·노인·장애인·문화·인종 등과 관련하여 그릇된 고정관념을 형성할 수 있는 글을 지문으로 활용해서는 안 된다. 글의 내용이 특정 지역 학생에게 유리하거나 불리하지 않을지도 고려해야 한다. 물론 사회 구성원 모두가 완전히 합의할 수 있는 내용은 아니지만, 학생들의 성장에 도움이 되거나 학생들이 수용할 수 있다고 판단할 수 있다. 이러한 경우에는 반론이나 이견을 함께 제시하는 균형감 있는 내용의 글을 사용하는 것이 좋다.

'학문적 엄밀성'은 지문에서 다루는 내용이 학생들의 배경지식에서 벗어나지 않는지, 오늘날에도 적용이 되는지, 최신 연구 결과를 반영한 것인지 등을 고려해야 한다는 것이다. 주로 독서·문법·화법·작문에서의 지문 내지는 문학에서의 〈보기〉를 구성할 때 검토해야 할 사항이다. 학문적 엄밀성이 부족하면 문항에 오류가 생기고, 결과적으로 평가의 신뢰성과 타당성에 큰 타격을 준다. 그러므로 학문적 엄밀성을 확보하기 위해서는 지문을 구성할 때 특정 저자의 글을 그대로 사용하기보다는 유사한 제재의 다른 저자의 글을 참고하여 새로 윤문하는 것이 바람직하다.

'인지적 참신성'은 지문의 내용이 참신해야 한다는 것이다. 학생들에게 너무 익숙한 내용이 제시되면, 문항으로서의 기능이 약화될 수 있으며 평가를 통해 학생의 성장을 노모한다는 취지에도 어긋난다. 한편 교육과정에서 전혀 다루어지지 않은 생경한 이론을 제시하여 학생이 이를 지나치게 어려

주의점

시험지는 제한된 지면 때문에 내용을 요약하거나 재구성해야 하는 경우가 많다. 교과서 지문의 분량이 적은 경우는 전문을 지문으로 사용해도 무방하지만, 그렇지 않을 경우에는 내용을 크게 바꾸지 않는 선에서 수정해야 한다. '중략'을 활용할 수도 있는데, '중략'은 하나의 지문에서 한 번만 사용하는 것이 일반적이다.

워하면 오히려 학업과 학문 탐구에 대한 호기심을 잃어버릴 수도 있음에 유의해야 한다.

3) 발문

발문은 부정 표현의 유무에 따라 크게 긍정형과 부정형으로 구분할 수 있다. 긍정형 발문은 "윗글에 대한 설명으로 적절한 것은?"과 같이 답으로 적절한 것을 찾는 형식의 발문이다. 반면에 부정형 발문은 "윗글에 대한 설명으로 적절하지 <u>않은</u> 것은?"과 같이 답으로 적절하지 않은 것을 찾는 형식의 발문이다. 국어 교과의 경우 긍정형과 부정형의 선택은 대체로 지문에서 활용할 수 있는 정보의 양에 따라 결정되는 경우가 많다. 즉, 지문에서 정답의 단서가 되는 정보가 두 개 이하이면 긍정형 발문을 사용하고, 세 개 이상이면 부정형 발문을 사용한다. 물론 평가 계획과 의도에 따라 부정형을 긍정형으로 전환할 수 있지만, 긍정형을 부정형으로 바꾸는 것은 지문에 제시된 정보가 제한적이기 때문에 어렵다. 따라서 이 경우에는 필요한 정보를 지문에 추가하여 부정형으로 바꾸는 것이 적합하다.

한편, 발문을 정답의 구성 형태에 따라 최선답형과 합답형으로 구분하기도 한다. 최선답형은 여러 선택지 중에서 정답에 가장 가까운 것을 선택하게 하는 문항으로, "윗글에 대한 이해로 가장 적절한 것은?"과 같은 발문으로 표현된다. 합답형은 여러 개의 선택지 중에서 하나 혹은 하나 이상이 합해서 정답이 되는 문항으로, "윗글에 대한 설명으로 적절한 것만을 〈보기〉에서 있는 대로 고른 것은?"과 같이 답으로 적절한 것을 골라 바르게 묶은 것을 찾는 형식의 발문이 사용된다.

발문을 작성할 때 가장 중요한 것은 발문에 평가 요소가 구체적으로 드러나야 한다는 점이다. 학생들이 발문을 바탕으로 문항이 묻고자 하는 바를 파악해야 하기 때문에 발문을 정확하게 표현하지 않으면 타당도에 문제가 생기게 된다. 예를 들어 학교 현장의 내신 시험 문항에서 "윗글의 내용과 일치하지 <u>않는</u> 것은?"이라는 발문과 "윗글을 통해 알 수 있는 내용이 <u>아닌</u> 것은?"이라는 발문을 혼용하는 경우가 많은데, 두 발문은 평가 요소가 엄연히 다르다. 전자가 내용의 사실적 이해를 묻는 문항이라면, 후자는 내용의 추론

주의점
발문은 "~으로 가장 적절한 것은?", "~으로 적절하지 <u>않은</u> 것은?"과 같이 불완전형의 의문문으로 통일하여 작성하는 것이 원칙이다. 또한 "~으로 적절하지 <u>않은</u> 것은?"과 같이 발문을 부정문으로 표현할 때는 부정 표현에 밑줄을 그어 학생들의 혼란을 줄여 주는 것이 좋다.

TIP
문항에 따라서는 조건을 통한 문항 초점화의 방법도 사용할 수 있다. '~에 따르면', '~을 통해서 볼 때', '~으로 알 수 있는' 등은 문항의 특수한 조건을 규정하고 있는데, 이를 적절히 활용함으로써 발문의 명확성을 확보할 수 있다.

적 이해를 묻는 문항이다. 따라서 타당한 문항을 만들기 위해서는 평가 요소를 정확하게 드러내는 발문을 작성해야 한다.

발문은 가급적 하나의 문장으로 표현하는 것이 바람직하다. 두 문장 이상으로 발문을 구성할 경우 평가 요소가 무엇인지 학생들에게 혼동을 줄 수 있기 때문이다. 그리고 가급적이면 발문은 긍정문으로 표현하도록 한다. "~에 해당하지 않는 것으로, 적절하지 않은 것은?"과 같이 발문을 꼬아 놓은 경우도 더러 볼 수 있는데, 이는 평가 요소와 무관하게 학생들에게 혼란을 주는 바람직하지 않은 발문이다.

4) 〈보기〉

대개 〈보기〉에서는 지문에 없는 정보를 제시하는 경우가 많다. 이를 토대로 지문에 생략된 내용이나 함의된 저자의 의도 등을 추론하고, 특정한 관점에서 지문을 해석 및 비판하는 등의 심화된 이해(추론, 비판, 적용 등)를 평가하고자 할 때 사용한다. 따라서 〈보기〉가 있는 문항은 대체로 해당 세트의 중간이나 마지막에 배치하는 것이 적합하다.

〈보기〉의 제시문 및 자료를 구성하는 방법은 지문과 크게 다르지 않다. 일반적으로 〈보기〉는 지문의 내용을 적용할 수 있는 구체적인 자료나 사례 등으로 구성된다. 〈보기〉는 지문과 선택지 간의 논리적 관계를 엮어 주는 역할을 하기 때문에 이에 대한 근거가 타당한지 검토할 필요가 있다. 특히 문학 과목에서는 〈보기〉가 작품 감상의 준거가 되는 경우가 많으므로 공신력 있는 자료를 활용해야 한다. 그렇지 않으면 학생들의 작품 감상을 오도하고 문항에 오류가 생길 수 있다.

또한 〈보기〉를 남발하지 않도록 주의해야 한다. 네 문항이 한 세트로 구성되는 문항에서 네 문항 모두 〈보기〉를 활용한다든가, 한 문항에 〈보기 1〉, 〈보기 2〉, 〈보기 3〉과 같이 여러 개의 〈보기〉를 활용하는 것은 학생들에게 혼란을 줄 수 있어 적절하지 않다.

5) 선택지

선택지는 정답에 해당하는 정답지와 오답에 해당하는 오답지로 구성된다.

선택지의 배열은 주로 길이에 따라 이루어지는데, 짧은 것에서 긴 것의 순으로 배열하는 것이 일반적이다. 물론 필요한 경우 지문에서 내용이 출현하는 순서나 논리적인 순서, ㉠~㉤의 순서 등에 따라 배열하기도 한다. 때로는 정답이 특정 번호에 편중되지 않도록 선택지를 긴 것에서 짧은 것의 순으로 역배열하기도 한다.

선택지를 구성하는 것은 지문을 구성하는 것만큼 어려운 일이다. 선택지의 내용은 항상 징답이나 오딥의 지점을 지문에서 찾을 수 있어야 한다. 또한 정답지를 제외한 오답지들의 매력도가 높을수록 난도 조절에 유리하다. 오답지의 매력도가 없어 정답이 바로 도출되는 문항은 변별도가 낮으므로 바람직하지 않다.

적절하지 않은 것을 묻는 선택지를 구성할 때는 특히 유의해야 한다. 지문에 언급된 내용과 상관없는 내용으로 선택지를 구성해도 된다고 생각하기 쉽기 때문이다. 그러나 오답지라고 할지라도 그것이 적절하지 않은 이유를 지문에서 확인할 수 있어야 한다. 그렇지 않으면 정오를 판단할 수 없는 선택지가 된다.

매력도가 높은 오답지를 구성하기 위해 흔히 선택지의 앞부분은 옳게 진술하면서 뒷부분을 틀리게 진술하는 방법을 사용한다. 예를 들어 유치환의 「깃발」을 지문으로 한 문항에서 '이것은 소리 없는 아우성'이라는 구절에 대해 "역설적 표현을 사용하여 지나온 삶에 대해 자책하는 화자의 모습을 드러내고 있다."라는 선택지를 구성할 수 있다. 해당 구절이 표현 기법으로 역설적 표현을 사용하고 있다는 선택지 앞부분의 설명은 맞지만, 여기에 지나온 삶에 대한 화자의 자책이 느러나 있시는 않기 내문에 뒷부분의 실명은 틀린 것이 되어 결과적으로 이 선택지는 오답이 된다. 이러한 유형의 선택지는 학생이 앞부분만 대충 읽는다면 정답지로 오인할 여지가 많기 때문에 매력도가 높은 선택지라 할 수 있다.

또 선택지를 판단하는 근거를 지문의 한 곳에만 두지 않고 지문의 앞부분과 뒷부분에 떼어놓는 방법을 사용하여 오답지의 매력도를 높이기도 한다. 즉, 하나의 정보가 아닌 여러 개의 정보를 종합해야 선택지의 정오를 판단할 수 있도록 만드는 것이다. 예를 들어 "시장 금리가 하락할 경우 외국인 투자

TIP

오답지의 매력도가 없는 문항을 소위 '정답이 손을 들고 있는 문항' 또는 '깃발을 꽂은 문항'이라고 한다. 예를 들어 1인 미디어에 대한 지문을 읽고 중심 내용으로 옳은 것이 무엇인지를 답하라고 한 뒤 1인 미디어와 전혀 무관한 내용을 선택지로 구성한다면, 이 오답지는 매력도가 없을 것이다.

자금이 해외로 빠져나가게 되고, 이로 인해 자국 통화의 가치가 하락하면서 환율이 추가적으로 상승한다."라는 내용을 지문의 앞부분에, "자국 통화의 가치 하락으로 환율이 추가적으로 상승하게 되면 오버슈팅은 커지게 된다." 라는 내용을 지문의 뒷부분에 배치하고, 선택지를 "환율의 오버슈팅이 발생한 상황에서 외국인 투자 자금이 국내 시장 금리에 민감하게 반응할수록 오버슈팅 정도는 커질 것이다."로 구성하는 방식이다. 지문의 앞부분과 뒷부분의 내용 중 하나만 확인하는 것으로는 해당 선택지의 정오를 판단하기 어려워 오답지의 매력도가 높아진다.

　지문의 정보 중 일부를 바꾸어 서술하는 방법도 있다. 예를 들어 지문에 "암묵지는 객관적으로 표현하기 어려운 주관적 지식이고, 명시지는 객관적이고 논리적으로 형식화된 지식이다."라는 내용이 있다면, 선택지에서 "명시지는 논리적으로 형식화된 주관적 지식이다."라고 기술하는 것이다. 이 경우 암묵지의 속성인 주관성과 명시지의 속성인 객관성을 선택지에서 바꾸어 서술하였다. 이처럼 선택지에 지문의 어휘나 어구 일부를 바꾸어 서술하거나 지문에 나온 단어를 그대로 사용하지 않고 동일한 의미를 지닌 다른 단어를 사용하여 서술하면 오답지의 매력도가 높아진다.

TIP

선택지에 '절대로' '반드시'와 같은 부사어나 '도', '만'과 같은 조사를 사용하여 답을 예측할 수 있는 단서가 들어 있다면 학생의 능력을 객관적으로 평가하기 어렵다. 문항이 요구하는 내용을 정확하게 알지 못하더라도 선택지를 제거할 가능성이 높아지기 때문이다.

2

문학 과목의
평가 문항 개발

문학

과목의 평가 문항 개발 과정은 학생이 도달해야 할 성취기준을 고려하여, 크게 지문 구성 단계와 문항 출제 단계로 나뉜다. 지문 구성 단계에서는 적절한 복수의 후보 제재를 고르고 관련 자료를 수집한 후, 이를 바탕으로 지문을 구성한다. 문항 출제 단계에서는 교육과정의 성취기준에 따라 문항을 설계하고, 이를 바탕으로 실제 문항들을 완성한다. 이때 지문 구성 단계와 문항 출제 단계 모두에서 성취기준을 고려하는 것이 중요하다.

일반적으로 문학 과목은 각 시험에서 한 작품을 지문으로 구성하여 여러 개의 문항을 제시하는 방식과 몇 개의 작품을 하나의 지문으로 구성하여 여러 개의 문항을 제시하는 방식을 병용한다. 이렇듯 여러 방식을 병용함으로써 문학 과목의 다양한 성취기준에 대한 학생들의 역량을 평가할 수 있다.

01 문학 과목의 평가 요소 선정

문학 교육과정에서 성취기준을 선택할 때는 항목 간 관련성과 균형성은 물론, 제재의 실제적 측면이나 융합 가능성 등을 함께 고려해야 한다. 가령, 교육과정 중 본질(지식)에서만 성취기준을 고려할 경우 다른 측면들이 간과될 수 있고, 수용과 생산 중에서도 맥락 이해하기, 작품 해석하기 등의 수용 측면만 선택할 경우 감상·비평하기, 모방·개작·변용하기 등 작품의 소통과 재구성 측면이 간과될 수 있다. 제재의 경우도 2000년대 이후 창작된 현대소설을 선정했다면 문학사적으로 보편타당한 평가가 정립되지 않았을 가능성이 높고, 산문이기 때문에 분량이 많아 융합 지문 구성이 어려우며, 시대상·가치관 등에서 다른 작품과의 공통적인 연결 고리를 찾기 힘들 수 있다.

다음의 예시를 통해 바람직한 성취기준 조합의 방법을 확인해 보자. 아래는 2015 개정 국어과 교육과정 중 고등학교 선택 과목 〈문학〉의 성취기준이다.

(1) 문학의 본질
[12문학01-01] 문학이 인간과 세계에 대한 이해를 돕고, 삶의 의미를 깨닫게 하며, 정서적·미적으로 삶을 고양함을 이해한다.

(2) 문학의 수용과 생산
[12문학02-01] 문학 작품은 내용과 형식이 긴밀하게 연관되어 이루어짐을 이해하고 작품을 감상한다.
[12문학02-02] 작품을 작가, 사회·문화적 배경, 상호 텍스트성 등 다양한 맥락에서 이해하고 감상한다.
[12문학02-03] 문학과 인접 분야의 관계를 바탕으로 작품을 이해하고 감상하며 평가한다.
[12문학02-04] 작품을 공감적, 비판적, 창의적으로 수용하고 그 결과를 바탕으로 상호 소통한다.
[12문학02-05] 작품을 읽고 다양한 시각에서 재구성하거나 주체적인 관점에서 창작한다.
[12문학02-06] 다양한 매체로 구현된 작품의 창의적 표현 방법과 심미적 가치를 문학적 관점에서 수용하고 소통한다.

(3) 한국 문학의 성격과 역사

[12문학03-01] 한국 문학의 개념과 범위를 이해한다.

[12문학03-02] 대표적인 문학 작품을 통해 한국 문학의 전통과 특질을 파악하고 감상한다.

[12문학03-03] 주요 작품을 중심으로 한국 문학의 갈래별 전개와 구현 양상을 탐구하고 감상한다.

[12문학03-04] 한국 문학 작품에 반영된 시대 상황을 이해하고 문학과 역사의 상호 영향 관계를 탐구한다.

[12문학03-05] 한국 문학과 외국 문학을 비교해서 읽고 한국 문학의 보편성과 특수성을 파악한다.

[12문학03-06] 지역 문학과 한민족 문학, 전통적 문학과 현대적 문학 등 다양한 양태를 중심으로 한국 문학의 발전상을 탐구한다.

(4) 문학에 관한 태도

[12문학04-01] 문학을 통하여 자아를 성찰하고 타자를 이해하며 상호 소통하는 태도를 지닌다.

[12문학04-02] 문학 활동을 생활화하여 인간다운 삶을 가꾸고 공동체의 문화 발전에 기여하는 태도를 지닌다.

TIP

문항 개발의 경험이 많지 않으면, 성취기준을 조합하고 그 적절성을 확인하는 것이 어려울 수 있다. 이 경우에는 자신이 정한 하나의 확실한 성취기준을 바탕으로 제재를 먼저 찾은 후, 역으로 그 제재에 적용 가능한 성취기준 여러 개를 조합하여 문항을 설계할 수 있다.

위에 제시된 성취기준을 토대로 특정한 현대시 작품을 하나의 지문으로 제시한 뒤, 이 지문과 관련하여 세 문항을 설계한다고 가정해 보자. 문학의 본질에 관한 성취기준 [12문학01-01] '문학이 인간과 세계에 대한 이해를 돕고, 삶의 의미를 깨닫게 하며, 정서적·미적으로 삶을 고양함을 이해한다.' 만 가지고는 지문 구성 및 문항 출제가 어렵다. 성취기준 [12문학01-01]은 교과서 학습활동에서 주로 "어떤 깨달음을 얻었는지 말해 보자.", "우리 삶에 끼치는 긍정적 영향이 무엇인지 생각해 보자." 등으로 구현된다. 따라서 이 성취기준만 적용할 경우 지문 구성에 있어서 교훈성을 띠거나 밝은 느낌을 주는 제재로 한정될 가능성이 높다. 그리고 문항을 출제할 때에도 서술형은 괜찮지만, 객관식에서는 부정형 발문("~하지 않은 것은?")을 활용하면 선택지 다섯 개를 만들기가 어렵고, 긍정형 발문("~로 가장 적절한 것은?")을 활용하면 정답이 너무 쉽게 제시되어 난도가 낮아질 수밖에 없다는 한계가 있다. 따라서 현대시 영역에서 자주 출제되는 유형인 작품 간의 공통점을 묻는 문항의 경우 [12문학01-01]뿐만 아니라, 문학의 수용과 생산에 관한 성취기준 [12문학02-01], [12문학02-02] 등과 조합해야 지문을 적절하게 구성하고 고차원적인 문항을 설계할 수 있다.

이처럼 '본질', '수용과 생산', '성격과 역사', '태도' 등에서 적절하게 성취기준들을 선택하고 조합하여 그에 적합한 제재들을 찾는 것이 평가 문항 개발의 첫 번째 과정이다. 이를 토대로 적합한 자료를 수집하여 지문을 구성하는 단계로 나아간다.

학교 현장에서 내신 시험을 출제할 때 가장 많이 활용하는 문학의 성취기준은 주로 [12문학02-01] '문학 작품은 내용과 형식이 긴밀하게 연관되어 이루어짐을 이해하고 작품을 감상한다.'와 [12문학02-02] '작품을 작가, 사회·문화적 배경, 상호 텍스트성 등 다양한 맥락에서 이해하고 감상한다.'이다. 일반적으로 [12문학02-01]과 [12문학02-02]를 바탕으로 몇 가지 성취기준을 조합하여 출제하는 경우가 많다. [12문학02-04] '작품을 공감적, 비판적, 창의적으로 수용하고 그 결과를 바탕으로 상호 소통한다.', [12문학02-06] '다양한 매체로 구현된 작품의 창의적 표현 방법과 심미적 가치를 문학적 관점에서 수용하고 소통한다.', [12문학03-04] '한국 문학 작품에 반영된 시대 상황을 이해하고 문학과 역사의 상호 영향 관계를 탐구한다.', [12문학04-01] '문학을 통하여 자아를 성찰하고 타자를 이해하며 상호 소통하는 태도를 지닌다.' 등의 성취기준은 세트의 대표 문항이나 고난도 문항을 출제할 때 활용하면 좋다.

02 지문 구성의 과정과 방법

1) 제재 선정

문학 지문의 제재(개별 작품)는 교육과정의 목표, 내용 요소 및 성취기준 등과 연결하여 제재의 특성을 고려하면서 선정해야 한다. 특히 교육과정에서의 목표인 문학의 본질과 가치를 깨닫고 작품의 수용과 생산 활동을 중심으로 창의적·심미적·성찰적으로 사고하고 소통하는 능력을 기르며, 한국 문학의 성격과 역사에 대해 체계적으로 이해하고, 문학을 통해 인간과 세계를 총체적으로 이해하고 공동체의 문화 발전에 기여하는 태도를 기르는 대원칙을 고려하여 제재를 선정하는 것이 바람직하다.

2) 작품 선정

문학 작품을 선정하기 위해서는 많은 자료를 참고해야 한다. 먼저, 교과서와 같이 교육과정에서 제시하고 있는 성취기준에 부합하는 자료가 좋다. 그리고 학술 논문이나 전문 서적 등 학문적으로 인정받은 자료를 활용하는 것이 좋다. 그 외에 지문이나 외적 준거를 구성하기 위해 시집, 소설, 희곡집 등 다양한 자료를 활용할 수 있다. 다만, 어떠한 자료를 참고하든 원전의 근거가 확실해야 한다. 특히 내신 시험을 출제할 때 인터넷을 검색하여 얻은 자료를 그대로 활용하는 것은 지양해야 한다.

> **주의점**
> 학교 내신 시험에서 오류가 있는 원전이나 검증되지 않은 작품 감상을 인용하여 정답을 수정하는 사례 등이 발생하기도 한다.

3) 지문 구성

대학수학능력시험이나 전국연합학력평가 등의 전국 단위 시험을 기준으로 살펴보면, 문학 과목의 지문 구성은 몇 가지 유형으로 구분할 수 있다. 일반적으로 현대시, 현대소설, 고전시가, 고전소설 등은 필수적으로 출제되며, 수필과 극문학이 번갈아 출제된다. 2014학년도부터 2016학년도까지 현대소설, 고전소설 등의 산문 분야는 하나의 문학 제재를 가지고 하나의 지문을 구성하는 것이 일종의 관행이었다. 그러나 2017학년도 6월 대학수학능력시험 모의평가부터 문학 이론을 지문에 포함시키면서 문학의 모든 부문을 복수의 이론이나 제재로 묶는 융합적인 출제가 가능해졌다. [표 2-1]은 지금까지 출제된 지문 구성 유형이다.

[표 2-1] 기출 문학 지문 구성 유형

갈래	유형 설명
현대시	• 일반적으로 두 개의 제재로 지문이 구성되는 경우가 많음. • 최근에는 이론과 두 개의 제재로 구성되는 경우도 볼 수 있음. • A형·B형으로 나뉘어 출제될 때는 하나의 제재로 지문을 구성하기도 했음.
현대소설·고전소설	• 일반적으로 하나의 제재로 지문이 구성되는 경우가 많음. • 관련 이론을 중심으로 현대소설과 고전소설을 묶어 지문을 구성하기도 함.
고전시가	• 지문 구성에서 가장 다양한 모습을 보임. • 두 개의 고전시가 제재로 지문을 구성하거나 고전시가 제재 한두 개에 수필 제재를 결합시키는 구성이 가장 많음. • 이론과 두 개의 고전시가 제재를 묶거나 이론과 고전시가, 현대시를 묶어 지문을 구성하는 경우도 있음. • 동일한 판소리에서 파생된 고전시가와 고전소설을 묶어 출제하는 경우도 있음. (예) 2018학년도 대학수학능력시험 9월 모의평가) • 가사나 연시조 등 분량이 많은 고전시가의 경우 하나의 제재로 지문을 구성하기도 함.
수필	• 주로 고전시가와 묶어 장르 복합 형태로 많이 출제됨. • 수필에는 설(說), 기(記) 등 고전산문이 포함됨.
극문학	• 희곡의 경우 주로 하나의 제재로 지문을 구성하는 경우가 많음. • 희곡과 현대시를 묶어 출제하기도 함. (예) 2017학년도 대학수학능력시험) • 시나리오의 경우는 원작과 묶어 지문을 구성하는 경우가 많음.

내신 시험에서는 각 학교의 사정에 따라 자유롭게 지문을 구성하면 된다. 예를 들어 2학기 중간고사까지의 학습 내용이 현대시와 현대소설, 희곡이었다면, 현대시는 두세 개의 제재를 묶어 지문 하나를 구성하고 현대소설과 희곡은 각각 하나의 작품으로 독립된 지문을 구성할 수 있다.

윤문이 필요한 독서 영역에 비해 문학 영역은 지문 구성이 상대적으로 쉽다고 생각하는 경우가 많지만, 이는 섣부른 판단이다. 문학 영역은 교육과정의 성취기준에 부합하는 제재를 골랐어도 추가로 고려해야 할 사항들이 많다. 다음과 같은 기준을 참고하면 좋은 지문을 구성하는 데 도움이 될 것이다.

주의점
일부 학교의 내신 시험 문제를 살펴보면 현대시 지문을 (가)~(마)까지 다섯 개의 작품으로 구성하는 경우가 있는데, 하나의 지문에 다섯 개의 작품을 제시하는 것은 분량상 너무 많다. 여기에 만약 (가)~(마)를 묶을 공통점이 없다면 이는 매우 부적절한 지문 구성이 된다.

(1) 교육적 측면 고려

예술성을 고려할 때는 우수하지만, 교육적 측면에서는 논란이 있는 작품들이 있다. 예를 들어 소설에서 살인, 방화, 폭력 등을 미화하는 요소가 있다면 아무리 예술적 가치가 높고 주제 의식이 명확하더라도 시험에 출제하기는 곤란하다. 교육과정 중 '문학에 관한 태도'에 해당하는 성취기준이 이와 관련된다. 각 학교의 내신 시험에서는 수업 시간에 작품에 대해 논란의 여지가 있는 부분을 설명한 후, 학생들과의 적절한 소통을 거쳐 해당 작품을 출제할 수 있다.

(2) 학문적 신뢰성 고려

문학 과목에서는 정전에 해당하는 자료를 활용하지 않으면 해석에 오류가 있어서 논란이 발생하는 경우가 많으므로 유의해야 한다. 특히 고전문학은 현대문학에 비해 작품 수가 절대적으로 부족해 몇몇 대표 작품이 각종 시험에서 반복적으로 출제되는데, 이런 한계를 극복하기 위해 출제자가 새로운 작품을 찾아 지문이나 외적 준거로 소개하는 과정에서 주의가 필요하다. 앞의 작품 선정 단계에서 언급했듯이 학술 논문이나 전문 서적 등을 통해 학문적으로 인정받은 자료를 찾아야 하며, 최소한 복수의 전문가나 연구자가 인정한 작품을 활용해야 한다. 한 명의 연구자가 소개한 작품은 참신할 수 있지만 그것이 교육과정 중 '한국 문학의 성격과 역사'에 관한 성취기준이나 학생들의 감상 역량을 강화하는 데 부합한다고 단정할 수 없기 때문이다. 그러므로 새로운 작품을 소개할 때는 학계의 검증 및 성취기준 부합 여부 등을 엄밀하게 따져보아야 한다. 내신 시험을 출제할 때 교과서 이외의 작품들을 학습 유인물로 나누어 준 후 평가에 활용하는 경우에도 해당 작품이 생소한 제재라면 출제에 참여하는 모든 교사들의 동의와 검증을 거쳐야 한다.

(3) 분량 및 장면의 적절성 고려

문학 과목의 지문은 학생의 감상 및 사고 역량을 평가하기 위해 적절한 분량으로 구성해야 한다. 보통 대학수학능력시험이나 전국연합학력평가에서 운

주의점
이광수의 작품은 대학수학능력시험 예비시행에서 출제되기도 하였으나, EBS 연계 교재에 〈무정〉이 실렸을 때 학생들의 항의가 많았다. 이런 상황도 넓게 볼 때 교육적 측면의 고려 사항이 될 수 있다.

TIP
실제로 내신 시험에서 〈만세전〉의 일부를 지문으로 구성하고, 〈무정〉의 일부분을 외적 준거로 제시한 후 비교 감상하는 문항을 출제한 사례가 있다.

주의점
문학사적으로 비중 있는 작품의 경우, 여러 교과서나 EBS 교재 등에서 반복적으로 다뤄진다. 이런 작품들을 제재로 선정할 때는 기출을 피해 새로운 접근 방법을 모색해야 한다.

문은 띄어쓰기를 포함해 600~700자 내외로, 산문은 2,500자 내외로 지문을 구성한다. 출제 경험이 많지 않은 교사들은 분량이 넘치게 지문을 구성하는 경우가 많은데, 각 부문별로 어느 정도의 분량이 적합한지 체득해야 한다. 내신 시험에서는 각 학교의 상황에 따라 자유롭게 지문을 구성할 수 있지만, 외부 모의고사 등을 고려할 때 일반적인 분량 기준을 지키는 것이 학생들을 배려하는 출제이다.

분량이 많은 시가나 산문은 작품 전문을 실을 수 없으므로, 장면을 적절하게 발췌해 지문을 구성해야 한다. 적절한 장면으로 지문이 구성되면 문항을 설계할 때도 많은 도움이 된다. 내신 시험에서는 교과서에 수록된 부분만을 활용하는 경우가 많은데, 학생들에게 더 상세하게 작품을 이해하는 계기를 제공하고 시험에서 고차원적인 문항을 출제하기 위해서는 교과서에 수록되지 않은 부분을 활용할 필요가 있다.

TIP
장면을 발췌할 때 기출을 검색하여 빈출 장면은 되도록 피하는 것이 좋다. 해당 장면이 자주 출제된 부분이라면 결국 문항 설계의 평가 요소도 유사해질 가능성이 많기 때문이다. 심한 경우에는 기출의 반복이나 변형이라는 비판을 받을 수도 있다.

(4) 작품 간 비교 요소 고려

갈래 복합이나 시가 문학은 최소 두 개 이상의 제재로 지문이 구성된다. 이 경우 [12문학02-01] '문학 작품은 내용과 형식이 긴밀하게 연관되어 이루어짐을 이해하고 작품을 감상한다.', [12문학03-02] '대표적인 문학 작품을 통해 한국 문학의 전통과 특질을 파악하고 감상한다.' 등의 성취기준을 고려하여 작품 간의 공통점이나 차이점을 변별할 수 있는 제재로 지문을 구성해야 한다. 의외로 이 기준 때문에 지문을 구성할 때 제재를 교체하는 경우가 많다. 작품 간의 연결 고리가 확실하지 않은 상황에서는 문항을 안정적으로 설계하기 어렵기 때문이다.

(5) 창작 시기 및 세부 유형 고려

갈래 복합이나 시가 문학은 제재의 창작 시기가 서로 다르다는 점을 고려할 필요가 있다. 예를 들어 현대시에서 두 작품을 (가), (나)로 엮어 지문을 구성할 때 모두 1990년대 이후의 작품이라면, [12문학03-03] '주요 작품을 중심으로 한국 문학의 갈래별 전개와 구현 양상을 탐구하고 감상한다.', [12문학03-04] '한국 문학 작품에 반영된 시대 상황을 이해하고 문학과 역사의 상호 영향 관계를 탐구한다.' 등의 성취기준에 도달하기 어려울 것이다. 고전시가에서도 시조를 제재로 고려할 때 평시조만으로 묶는 것보다는 평시조, 연시조, 사설시조를 골고루 섞어 지문을 구성하는 것이 성취기준에 부합하고 학생들의 역량을 강화하는 데 유용하다. 다만 내신 시험에서는 교과 진도상 비슷한 시기의 작품을 배우고 이를 지문으로 구성할 수밖에 없는 경우가 있는데, 이 경우에도 되도록 성취기준에 부합하도록 해야 한다.

(6) 이론 활용의 타당성 고려

2017학년도 6월 대학수학능력시험 모의평가부터 문학 이론을 지문에 포함시키는 새로운 구성 방식이 등장했다. 외적 준거에 해당하는 이론을 지문에 포함시키는 구성 방식은 긍정적인 효과도 있지만, 이론의 함량 문제와 이론의 학문적 신뢰 여부 등과 관련하여 반론도 제기되었다. 그러므로 출제자는 지문을 구성할 때 이론을 포함할 것인가에 대해서 신중하게 판단해야 한다. 누구나 아는 상투적인 내용을 이론으로 제시하는 것은 지문의 질적 수준을 떨어뜨릴 수 있고, 설득력이 부족한 내용을 학생에게 강요하는 것은 지문의 신뢰성을 저하시킬 수 있다. 지문에 이론을 활용하기 위해서는 출제자가 전공자에 버금가는 전문성을 갖추는 것이 전제가 되어야 한다. 내신 시험에서는 교과서 학습 활동에 외적 준거로 제시된 문학 이론을 활용하면 논란이 없을 것이다.

○3 자주 활용되는 문항 유형

이 절에서는 대표적인 문항 유형을 교육과정의 성취기준과 연결하여 설명하고자 한다. 빈출 유형이면서도 문항의 질을 높이고 학생이 성취기준에 도달했는지를 세밀하게 변별할 수 있는 대표 문항 유형을 세 가지로 정리하였다.

1) 작품의 이해를 평가하는 문항

☞ **핵심 성취기준**
[12문학02-01] 문학 작품은 내용과 형식이 긴밀하게 연관되어 이루어짐을 이해하고 작품을 감상한다.

2016학년도 대학수학능력시험(B형)

40. (가), (나)의 표현 방식에 대한 설명으로 가장 적절한 것은?

   ① (가)와 달리 (나)에서는 연쇄와 반복을 통해 리듬감이 나타나고 있다.
   ② (나)와 달리 (가)에서는 설의적인 표현을 통해 안타까움의 정서가 강조되고 있다.
   ③ (나)와 달리 (가)에서는 직유의 방식을 통해 대상의 이미지가 선명하게 드러나고 있다.
   ④ (가), (나)에서는 모두 색채어를 통해 대상의 면모가 강조되고 있다.
   ⑤ (가), (나)에서는 모두 과거와 현재의 대비를 통해 시상의 전환이 이루어지고 있다.

2016학년도 대학수학능력시험 6월 모의평가

41. (가), (나)의 공통점으로 가장 적절한 것은?

   ① 유사한 시구를 점층적으로 변주하여 리듬감을 형성하고 있다.
   ② 부정적 현실에 대해 거리를 두어 관조하는 태도를 취하고 있다.
   ③ 어린 화자의 목소리를 활용하여 동화적인 분위기를 조성하고 있다.

④ 색감을 드러내는 시어를 활용하여 대상을 선명한 이미지로 제시하고 있다.

⑤ 역설적 표현을 사용하여 모순적인 상황에 대한 반성적인 자세를 보여 주고 있다.

39. 윗글에 대한 설명으로 가장 적절한 것은?

① 다른 장소에서 동시에 벌어진 사건을 병치하여 서사의 진행을 지연시키고 있다.

② 작중 인물이 아닌 서술자가 등장하여 인물 간의 갈등을 새 국면으로 이끌고 있다.

③ 연상을 통해 새로운 공간을 제시하여 시대 상황의 이념적 성격을 구체화하고 있다.

④ 사건에 개입되지 않은 이의 객관적 관점을 통해 인물의 위선적 면모를 표면화하고 있다.

⑤ 추측을 포함한 요약적 진술로 사건의 경과를 드러내어 현재 상황에 대한 이해를 돕고 있다.

주의점

내신 시험을 출제할 때, 작품 이해와 관련된 문항을 한 세트에서 두세 개씩 제시하는 경우가 의외로 많다. 이는 유형을 반복함으로써 문항의 질을 저하시키고, 문항 간의 간섭을 유발할 가능성이 크다. 그러므로 제재의 내용과 형식의 측면에서 유형을 세분화하는 것을 고려해야 한다.

이 유형의 문항을 출제할 때는 문학 작품의 내용과 형식을 구체적으로 구별해야 한다. 시의 경우 '화자의 정서, 태도, 시어나 시구, 주제' 등을 내용으로, '운율, 이미지, 표현 기법, 구조' 등을 형식으로 구별할 수 있다. 소설의 경우 '인물, 사건, 배경, 주제, 소재' 등을 내용으로, '구성, 문제, 시점' 등을 형식으로 구별할 수 있다. 문학 한 세트의 문항 구성은 작품의 형식에 초점을 맞춘 문항, 내용 이해와 관련된 문항, 내용과 형식이 긴밀하게 연결된 대표 문항 등 세 가지 유형으로 이루어지는 것이 바람직하다.

2) 외적 준거에 따른 작품 감상을 평가하는 문항

☞ **핵심 성취기준**

[12문학02-02] 작품을 작가, 사회·문화적 배경, 상호 텍스트성 등 다양한 맥락에서 이해하고 감상한다.

22. 〈보기〉를 바탕으로 (가)와 (나)를 감상한 내용으로 적절하지 <u>않은</u> 것은?

> ─────〈 보기 〉─────
>
> (가)와 (나)는 특정한 공간에서 사물과 교감하는 화자의 내면을 보여 준다. (가)의 화자는 삶의 여정이자 구도적 공간인 '길'에서 이상 세계인 '하늘'을 지향하는 소망을 드러낸다. (나)의 화자는 달밤의 조화로운 풍경을 포착하는 심미적 공간인 '마당'에서 사물의 아름다움에 대한 충만한 정서를 드러낸다.

① (가)의 화자는 '플라타너스'와 '같이' 걷는 모습에서, (나)의 화자는 '흰 돌'의 '유달리' 고운 '이마'를 알아채는 모습에서 사물과의 교감을 보여 주는군.

② (가)의 화자는 '어느 날'에 이르는 과정을 통해 삶의 여정을 드러내고, (나)의 화자는 '한밤'에 '밀물'처럼 밀려온 달빛을 통해 조화로운 풍경을 포착하는군.

③ (가)의 '창'은 화자와 '하늘'을 잇는 매개체로서 이상 세계의 완전함을, (나)의 '영창'은 화자의 내면과 외부 세계를 잇는 매개체로서 화자의 만족감을 상징하는군.

④ (가)는 반짝이는 '별'의 이미지를 활용하여 화자가 지향하는 세계의 아름다움을, (나)는 차고 넘치는 '호수'의 이미지를 활용하여 화자가 느끼는 '마당'의 아름다움을 표현하는군.

⑤ (가)의 화자는 '플라타너스'와 '이웃'이 되어 구도의 '길'을 함께하고자 하는 소망을, (나)의 화자는 오동 꽃이 '못 견디게 향그럽다'고 표현하여 자연에 대한 감흥을 드러내는군.

37. 〈보기〉를 참고하여 [A]~[C]를 감상한 내용으로 적절하지 <u>않은</u> 것은?

> ─────── 〈 보기 〉 ───────
>
> 　고전 소설 중에는 '천상'과 '선계'를 포함하는 '천상계'와 인간 세상인 '지상계'가 인과응보의 원리에 의해 연결되어 서사가 진행되는 작품들이 많다. 이 원리는 '천상계-지상계-천상계'의 순환 구조를 기반으로 하여 천상계에서 죄를 지으면 지상계에서 벌을 받는 것으로 구현된다. 이 원리를 토대로 하여 인물에게 주어지는 처벌과 보상, 인물이 겪는 고난의 정도와 기한이 결정된다.

① [A]에는 지상계에서 고초를 겪게 되는 원인이 천상계에서 지은 죄에 있다는 생각이 드러나 있군.

② [B]에는 천상계에서 지은 죄의 대가를 지상계에서 모두 치르면 천상계의 신분이 변할 수 있다는 생각이 드러나 있군.

③ [B]에는 천상계에서 높은 신분인 인물이라도 죄를 지으면 지상계에 내려와 고난을 겪어야 한다는 생각이 드러나 있군.

④ [C]에는 지상계가 천상계에서 죄를 지은 자들의 귀양지라는 생각이 드러나 있군.

⑤ [C]에는 천상계에서 지은 죄의 대가를 지상계에서 치르는 인물은 이미 정해진 고난의 기한이 차야만 천상계로 돌아갈 수 있다는 생각이 드러나 있군.

　외적 준거란 일반적으로 〈보기〉를 의미한다. 학생들의 고차원적인 감상 능력을 확인하거나 맥락에 따른 작품 감상을 위해서는 〈보기〉를 활용하는 것이 바람직하다. 예를 들어 문학 교육과정에서 작품 감상과 관련하여 언급되는 생산론, 표현론, 반영론, 종합주의적 관점 등을 다양한 맥락에 따라 이해하고 감상하려면 수준 높은 〈보기〉를 구성해야 한다. 이때 〈보기〉는 지문보다 구성하기 어려울 수 있으며, 〈보기〉의 함량이 문항의 수준을 결정할 가능성이 크다.

3) 원작의 일부를 각색·재구성하여 평가하는 문항

☞ 핵심 성취기준

[12문학02-05] 작품을 읽고 다양한 시각에서 재구성하거나 주체적인 관점에서 창작한다.

[12문학02-06] 다양한 매체로 구현된 작품의 창의적 표현 방법과 심미적 가치를 문학적 관점에서 수용하고 소통한다.

24. 〈보기〉를 참고하여 (가), (나)를 감상한 내용으로 적절하지 <u>않은</u> 것은?

―― 〈 보기 〉 ――

　시나리오 「독 짓는 늙은이」는 원작과 달리, 인물의 관점에서 사건을 재구성하고 인물들의 행동과 대사를 통해 인물의 성격을 드러냄으로써 개연성을 높였다. 또한 영화 기법 용어들의 사용과 지시문을 통한 시각적 묘사는 현실감을 높이고 현장성을 강화하고 있다.

① (가)에서는 '백자기의 형체'가 '햇볕을 받아 더욱 고담'하다고 함으로써 이를 바라보는 행위에 개연성을 더하고 있다.

② (가)에서는 '나가떨어지는'과 같은 사실적인 행위를 통해 갈등 상황을 현실감 있게 표현하고 있다.

③ (가)에서는 '뚜왕 뚜왕 뚜왕'의 효과음을 이용하여 현장성을 강조하고 인물의 내면적 반응을 드러내고 있다.

④ (나)의 '못나게 지어지곤 했다'와 같이 진술되는 내용이 (가)에서는 '비틀어진 독'과 같은 구체적인 사물에 대한 시각적 묘사로 현실감을 높이고 있다.

⑤ (나)의 '제힘만이 아닌 어떤 힘으로 벌떡 일어나'와 (가)의 '마치 자기 심장이 박살 나는 것처럼 느껴지는'은 모두 시각적 묘사를 통해 인물의 성격을 드러내고 있다.

36. [A]를 〈보기〉의 시나리오로 각색한다고 할 때, 고려했을 내용으로 적절하지 <u>않은</u> 것은?

───────────── 〈 보기 〉 ─────────────

S#23. 가정집의 정원

깜짝 놀라며 땅바닥에 주저앉았던 나기배 씨는 정신을 차리고는 주먹 가득 색 구슬들을 집어 들어 꼼꼼히 들여다본다. 색 구슬들이 햇빛에 아름답게 반짝인다. (C.U.)

나기배 씨 : (혼잣말로) 내가 방금 보물단지를 캤군.

나기배 씨가 미소를 지으며 자신의 큰 손에 가득한 색 구슬을 바라본다. (O.L.)

S#24. 마을의 공터

소년(나기배 씨)이 미소를 지으며 자신의 작은 손에 가득한 색 구슬을 바라본다. 소년의 친구가 부러운 표정으로 소년을 쳐다본다.

소년의 친구 : (간절하게) 기배야, 네가 가진 색 구슬 하나만 내 구슬 다섯 개랑 바꾸자, 응?
소년(나기배 씨) : 싫어, 이건 나한테 보배란 말이야. 네가 가진 보통 구슬 열 개를 줘도 안 바꿀 거야.

S#25. 가정집의 정원

나기배 씨 : (색 구슬을 보며 미소 짓다 혼잣말로) 녀석들에게 색 구슬이 뭔지 알려 줘야겠어. 그런데 이 녀석들 뭐하고 있지? (방 쪽을 바라보며) 어휴, 또 텔레비전에 빠져 있겠군.

S#26. 어두컴컴한 방안

방 밖에서 나기배 씨가 아이들을 부르는 소리가 들려오지만 두 아이가 멍한 표정으로 만화 영화가 방영되는 텔레비전 화면을 응시하고 있다. 잠시 후, 큰아들이 일어나 텔레비전의 볼륨을 줄이더니 방 밖으로 얼굴만 내민다.

───────────────────────────────

① S#23에서 확대 촬영하는 기법을 활용하여 사건의 핵심 소재인 색 구슬을 강조해야겠어.

② S#24의 회상 장면을 통해 나기배 씨에게 색 구슬이 주는 의미를 드러내야겠어.

③ S#24의 소년의 친구와 S#26의 두 아이가 동일한 표정을 짓게 하여 절박한 상황이 반복될 것임을 드러내야겠어.

④ S#25의 나기배 씨의 대사를 통해 S#26의 나기배 씨가 아이들을 부르는 이유를 드러내야겠어.

⑤ S#25에서 나기배 씨가 짐작한 상황을 S#26에 구현하여 장면을 연결해야겠어.

문학에서 갈래란 작품을 내용이나 형식 등의 기준에 따라 유형별로 구분하여 질서화한 양식 체계로서, 일종의 외형적 규범으로 작용한다. 그런데 작품의 고차원적인 이해와 감상을 위해서는 단순히 정해진 갈래를 수용하는 것을 넘어서 갈래의 틀을 벗어나 소통하는 각색·재구성 등의 활동이 있어야 한다. 이런 점에서 원작의 일부를 각색·재구성하는 문항 유형은 중요한 의의가 있다. 주로 서사문학(소설)을 극문학(극·시나리오)으로 각색·재구성하는 방법이 사용되고 있는데, 앞으로는 사고의 폭을 넓혀 서정문학을 서사문학으로 각색·재구성하는 등의 다양한 접근이 필요하다.

TIP

문학의 기본 갈래는 서정(고대가요·향가·고려가요·한시·시조·현대시), 서사(설화·판소리·고전소설·신소설·현대소설), 극(가면극·인형극·현대극·시나리오), 교술 갈래(경기체가·악장·수필)로 나눌 수 있다.

TIP

출제의 어려움 때문에 기출 대학수학능력시험이나 전국연합학력평가 등에서도 원작의 일부 각색·재구성 문항은 상대적으로 개수가 적고, 내신 시험에서는 더욱 찾기 어렵다. 만약 교사가 이런 문항을 출제할 수 있고 그 문항이 우수하다는 평가를 받는다면 출제의 보람을 느낄 수 있을 것이다.

04 문항 설계 단계

1) 성취기준과 문항 유형의 연결

문항 설계의 첫 번째 단계는 지문 구성과 성취기준을 고려하여 문항 유형을 설계하고, 각 문항 간에 간섭이 없도록 내용을 균형 있게 안배하는 것이다. 성취기준과 문항 유형을 연결한 일반적인 사례를 몇 가지 소개히면 [표 2-2]와 같다.

[표 2-2] 성취기준과 문항 유형 연결 사례

성취기준	문항 유형
[12문학02-01] 문학 작품은 내용과 형식이 긴밀하게 연관되어 이루어짐을 이해하고 작품을 감상한다.	– 감상의 적절성 평가 – 구절의 의미, 작품의 내용, 소재의 기능, 표현상 특징 파악 – 작품 간의 공통점, 차이점 파악
[12문학02-02] 작품을 작가, 사회·문화적 배경, 상호 텍스트성 등 다양한 맥락에서 이해하고 감상한다.	– 작가의 세계관, 주제 의식 파악 – 외적 준거에 따른 작품 감상
[12문학02-03] 문학과 인접 분야의 관계를 바탕으로 작품을 이해하고 감상하며 평가한다.	– 갈래별 특질 파악
[12문학02-05] 작품을 읽고 다양한 시각에서 재구성하거나 주체적인 관점에서 창작한다.	– 외적 준거에 따른 작품의 재구성 – 원작의 일부 각색·재구성
[12문학03-02] 대표적인 문학 작품을 통해 한국 문학의 전통과 특질을 파악하고 감상한다.	– 한국 문학의 전통과 특징 파악
[12문학03-04] 한국 문학 작품에 반영된 시대 상황을 이해하고 문학과 역사의 상호 영향 관계를 탐구한다.	– 한국 문학 전통에 대한 비판적 이해
[12문학04-01] 문학을 통하여 자아를 성찰하고 타자를 이해하며 상호 소통하는 태도를 지닌다.	– 작품의 종합적 이해

주의점

내신 시험의 문항 개수에는 서술형 및 단답형 문항도 포함된다. 각 학교의 상황에 맞춰 서술형과 단답형을 적절하게 섞어 출제한다. 내신 시험에서 서술형 문항은 출제자의 재량이 가장 많이 발휘되지만, 한편으로 채점의 어려움이 동반된다. 서술형 문항 출제는 먼저 정답을 확정한 후, 학생들이 정답을 작성하는 데 도움이 되는 보조적인 조건을 만들고, 채점 기준을 수립하는 순서로 진행하는 것이 좋다.

2) 문항 개수 결정

문학 영역은 평가 목표나 세트의 성격에 따라 2문항에서 6문항 정도로 구성된다. 출제자는 [표 2-2]에서 제시된 문항 유형을 포함해 사실적·추론적·비판적·창의적 사고를 평가하는 문항을 적절하게 섞어서 구현할 수 있다.

3) 대표 문항 설계

세트 문항을 구성할 때 대표 문항을 가장 먼저 고려해야 한다. 고차원적 사고를 필요로 하는 대표 문항 없이 가벼운 문항들로만 세트가 구성되면 좋은 평가를 받기 힘들다. 대표 문항은 발문이나 선택지 등이 논리적이고 체계적이어야 하며, 가능하면 〈보기〉 등 외적 준거를 활용하는 것이 좋다. 대표 문항을 먼저 완성한 후 문항 간의 간섭 등을 피하면서 다른 문항들을 만들면 보다 효율적으로 출제할 수 있다.

4) 지문 재구성 및 교체

간혹 문항 설계 단계에서 지문을 재구성하는 상황이 발생하기도 한다. 예를 들어 동일한 세트에서 문항 간 간섭이 심하거나 이미 구성한 지문이 기출과 중복되어 문항이 기시감이 들게 만들어지면, 새로운 제재로 교체하든지 발췌한 장면을 바꿔야 한다. 즉, 문항 설계 과정에서 지문을 재구성하거나 교체할 수도 있는 것이다. 출제를 하는 입장에서는 번거롭고 부담이 되는 상황이지만, 함께 출제에 참여하는 교사들의 조언이나 지적이 있다면 이를 수용하는 것이 바람직하다.

내신 시험에서 모의고사 문항을 변형하여 출제하겠다고 예고한 경우 등에서는 지문이 기출과 중복될 수 있다.

5) 발문, 선택지, 〈보기〉의 설계

(1) 발문

문학 과목의 경우 문법·화법·작문 과목 등과 달리 성취기준에 따라 발문을 세분화하기 어렵다. 그래서 상당히 원론적이고 포괄적인 발문을 활용한다. 문학 문항의 대표적인 발문 유형들을 살펴보면 아래와 같은 형태로 표현하는 경우가 많다. 발문을 너무 구체적으로 제시하면 성취기준을 조합하는 것이 어색해지기 때문이다.

- 윗글에 대한 설명으로 적절한 것은?
- (가)~(다)에 대한 설명으로 가장 적절한 것은?
- ㉠~㉺에 대한 이해로 적절하지 않은 것은?

- 〈보기〉를 참고하여 윗글을 감상한 내용으로 적절하지 <u>않은</u> 것은?
- (가)와 〈보기〉를 비교하여 감상한 내용으로 적절하지 <u>않은</u> 것은?

다만 사실적 이해나 추론적 이해 같은 특정한 성취기준을 부각할 필요가 있을 때는 아래의 예시처럼 발문 내용에 이를 포함시켜 제시할 수 있다.

- 〈보기〉는 고공이 주인에게 답하는 형식으로 창작된 작품이다. 윗글과 〈보기〉를 비교한 설명으로 가장 적절한 것은? ([12문학02-02], [12문학03-02])
- 〈보기〉는 윗글에서 사용한 고사를 정리한 것이다. 이를 바탕으로 윗글을 이해한 내용으로 적절하지 <u>않은</u> 것은? ([12문학03-03])
- [A]를 〈보기〉의 시나리오로 각색했다고 할 때, 고려한 내용으로 적절하지 <u>않은</u> 것은? ([12문학02-05])

(2) 선택지

문학 문항의 선택지를 만들 때는 장르별 특성을 고려해야 한다. 시가를 제재로 하여 지문을 구성하고 선택지를 구성하는 사례를 살펴보자.

불휘 기픈 남근 ㅂㄹ매 아니 뮐씬 곶 됴코 여름 하ᄂᆞ니
시미 기픈 므른 ᄀᆞᄆᆞ래 아니 그츨씬 내히 이러 바ᄅᆞ래 가ᄂᆞ니

〈제2장〉

千世(천세) 우희 미리 定(정)ᄒ샨 漢水北(한수북)에 累仁開國(누인개국)ᄒ샤
卜年(복년)이 ᄀᆞ업스시니
聖神(성신)이 니ᅀᆞ샤도 敬天勤民(경천근민)ᄒ샤ᅀᅡ 더욱 구드시리이다
님금하 아ᄅᆞ쇼셔 洛水(낙수)예 山行(산행) 가이셔 하나빌 미드니잇가

〈제125장〉

— 정인지 외, 「용비어천가」

시가는 화자의 정서나 태도, 주제, 분위기 등의 내용 요소를 운율, 이미지, 표현 기법 등의 형식 요소와 연결하여 구체적으로 이해하고 분석해야 종합적인 감상을 할 수 있다. 그런데 만약 시가의 이해와 감상을 묻는 문항을 단순하게 설계하면 내용과 관련한 정보 조회에 그칠 가능성이 크다. 이때 "…하여(…를 통해) ~하고 있다."라는 방식으로 선택지의 문장 구조를 구성하면, 단순한 정보 조회가 아닌 표현과 의도, 표현과 효과 등을 복합적으로 구성한 완성도 높은 선택지를 만들 수 있다.

예를 들어 앞의 「용비어천가」에서 "〈제2장〉에서는 자연의 이치를 제시하고 있다."보다는 "〈제2장〉에서는 유사한 자연의 이치가 내포된 두 사례를 나란히 배열하여 화자의 기원을 드러내고 있다."가 더욱 완성도 높은 선택지이다. 마찬가지로, "〈제125장〉에서는 왕을 권계하고 있다."보다는 "〈제125장〉에서는 필요한 덕목을 제시하고 고사를 인용하여 왕을 권계하려는 효과를 부각하고 있다."라고 선택지를 설계하는 것이 더 바람직하다.

(3) 〈보기〉

객관식 문항을 출제할 때 〈보기〉는 문항 전체의 인상과 완성도에 많은 영향을 끼친다. 문학 과목의 경우 다양한 감상 역량을 평가하려면, 한 세트에 세 개의 문항만 구성하더라도 〈보기〉를 활용한 문항은 가능하면 출제하는 것이 좋다. 이때 〈보기〉를 활용한 문항은 해당 세트의 대표 문항일 가능성이 높다.

〈보기〉를 설계하는 방법에는 여러 가지가 있는데, 다른 작품을 가져와 〈보기〉로 만드는 단순한 방식부터, 다른 작품을 각색하거나 재구성하여 〈보기〉로 활용하는 방식, 학습 활동을 적용하는 방식, 학술적인 외적 준거를 활용하는 방식 등이 있다.

일반적으로 하나의 세트에서 〈보기〉를 활용하는 문항은 한 개 정도가 적당하다. 학생들의 독해 속도나 풀이 과정을 고려할 때 〈보기〉를 활용하는 문항이 두 개를 초과하면 시험의 난도 조절이 곤란해지기 때문이다. 대학수학능력시험 기출 문제에서 각 세트별로 〈보기〉를 활용한 문항의 숫자를 헤아려 보면 직질한 문항 수를 체감할 수 있을 것이다.

주의점

일반적으로 〈보기〉가 없는 문항은 대표 문항으로서의 함량이 부족한 경우가 많으며, 무성의하다는 느낌을 줄 수 있다. 대표 문항의 완성도는 교사의 출제 역량 평가와 직결되는 경우가 많다.

주의점

합답형 문항의 〈보기〉는 외적 준거를 제시한 것이 아니라 선택지 3~4개를 제시한 데 불과하므로, 이를 〈보기〉를 활용한 문항 수에 포함시켜서는 안 된다.

22. (가)를 바탕으로 (나)에 대해 〈학습 활동〉을 수행한 내용으로 적절하지 않은 것은?

〈 학습 활동 〉

○ 병자호란에 대한 백성들의 욕망을 담은 「박씨전」과 다음의 「임장군전」을 읽고 전쟁 체험이 소설에 반영된 양상을 살펴봅시다.

> 상께서 왈, "길이 막혀 인적이 통하지 못하니 경업이 어찌 알리오. 목전의 형세가 여차하여 아무리 생각하여도 항복할 밖에 다른 묘책이 없으니 경들은 다시 말 말라." 하시고, 앙천통곡하시니 산천초목이 다 슬퍼하더라. 병자년 12월 20일에 상이 항서를 닦아 보내시니, 그 망극함을 어찌 측량하리오.
> 용골대가 송파장에 결진하고 승전고를 울리며 교만이 자심하여 승전비를 세워 거드럭거리며, 왕대비와 중궁을 돌려보내고 세자 대군을 잡아 북경으로 가려 하더라.
>
> ― 작자 미상, 「임장군전」

① (나)에서 용골대를 꾸짖는 계화와 박씨가 등장하는 것에는 병자호란 때에 있었으면 좋았을 인물에 대한 백성들의 소망이 반영되었겠군.

② 「임장군전」에서 항서를 보낸 것에 대해 서술자도 슬픔을 토로하는 것은 패전한 나라의 백성이라는 연대감이 반영된 것이겠군.

③ (나)와 「임장군전」에서 모두 용골대가 부정적인 모습으로 그려진 데에는 백성들이 겪었던 패전의 고통이 반영되었겠군.

④ (나)에서는 박씨의 용서를 통해, 「임장군전」에서는 용골대의 승전비 건립을 통해, 조선 백성들의 희생에 대한 추모 의식이 반영되었겠군.

⑤ 「임장군전」과 달리 (나)에서 박씨의 승전을 통해 왕대비가 볼모로 가지 않게 된 과정이 형상화된 것은 패전의 상실감을 위로받고자 하는 백성들의 욕망이 반영된 결과이겠군.

이 문항은 [12문학02-02] '작품을 작가, 사회·문화적 배경, 상호 텍스트성 등 다양한 맥락에서 이해하고 감상한다.', [12문학03-02] '대표적인 문학 작품을 통해 한국 문학의 전통과 특질을 파악하고 감상한다.', [12문학03-04] '한국 문학 작품에 반영된 시대 상황을 이해하고 문학과 역사의 상호 영향 관계를 탐구한다.' 등의 성취기준을 부각하기 위해 발문과 선택지를 세밀하게 구성하였다. 〈보기〉도 단순히 다른 작품을 가져오는 방식이 아니라 학습 활동을 응용하는 방식으로 설계함으로써 발문, 선택지, 〈보기〉의 구성이 체계적으로 잘 이루어졌다고 평가할 수 있다.

여기에서는 운문과 관련된 문항 설계의 과정과 정교화를 살펴보고자 한다.

1) 지문의 작성과 정교화

출제자는 성취기준 [12문학02—01] '문학 작품은 내용과 형식이 긴밀하게 연관되어 이루어짐을 이해하고 작품을 감상한다.', [12문학02-02] '작품을 작가, 사회·문화적 배경, 상호 텍스트성 등 다양한 맥락에서 이해하고 감상한다.' 등을 염두에 두고 작품을 선정하였다. 형식적인 측면에서는 산문시 한 편을 포함하기로 하고, 내용적인 측면에서는 각박한 현실과 대비되는 그리움의 공간인 고향으로 복귀하고자 하는 귀향 의식을 주제로 한 작품을 고르기로 하였다. 이에 따라 (가), (나) 두 작품을 선정하여 지문을 구성하였다.

지문 초안

(가)

　흙이 풀리는 내음새
　강바람은
　산짐승의 우는 소릴 불러
　다 녹지 않은 얼음장 울멍울멍 떠내려간다.

　진종일
　나룻가에 서성거리다
　행인의 손을 쥐면 따듯하리라.

　고향 가차운 주막에 들러
　누구와 함께 지난날의 꿈을 이야기하랴.
　양귀비 끓여다 놓고
　주인집 늙은이는 공연히 눈물지운다.

....

* 2015학년도 대학수학능력시험(B형) 43~45번 문항을 사례로 제시하였다.

간간이 잰나비 우는 산기슭에는
아직도 무덤 속에 조상이 잠자고
설레는 바람이 가랑잎을 휩쓸어간다.

예제로 떠도는 장꾼들이여!
상고(商賈)하며 오가는 길에
혹여나 보셨나이까.

전나무 우거진 마을
집집마다 누룩을 디디는 소리, 누룩이 뜨는 내음새……

— 오장환, 「고향 앞에서」

(나)

유성에서 조치원으로 가는 어느 들판에 우두커니 서 있는 한 그루 늙은 나무를 만났다. 수도승일까. 묵중하게 서 있었다.

다음날은 조치원에서 공주로 가는 어느 가난한 마을 어귀에 그들은 떼를 져 몰려 있었다. 멍청하게 몰려 있는 그들은 어설픈 과객일까. 몹시 추워 보였다.

공주에서 온양으로 우회하는 뒷길 어느 산마루에 그들은 멀리 서 있었다. 하늘 문을 지키는 파수병일까, 외로워 보였다.

온양에서 서울로 돌아오자, 놀랍게도 그들은 이미 내 안에 뿌리를 펴고 있었다. 묵중한 그들의. 침울한 그들의. 아아 고독한 모습. 그 후로 나는 뽑아낼 수 없는 몇 그루의 나무를 기르게 되었다.

— 박목월, 「나무」

초안의 두 작품을 살펴보면 (가)는 '귀향 의식'이라는 주제에 부합하지만, (나)는 그렇지 않다. (나)는 일상적인 거처를 떠나 일시적으로 경유한 공간에서 바라본 나무에 대한 인상과 그로 인한 깨달음을 제시하는 내용이므로, 귀향 의식을 찾아볼 수 없다. 즉, [12문학02-01]의 '내용과 형식의 긴밀한 연결', [12문학02-02]의 '다양한 맥락에서의 이해 및 감상' 등의 성취기준에 부합하지 않는 지문 구성이 된 것이다. 그러므로 (나)를 교체할 필요가 있다.

(가)

　흙이 풀리는 내음새
　강바람은
　산짐승의 우는 소릴 불러
　다 녹지 않은 얼음장 울멍울멍 떠내려간다.

　진종일
　나룻가에 서성거리다
　행인의 손을 쥐면 따듯하리라.

　고향 가차운 주막에 들러
　누구와 함께 지난날의 꿈을 이야기하랴.
　양귀비 끓여다 놓고
　주인집 늙은이는 공연히 눈물지운다.

　간간이 잰나비 우는 산기슭에는
　아직도 무덤 속에 조상이 잠자고
　설레는 바람이 가랑잎을 휩쓸어간다.

　예제로 떠도는 장꾼들이여!
　상고(商賈)하며 오가는 길에
　혹여나 보셨나이까.

　전나무 우거진 마을
　집집마다 누룩을 디디는 소리, 누룩이 뜨는 내음새……

　　　　　　　　　　　　　　　― 오장환, 「고향 앞에서」

(나)

　귀향이라는 말을 매우 어설퍼하며 마당에 들어서니 다리를 저는 오리 한 마리 유난히 허둥대며 두엄자리로 도망간다. 나의 부모인 농부 내외와 그들의 딸이 사는 슬레이트 흙담집, 겨울 해어름의 집 안엔 아무도 없고 방바닥은 선뜩한

냉돌이다. 여덟 자 방구석엔 고구마 뒤주가 여전하며 벽에 메주가 매달려 서로 박치기한다. 허리 굽은 어머니는 냇가 빨래터에서 오셔서 콩깍지로 군불을 피우고 동생은 면에 있는 중학교에서 돌아와 반가워한다. 닭똥으로 비료를 만드는 공장에 나가 일당 서울 광주 간 차비 정도를 버는 아버지는 한참 어두워서야 귀가해 장남의 절을 받고, 가을에 이웃의 텃밭에 나갔다 팔매질당한 다리병신 오리를 잡는다.

— 최두석, 「낡은 집」

처음 지문을 구성할 때 형식적인 측면에서 산문시 한 편을 포함시키려 한 점을 고려하고, 초안의 (나)와 달리 귀향 의식이 두드러지게 나타나는 작품을 선택함으로써 두 성취기준을 보다 적절하게 구현하도록 지문을 수정하였다.

2) 문항의 설계와 정교화

지문 구성이 끝난 후 출제자는 두 개의 문항을 출제하였다. 두 문항을 분석하면서 이를 정교화하는 과정에 대해 알아보자.

1번 문항 초안

1. (가)와 (나)의 공통점으로 가장 적절한 것은?

✓ ① 감각적 이미지를 사용하고 있다.
② 인간사와 자연을 대조하고 있다.
③ 규칙적인 음보를 사용하고 있다.
④ 이별과 관련한 안타까움이 드러나 있다.
⑤ 속세를 떠나 자연에 귀의하려 하고 있다.

1번 문항은 내신 시험에서 자주 출제되는 유형으로, [12문학02-01]의 '내용과 형식의 긴밀한 연결'을 구현하기 위한 전형적인 문항이라 할 수 있다. [12문학02-01]은 문학 작품의 내용과 형식의 유기적 연관성을 이해하고 작품 자체를 하나의 언어 예술로 감상하기 위해 설정한 성취기준이다. 따

라서 이 문항은 작품의 형식적 요소가 작품의 내용을 드러내는 데 어떻게 기여하는지를 파악하거나, 작품의 내용이 형식적 요소와 어떻게 어울리는지를 감상하는 능력을 평가할 수 있어야 한다. 그런데 문항 초안의 선택지들 사이에서 내용과 형식의 유기적 연관성이 드러나지 않는다. 선택지 ①번, ②번, ③번은 형식적 요소인 표현상 특징만을 다루고, 선택지 ④번, ⑤번은 내용만을 다루고 있다. 그 결과 성취기준 [12문학02-01]을 충족하지 못하고 고차원적 사고와 거리가 먼 선택지가 되고 말았다. 특히 정답인 ①번은 모든 시에 나타나는 표현상의 특징이므로, 학생들의 감상 역량을 측정할 수도 없고 난도도 낮은 무의미한 선택지이다. 또한 선택지 ③번은 고전시가의 표현상의 특징과 관련된 내용으로 현대시와 어울리지 않는 선택지이다. 따라서 이 문항은 완성도를 고려하여 다시 설계할 필요가 있다.

1번 문항 수정안

1. (가), (나)에 대한 이해로 가장 적절한 것은?

✓① (가)의 화자는 낯선 행인에게서 친근감을 기대하고 있고, (나)의 화자는 익숙했던 공간에 들어서며 낯선 느낌을 받는다.

② (가)의 화자는 아직도 조상의 권위가 지속되는 공간을, (나)의 화자는 여전히 가난이 지속되는 공간을 벗어나고자 한다.

③ (가)의 화자는 세상이 변해도 각박한 인심이 여전함에 좌절하고 있고, (나)의 화자는 세상이 변해도 인심이 변하지 않기를 바라고 있다.

④ (가)의 화자는 떠돌아다니는 자신의 처지를 통해, (나)의 화자는 공장 노동자로 전락한 농민의 처지를 통해 삶의 무상함을 드러내고 있다.

⑤ (가)의 화자는 자연과 조화를 이루는 농촌의 모습이 보존되기를 희망하고, (나)의 화자는 산업화를 통해 농촌의 모습이 변화되기를 희망한다.

TIP
각 선택지에서 (가)와 (나)에 해당하는 확인 지점을 모두 파악해야 타당성을 판단할 수 있게 설계하였다.

발문에 '이해'라는 말을 사용하고 내용과 형식의 유기적 연관성에 바탕을 두어, '(가)의 화자는 ~, (나)의 화자는 ~'의 문장 구조로 선택지를 수정하였다. 또한 선택지의 내용을 심리적 차원까지 확장시켜 문항의 완성도를 높였다. 이를 통해 고차원적 사고를 측정하는 문항이 되어 난도도 크게 높아졌다.

다음으로 [12문학02-02]의 '다양한 맥락에서의 이해 및 감상'과 관련된 문항을 설계하는 과정을 살펴보자. 작품을 작가, 사회·문화적 배경, 상호 텍스트성 등 다양한 맥락에서 파악하는 이러한 문항은 학생들의 감상 역량을 확인하는 데 적절하다. 이때 아무리 내신 시험일지라도 외적 준거 없이 단순한 형태로 출제하는 것은 바람직하지 않다.

2번 문항 초안

2. (가)에 형상화된 고향의 모습으로 적절한 것은?

✓ ① 평화롭고 정감 어린 공간
② 자연 재해로 인해 시련을 겪은 공간
③ 외딴 곳에 있어 접근이 어려운 공간
④ 빈부 간의 갈등으로 분쟁이 일어났던 공간
⑤ 마을 공동체의 유대감과 배려가 넘치는 공간

현대시 지문을 여러 작품으로 구성하는 이유 중 하나는 '다양한 맥락에서의 이해 및 감상'과 관련된 학생들의 역량을 강화하려는 것이다. 그런데 2번 문항의 초안은 내신 시험 문항임을 감안해도 선택지가 지나치게 단순하고, 지문 중 (가)에 관해서만 묻고 있어 성취기준을 충족하지 못하는 문항이 되고 말았다. 이러한 문제점을 고려하여 교육적 가치가 있는 외적 준거를 〈보기〉로 제시하고 (가)와 (나) 두 작품 모두를 출제 범위에 포함함으로써 '다양한 맥락에서의 이해 및 감상'이 가능하도록 선택지를 수정할 필요가 있다.

주의점
지나치게 단순한 문항을 출제할 경우 출제자의 역량뿐 아니라 출제에 대한 성의나 태도 문제까지 거론될 수 있다.

2번 문항 수정안

2. 〈보기〉를 참고하여, (가)와 (나)를 감상한 학생들의 반응으로 적절하지 <u>않은</u> 것은?

〈 보기 〉

고향을 떠난 사람들이 고향을 각박하고 차가운 현실과 대비되는 공간으로 인식하고, 그곳으로 복귀하려는 것을 귀향 의식이라고 한다. 이때 고향은 공동체의 인정과 가족애가 살아 있는 따뜻한 공간으로 표상된다. 이들의 기억 속에서 고향은 평화로운 이상적 공간으로 남아 있기도 하다. 그러나 고향으로 돌아가더라도 고향이 변해 있거나 고향이 고향처럼 느껴지지 않을 때 귀향은 미완의 형태로 남게 된다.

✓ ① (가)에서 주인집 늙은이의 슬픔에 공감하는 것을 보니, 화자는 타인과의 조화를 통해서 현실을 따뜻한 공간으로 만들어 귀향을 완성하려 하겠군.

② (가)에서 전나무가 울창하고 집집마다 술을 빚고 있는 모습으로 고향을 묘사한 것을 보니, 화자의 의식 속에서 고향은 평화로운 공간으로 기억되고 있겠군.

③ (나)에서 고향의 가족들이 궁핍한 삶을 살고 있는 것을 본 화자는 현재의 고향을 이상적인 공간이라고 생각하지 않겠군.

④ (나)에서 어머니가 군불을 피우고 아버지가 오리를 잡아주는 것을 본 화자는 고향에 와서 가족애를 느낄 수 있겠군.

⑤ (가)에서는 고향을 앞에 두고도 고향 근처 주막에 머물고 있고 (나)에서는 고향에 와서도 마음이 편치 않아 보인다는 점에서, 화자의 귀향이 완성되었다고 보기 어렵겠군.

〈보기〉를 보면 (가)와 (나) 작품을 세트로 묶은 이유와 이 문항의 출제 의도를 분명하게 파악할 수 있다. 1940년대 작품인 (가)와 1980년대 작품인 (나)를 묶어 창작 시기가 서로 다른 두 작품을 '귀향 의식'이라는 연결 고리로 묶고, 이를 작품 감상의 조건으로 제시하여 학생들의 역량을 변별할 수 있는 완성도 높은 문항으로 탈바꿈시켰다. 그리고 선택지의 문장을 "…를 보니 ~하겠군."이라는 '내용+이해' 구조로 진술하여, 작품 내용을 파악한 뒤 〈보기〉를 적용하는 고차원적 감상 능력을 요구하고 있다. 특히 선택지 ⑤번의 경우 (가)와 (나)에서 귀향의 완성이 이루어졌는지에 대한 확인 지점을 설정하고 이를 파악하도록 하여 성취기준 [12문학02-02]에 부합하는 문항으로 바꾸었다.

06 문항 설계의 과정과 정교화 II

여기에서는 산문과 관련된 문항 설계의 과정과 정교화를 살펴보고자 한다.

1) 지문의 작성과 정교화

출제자는 성취기준 [12문학01-01] '문학이 인간과 세계에 대한 이해를 돕고, 삶의 의미를 깨닫게 하며, 정서적·미적으로 삶을 고양함을 이해한다.'를 염두에 두고 교과서에 실린 소설 작품 중 아래 부분을 지문으로 구성하였다.

> **지문 초안**
>
> 일찍이 그는 고독을 사랑한 일이 있었다. 그러나 고독을 사랑한다는 것은 그의 심경의 바른 표현이 못 될 게다. 그는 결코 고독을 사랑하지 않았는지도 모른다. 아니 도리어 그는 그것을 그지없이 무서워하였는지도 모른다. 그러나 그는 고독과 힘을 겨루어, 결코 그것을 이겨 내지 못하였다. 그런 때, 구보는 차라리 고독에게 몸을 떠맡기어 버리고, 그리고 스스로 자기는 고독을 사랑하고 있는 것이라고 꾸며 왔는지도 모를 일이다⋯⋯.
>
> 표, 찍읍쇼-. 차장이 그의 앞으로 왔다. 구보는 단장(短杖)을 왼팔에 걸고, 바지 주머니에 손을 넣었다. 그러나 그가 그 속에서 다섯 닢의 동전을 골라내었을 때, 차는 종묘 앞에 서고, 그리고 차장은 제자리로 돌아갔다.
>
> 구보는 눈을 떨어뜨려, 손바닥 위의 다섯 닢 동전을 본다. 그것은 공교롭게도 모두가 뒤집혀 있었다. 대정(大正) 12년, 11년, 8년, 11년, 12년. 대정 54년-. 구보는 그 숫자에서 어떤 한 개의 의미를 찾아내려 들었다. 그러나 그것은 부질없는 일이었고, 그리고 또 설혹 그것이 무슨 의미를 가지고 있었다 하더라도, 그것은 적어도 '행복'은 아니었을 게다.
>
> 차장이 다시 그의 옆으로 왔다. 어디를 가십니까. 구보는 전차가 향하여 가는 곳을 바라보며 문득 창경원에라도 갈까, 하고 생각한다. 그러나 그는 차장에게 아무런 사인도 하지 않았다. 갈 곳을 갖지 않은 사람이, 한번, 차에 몸을 의탁하였을 때, 그는 어디서든 섣불리 내릴 수 없다.
>
> 차는 서고 또 움직였다. 구보는 창밖을 내다보며, 문득 대학 병원에라도 들를

것을 그랬나 하여 본다. 연구실에서, 벗은, 정신병을 공부하고 있었다. 그를 찾아가, 좀 다른 세상을 구경하는 것은, 행복은 아니어도, 어떻든 한 개의 일일 수 있다…….

구보가 머리를 돌렸을 때, 그는 그곳에, 지금 마악 차에 오른 듯싶은 한 여성을 보고, 그리고 신기하게 놀랐다. 집에 돌아가 어머니에게 오늘 전차에서 '그 색시'를 만났죠 하면, 어머니는 응당 반색을 하고, 그리고 "그래서, 그래서", 뒤를 캐어물을 게다. 그가 만일 오직 그뿐이라고라도 말한다면, 어머니는 실망하고, 그리고 그를 주변머리 없다고 책할지도 모른다. 그러나 누가 그 일을 알고, 그리고 아들을 졸(拙)하다고라도 말한다면, 어머니는 내 아들은 원체 얌전해서…… 그렇게 변호할 게다.

구보는 여자와 시선이 마주칠까 겁(怯)하여, 얼토당토않은 곳을 보며, 저 여자는 내가 여기 있는 것을 보았을까, 하고 생각한다.

〈중략〉

구보가 여자 편으로 눈을 주었을 때, 그러나 여자는 자리에서 일어나 양산을 들고 차가 동대문 앞에 정류하기를 기다려 내려갔다. 구보의 마음은 또 한 번 동요하며, 창 너머로 여자가 청량리행 전차를 기다리느라, 그곳 안전지대로 가서는 것을 보았을 때, 그는 자기도 차에서 곧 내리고 싶은 충동을 느꼈다. 그러나 여자가 청량리행 전차 속에서 자기를 또 한 번 발견하고, 그리고 자기가 일도 없건만, 오직 여자와의 사이에 어떠한 기회를 엿보기 위하여 그 차를 탄 것에 틀림없다는 것을 눈치챌 때, 여자는 그러한 자기를 얼마나 천박하게 생각할까. 그래, 구보가 망설거리는 동안, 전차는 달리고, 그들의 사이는 멀어졌다. 마침내 여자의 모양이 완전히 그의 시야에서 떠났을 때, 구보는 갑자기, 아차, 하고 뉘우친다.

— 박태원, 「소설가 구보 씨의 일일」

현재의 지문은 출제자가 무슨 의도로 구성했는지 확실하지 않다. 지문으로 활용한 작품의 다양한 표현상의 특징을 보여 주지 못하고 있으며, 일반적인 현대소설 지문의 분량보다 짧아 복수의 문항을 출제하기 어렵다. 그리고 앞서 언급했듯이 성취기준 [12문학01-01]만으로는 단독으로 지문을 구성하고 객관식 문항을 출제하기 쉽지 않다. 그러므로 다양한 성취기준을 조합하는 데 용이하도록 지문을 보완하고 재구성할 필요가 있다.

(가)

　일찍이 그는 고독을 사랑한 일이 있었다. 그러나 고독을 사랑한다는 것은 그의 심경의 바른 표현이 못 될 게다. 그는 결코 고독을 사랑하지 않았는지도 모른다. 아니 도리어 그는 그것을 그지없이 무서워하였는지도 모른다. 그러나 그는 고독과 힘을 겨루어, 결코 그것을 이겨 내지 못하였다. 그런 때, 구보는 차라리 고독에게 몸을 떠맡기어 버리고, 그리고 스스로 자기는 고독을 사랑하고 있는 것이라고 꾸며 왔는지도 모를 일이다…….

　표, 찍읍쇼―. 차장이 그의 앞으로 왔다. 구보는 단장(短杖)을 왼팔에 걸고, 바지 주머니에 손을 넣었다. 그러나 그가 그 속에서 다섯 닢의 동전을 골라내었을 때, 차는 종묘 앞에 서고, 그리고 차장은 제자리로 돌아갔다.

　구보는 눈을 떨어뜨려, 손바닥 위의 다섯 닢 동전을 본다. 그것은 공교롭게도 모두가 뒤집혀 있었다. 대정(大正) 12년, 11년, 8년, 11년, 12년. 대정 54년―. 구보는 그 숫자에서 어떤 한 개의 의미를 찾아내려 들었다. 그러나 그것은 부질없는 일이었고, 그리고 또 설혹 그것이 무슨 의미를 가지고 있었다 하더라도, 그것은 적어도 '행복'은 아니었을 게다.

　차장이 다시 그의 옆으로 왔다. 어디를 가십니까. 구보는 전차가 향하여 가는 곳을 바라보며 문득 창경원에라도 갈까, 하고 생각한다. 그러나 그는 차장에게 아무런 사인도 하지 않았다. 갈 곳을 갖지 않은 사람이, 한번, 차에 몸을 의탁하였을 때, 그는 어디서든 섣불리 내릴 수 없다.

　차는 서고 또 움직였다. 구보는 창밖을 내다보며, 문득 대학 병원에라도 들를 것을 그랬나 하여 본다. 연구실에서, 벗은, 정신병을 공부하고 있었다. 그를 찾아가, 좀 다른 세상을 구경하는 것은, 행복은 아니어도, 어떻든 한 개의 일일 수 있다…….

　구보가 머리를 돌렸을 때, 그는 그곳에, 지금 마악 차에 오른 듯싶은 한 여성을 보고, 그리고 신기하게 놀랐다. 집에 돌아가 어머니에게 오늘 전차에서 '**그 색시**'를 만났죠 하면, **어머니**는 응당 반색을 하고, 그리고 "그래서, 그래서", 뒤를 캐어물을 게다. 그가 만일 오직 그뿐이라고라도 말한다면, 어머니는 실망하고, 그리고 그를 주변머리 없다고 책할지도 모른다. 그러나 누가 그 일을 알고,

그리고 아들을 졸(拙)하다고라도 말한다면, 어머니는 내 아들은 원체 얌전해서…… 그렇게 변호할 게다.

구보는 여자와 시선이 마주칠까 겁(怯)하여, 얼토당토않은 곳을 보며, 저 여자는 내가 여기 있는 것을 보았을까, 하고 생각한다.

여자는

혹은 그를 보았을지도 모른다. 전차 안에, 승객은 결코 많지 않았고, 그리고 자리가 몇 군데 비어 있음에도 불구하고, 구석에 가 서 있는 사람이란, 남의 눈에 띄기 쉽다. 여자는 응당 자기를 보았을 게다. 그러나 여자는 능히 자기를 알아볼 수 있었을까. 그것은 의문이다. 작년 여름에 단 한 번 만났을 뿐으로, 이래 일 년간 길에서라도 얼굴을 대한 일이 없는 남자를, 그렇게 쉽사리 여자는 알아내지 못할 게다. 그러나 자기가 기억하고 있는 여자에게, 자기의 기억이 없으리라고 생각하는 것은, 누구에게 있어서든, 외롭고 또 쓸쓸한 일이다. 구보는 여자와의 회견 당시의 자기의 그 대담한, 혹은 뻔뻔스러운 태도와 화술이, 그에게 적잖이 인상 주었으리라고 생각하고, 그리고 여자는 때때로 자기를 생각하여 주고 있었다고 믿고 싶었다.

(나)

그러다가 갑자기 그러한 것에 마음을 태우고 있는 자기가 스스로 괴이하고 우스워, 나는 오직 요만 일로 이렇게 흥분할 수가 있었던가 하고 스스로를 의심하여 보았다. 그러면 나는 마음속 그윽이 그를 생각하고 있었던지도 모르겠다고 생각하여 보았다. 그러나 그가 여자와 한 번 본 뒤로, 이래 일 년간, 그를 일찍이 한 번도 꿈에 본 일이 없었던 것을 생각해 내었을 때, 자기는 역시 진정으로 그를 사랑하고 있는 것은 아닌지도 모르겠다고, 그러한 생각이 들었다. 만일 그렇다면 자기가 여자의 마음을 헤아려 보고, 그리고 이리저리 공상을 달리고 하는 것은, 이를테면 감정의 모독이었고, 그리고 일종의 죄악이었다.

그러나 만일 여자가 자기를 진정으로 그리고 있다면─.

[A]
> 구보가 여자 편으로 눈을 주었을 때, 그러나 여자는 자리에서 일어나 양산을 들고 차가 동대문 앞에 정류하기를 기다려 내려갔다. 구보의 마음은 또 한 번 동요하며, 창 너머로 여자가 청량리행 전차를 기다리느라, 그곳 안전지대로 가 서는 것을 보았을 때, 그는 자기도 차에서 곧 내리고 싶은 충동을 느꼈다. 그러나 여자가 청량리행 전차 속에서 자기를 또 한 번

발견하고, 그리고 자기가 일도 없건만, 오직 여자와의 사이에 어떠한 기회를 엿보기 위하여 그 차를 탄 것에 틀림없다는 것을 눈치챌 때, 여자는 그러한 자기를 얼마나 천박하게 생각할까. 그래, 구보가 망설거리는 동안, 전차는 달리고, 그들의 사이는 멀어졌다. 마침내 여자의 모양이 완전히 그의 시야에서 떠났을 때, 구보는 갑자기, 아차, 하고 뉘우친다.

〈중략〉

조선은행 앞에서 구보는 전차를 내려 장곡천정(長谷川町)으로 향한다. 생각에 피로한 그는 이제 마땅히 다방에 들러 한 잔의 홍차를 즐겨야 할 것이다.

몇 점이나 되었나. 구보는, 그러나 시계를 갖지 않았다. 갖는다면, 그는 우아한 회중시계를 택할 게다. 팔뚝시계는— 그것은 소녀 취미에나 맞을 게다. 구보는 그렇게도 팔뚝시계를 갈망하던 **한 소녀**를 생각하였다. 그는 동리에 전당(典當) 나온 십팔금 팔뚝시계를 탐내고 있었다. 그것은 4원 80전에 구할 수 있었다. 그리고, 그는, 그 시계 말고, 치마 하나를 해 입을 수 있을 때에, 자기는 행복의 절정에 이를 것같이 생각하고 있었다.

벰베르크 실로 짠 보일 치마, 3원 60전. 하여튼 8원 40전이 있으면, 그 소녀는 완전히 행복일 수 있었다. 그러나, 구보는, 그 결코 크지 못한 욕망이 이루어졌음을 듣지 못했다.

구보는, 자기는, 대체 얼마를 가져야 행복일 수 있을까 생각해 본다.

— 박태원, 「소설가 구보 씨의 일일」

TIP

소설의 경우 분량이 많기 때문에 지문을 구성할 때 〈중략〉을 활용하는 경우가 많다. 일부 내신 시험에서 〈중략〉을 남용하기도 하는데, 〈중략〉은 어쩔 수 없는 상황에서 내용 연결의 단절을 감수하면서 활용하는 장치이므로, 지문 내에서 한 번만 활용하는 것이 원칙이다. 〈중략〉만으로 내용 연결이 안 될 때는 앞부분 줄거리를 제시하듯이 〈중략 부분 줄거리〉 형태로 내용을 요약하여 제시할 수도 있다.

[12문학03-03] '주요 작품을 중심으로 한국 문학의 갈래별 전개와 구현 양상을 탐구하고 감상한다.', [12문학03-04] '한국 문학 작품에 반영된 시대 상황을 이해하고 문학과 역사의 상호 영향 관계를 탐구한다.' 등의 성취기준을 염두에 두고 적절한 문항의 개수를 고려하여 맥락에 맞게 분량을 조절하였다. 특히 "여자는 혹은 그를 보았을지도 모른다."라는 문장의 문두(文頭)를 끊고 행을 달리하여 소제목으로 처리하는 작품의 서술상 특징을 지문 안에 포함하여 제시함으로써 학생들의 세밀한 감상 역량을 확인할 수 있도록 하였다. 또한 지문의 '그 색시', '어머니', '한 소녀' 등의 지시 대상을 굵은 글씨로 처리하고 문항의 발문에서 언급되는 단락을 [A]로 묶어 문제를 푸는 학생들을 배려하였다.

또한 지문의 분량이 지나치게 길어지는 것과 〈중략〉 처리가 남용되는 것을 막기 위해 지문을 (가), (나)로 구분하였다. (다만 현대 소설 지문을 (가), (나)로 구분하여 구성하는 것은 학교 현장의 내신 시험에서는 자유롭게 시도할 수 있지만, 전국 단위의 시험에서는 시도하기 어렵다. 전국 단위의 시험을 출제하는 경우라면 지문 수정안처럼 (가), (나)로 구분하지 않고, 〈중략〉을 한 차례 정도 활용하여 내용을 적절하게 줄이고 단일한 지문으로 제시하면 좋을 것이다.) 그리고 초안의 미비점을 보완하고 다양한 성취기준의 조합을 구현할 수 있는 지문을 구성하기 위해 초안과 다른 내용을 추가하였다. 이때 작품 속에서 주인공의 우유부단한 심리가 잘 드러나고 당대 경성의 대표적 신문물인 전차에 관한 정보가 제시된 내용을 추가함으로써 학생들이 다양한 관점에서 작품의 특성을 이해할 수 있는지를 평가하도록 하였다.

2) 문항의 설계와 정교화

> **1번 문항 초안**
>
> 1. 윗글에 대한 설명으로 적절하지 <u>않은</u> 것은?
>
> ① 1934년 '조선중앙일보'에 연재되었다.
> ② 산책자 소설로서의 특성을 지니고 있다.
> ③ 주인공의 이름은 작가의 호이자 필명이다.
> ✓④ 인물과 인물 간의 갈등이 구체적으로 제시되어 있다.
> ⑤ 일제강점기에 창작되었음을 알려주는 근거가 나타난다.

1번 문항은 지문의 내용만으로 해결할 수 없고 작품과 관련된 배경지식이 있어야만 풀 수 있는 문항으로, 성취기준과의 연관성을 찾기 어렵다. 특히 선택지 ①번은 학생들의 작품 감상 역량을 파악하려는 목적과는 거리가 멀다. 지문을 보완하고 재구성하더라도 이런 단점은 해소할 수 없다. 따라서 기존 문항을 삭제하고, 지문에 제시된 작품 속 등장인물에 관한 세부 정보를 이해하고 있는지를 확인하는 유형으로 1번 문항을 새롭게 출제하였다. 수정안은 다음과 같다.

---

1. 윗글에 대한 이해로 적절하지 <u>않은</u> 것은?

　① '구보'는 '그 색시'를 아는 체해야 할지를 망설였다.

　② '구보'는 고독이 두려워 고독을 사랑하는 척 가장했다.

　③ '구보'는 동전 다섯 닢의 발행 연도를 합해 의미를 찾으려 했다.

✓④ '구보'는 물질적 소유와 정신적 행복 사이에서 고민한 '한 소녀'를 떠올렸다.

　⑤ '구보'는 누가 자신의 단점을 지적하면 '어머니'가 옹호할 것이라고 추측했다.

1번 문항의 수정안을 보면 우선 모든 선택지를 "'구보'는"을 주어로 하여 지문을 세밀하게 이해할 수 있게 구성하였다. 그리고 [12문학02-02]와 관련해 학생들이 주인공 및 등장인물의 심리를 파악할 수 있는지를 확인하는 문항으로 바꾸었다.

다음으로 성취기준 [12문학02-01] '문학 작품은 내용과 형식이 긴밀하게 연관되어 이루어짐을 이해하고 작품을 감상한다.'를 평가하는 문항으로 2번 문항을 출제하였다.

---

2. 윗글의 서술상 특징으로 가장 적절한 것은?

　① 다른 장소에서 동시에 벌어진 사건들을 병치하고 있다.

　② 작품 밖의 서술자가 여러 인물의 내면을 서술하고 있다.

　③ 꿈과 현실을 교차하여 사건을 입체적으로 구성하고 있다.

　④ 빈번한 장면 전환을 통해 긴박한 분위기를 드러내고 있다.

✓⑤ 쉼표를 활용한 긴 문장으로 심리를 섬세하게 드러내고 있다.

2번 문항의 경우는 부정 발문으로 바꾸는 것이 오히려 고차원적 감상을 유도할 수 있다. 이 작품은 하루 동안의 원점 회귀적 여정을 중심으로 1930년대 무기력한 지식인의 내면을 몽타주와 의식의 흐름 기법 등을 사용하여 묘사하고 있다. 이로 인해 다양한 서술상의 특징이 나타나기 때문에 이러한 특징을 모두 파악했는지를 확인하기 위해서는 부정 발문이 더 적절하다. 그리고 일반적으로 산문 작품의 서술상 특징은 다양하게 나타나기에 부정 발문을 통해 적절하지 않은 하나만을 고르게 문항을 구성하는 것이 원칙이다.

2번 문항 수정안

2. 윗글의 서술상 특징으로 적절하지 <u>않은</u> 것은?

① 문두를 끊어서 그대로 소제목으로 삼고 있다.
② 공간의 이동에 따라 의식의 흐름이 드러나고 있다.
③ 작품 속 특정한 인물의 시각으로 내용을 서술하고 있다.
✓④ 빈번한 장면 전환을 통해 긴박한 분위기를 드러내고 있다.
⑤ 쉼표를 활용한 긴 문장으로 심리를 섬세하게 드러내고 있다.

긍정 발문을 부정 발문으로 바꾸고, 선택지 ①~③번을 교체하여 성취기준 [12문학02-01]과 관련한 작품의 표현상의 특성을 세밀하게 파악하도록 문항의 틀을 개선해 난도를 높였다. 선택지 ①번은 소제목 제시 방법, ②번은 의식의 흐름 서술 방식, ③번은 제한적 전지적 작가 시점, ⑤번은 쉼표의 잦은 사용을 통한 섬세한 심리 묘사와 관련이 있다. 이는 문학사에서 높은 평가를 받는 「소설가 구보 씨의 일일」에 나타난 모더니즘 구현 양상을 심층적으로 탐구하게 만든다. 즉, 이 작품에서 반드시 물어볼 것을 확인하는 바람직한 문항으로 환골탈태한 것이다.

다음으로 성취기준 [12문학03-04] '한국 문학 작품에 반영된 시대 상황을 이해하고 문학과 역사의 상호 영향 관계를 탐구한다.'를 평가하기 위한 문항으로 3번 문항을 출제하였다.

3. 〈보기〉를 참고하여 윗글을 감상할 때 가장 적절한 것은?

〈 보기 〉

　도시에 처음 입성한 이들은 자신의 꿈과는 다른 현실에 직면하여 심리적 혼돈 속에서 크게 위축된다. 도시는 문명의 화려함을 내세워 그들을 매혹하지만 안정된 삶의 장소를 내주지는 않는다. 도시 문명에 가리어진 도시의 이면적 풍경, 인정이 메마른 도시인의 초상, 그리고 도시 현실에 대한 비판적 의식 등이 어우러져 도시 소설의 한 줄기를 이룬다.

① 〈구인회〉에서 활동한 작가의 체험이 작품 속에 어떻게 반영되었는지 살펴본다.

② 주인공의 의식과 행동의 특징에 초점을 맞추어, 그의 인물 유형을 분류해 본다.

✓ ③ 당대의 생활상을 고려하여, 경성의 세태나 풍속 등이 작품에 구현된 양상을 살펴본다.

④ 주인공이 자신의 잘못을 깨닫고 반성하는 모습이 독자에게 어떤 교훈을 전달하는지 생각해 본다.

⑤ 주인공이 여러 경로를 거쳐 이동하다가 출발지로 돌아간다는 점에 주목하여, 작품의 구조적 특성을 이해하는 단서로 삼는다.

　3번 문항은 이 세트의 대표 문항으로 볼 수 있는데, 현재의 〈보기〉가 작중 상황에 부합하지 않고 선택지들과의 연계성도 떨어진다. 그리고 선택지 ①번이 배경지식과 관련되어 있어 학생들의 작품 감상 역량을 파악하기 어렵기 때문에 이를 다듬을 필요가 있다.

3. 〈보기〉를 참고하여 윗글을 감상할 때 적절하지 <u>않은</u> 것은?

〈 보기 〉

1930년대 경성은 식민지 사회가 근대화되는 과정의 다양한 면모가 드러나는 장소였다. 이 작품은 주인공이 하루에 걸쳐 원점으로 회귀하는 구조를 통해 경성의 도시 문명과 관련된 당대의 세태와 풍속을 보여주고 있다. 근대화가 이루어지면서 사회에는 여러 가지 병폐가 발생했고, 지식인들은 이러한 현상을 냉소적으로 바라보지만 해결책을 제시하지 못하는 무기력한 모습을 보이고 있었다.

① 전차와 안전지대, 대학 병원 등은 근대 도시의 면모와 관련이 있겠군.
② 목적지가 없는 구보의 방황과 고독감은 당대 지식인들의 무기력한 모습과 관련이 있겠군.
③ 주인공이 전차를 타고 여러 경로를 거쳐 이동하는 것은 원점 회귀 구조와 관련이 있겠군.
✓ ④ 여자의 냉소적이고 조심스러운 모습은 근대화의 병폐에 대한 비판적 태도와 관련이 있겠군.
⑤ '십팔금 팔뚝시계', '벰베르크 실로 짠 보일 치마' 등은 물질 만능주의의 병폐와 관련이 있겠군.

〈보기〉를 교체하여 지문 내용과 〈보기〉의 연계성을 높이고 선택지도 〈보기〉에 근거한 세밀한 감상이 가능하도록 다듬었다. 이를 통해 성취기준 [12문학03-04]과 관련하여 작품의 맥락에 따른 고차원적 감상 능력을 평가할 수 있는 문항으로 탈바꿈하였다.

마지막으로 [12문학02-04] '작품을 공감적, 비판적, 창의적으로 수용하고 그 결과를 바탕으로 상호 소통한다.'에서 '비판적 수용'을 구현하기 위한 문항으로 다음과 같이 4번 문항을 새롭게 출제하였다. 4번 문항은 등장인물의 태도와 관련 있는 한자어를 파악하는 유형인데, 한자어 대신 적절한 속담을 고르는 문항으로 출제할 수도 있다.

4. 〈보기〉를 [A]의 '구보'의 태도에 대한 비판이라고 가정할 때, ⓐ에 들어갈 말로 가장 적절한 것은?

> ────── 〈 보기 〉 ──────
>
> 여자에 대한 미련을 갖고 있으면서도 망설이다가 기회를 놓쳐 후회하는 구보를 보니, (ⓐ)이라는 말이 생각나는군.

① 소탐대실(小貪大失)　　② 방약무인(傍若無人)　　✓③ 우유부단(優柔不斷)

④ 혼비백산(魂飛魄散)　　⑤ 교언영색(巧言令色)

최근 전국 단위 국어 시험에서는 한자 성어를 출제하지 않는 경향이 이어지고 있다. 이를 고려하여 새롭게 문항을 추가한다면, [12문학03-04] '한국 문학 작품에 반영된 시대 상황을 이해하고 문학과 역사의 상호 영향 관계를 탐구한다.'와 관련하여 지문에 ⓐ~ⓒ까지 밑줄을 그은 후 작중 상황을 이해하는 문항 등을 설계할 수 있다.

다음은 갈래 복합 형태의 지문이다. 지금까지 읽은 내용을 바탕으로 지문 구성 및 문항 설계의 타당성을 점검하고, 적절하지 않거나 어색한 부분을 보완하고 수정하여 정교화하는 연습을 해 보자.

■ 문항 초안

[1~4] 다음 글을 읽고 물음에 답하시오.

(가)
　　이 듕에 시름업스니 漁父(어부)의 生涯(생애)이로다
　　一葉片舟(일엽편주)를 萬頃波(만경파)에 띄워 두고
　　㉠ 人世(인세)를 다 니젯거니 날 가는 주를 안가

　　　　　　　　　　　　　　　　　　　　　　　　〈제1수〉

　　㉡ 구버는 千尋綠水(천심녹수) 도라보니 萬疊靑山(만첩청산)
　　十丈紅塵(십장홍진)이 언매나 マ롓는고
　　江湖(강호)애 月白(월백)ᄒ거든 더옥 無心(무심)ᄒ얘라

　　　　　　　　　　　　　　　　　　　　　　　　〈제2수〉

　　長安(장안)을 도라보니 北闕(북궐)이 千里(천리)로다
　　㉢ 漁舟(어주)에 누어신들 니즌 스치 이시랴
　　두어라 내 시름 아니라 濟世賢(제세현)이 업스랴

　　　　　　　　　　　　　　　　　　　　　　　　〈제5수〉
　　　　　　　　　　　　　　　　　　　　— 이현보, 「어부가」

(나)
　　광영지(光影池)에서 서쪽으로 화살 한 번 쏠 만한 거리에 줄지어 있는 소나무와 어지러운 나무들을 지나가면 와룡폭포가 있다.
　　폭포의 바닥은 다 돌이다. 돌은 난가대(欄柯臺)에서부터 일직선으로 퍼져 와룡담에 이르러 그

쳤다. 그 사이는 백여 보 정도이다. 그 돌의 빛은 꽤 흰데 형체가 비록 누웠기는 하나 위쪽이 약간 높고 차례로 점차 낮아져서 손바닥을 옆으로 드리운 것 같다.

폭포는 명덕동(明德洞)에서부터 시작하여 흘러나온다. 한 갈래는 남쪽으로, 한 갈래는 서쪽으로 흐르다가 돌에 이르러 합류하는데, 화살처럼 빠르고 물병을 지붕에 거꾸로 엎어놓은 것처럼 급히 쏟아진다.

물이 흘러가다가 길을 가로막고 누워 있는 돌을 만나게 되면 떨어져 내리는 기세가 비로소 급하게 된다. 돌은 물의 맹렬한 두들김을 견디지 못하여 가운데가 호박같이 되었다. 구슬이 튀고 눈이 물 끓듯 세차게 일어난다.

그 넘쳐흐르는 나머지가 흩어져 연못이 되었으니 흔들리며 움직여 맑고 깨끗하여 손을 씻어도 좋고 이를 닦아도 좋으며 빨래를 할 수도 있다. 물과 돌이 이에 이르러 비로소 공을 들인 보람을 나타낸 것이다.

여름철에 비가 크게 내리면 폭포는 부르짖고 성냄이 천둥 벼락같다. 그 기세는 돌을 걷어 가지고 달아날 것 같다. 뿜어 달리는 물방울이 사방으로 날아올라 소나무 가지 끝에 흰 무지개 같은 무리가 가끔씩 있어 매우 기이하고 장관이다.

옛날에는 양쪽 언덕에 걸쳐 정자가 있어 물이 난간 아래로 흘렀는데, 이것이 거센 물결을 견디지 못하여 끝내 무너진 지가 여러 해 되었다. 지금도 남은 주춧돌 너댓 개가 기울어지거나 혹은 선 채로 있어서 오히려 옛터를 알아볼 수 있다.

ⓔ 나는 산에 살면서 할 일이 없다. 늦게 밥을 먹고 나면 커다란 삿갓을 쓰고 새로 지은 학창의를 입고 막대기를 끌며 천천히 걸어간다. 못가의 오래된 나무 밑에 자리를 잡고 앉아 〈도덕경〉 몇 장을 읽는다.

어쩌다가 팔을 베개 삼아 늘어지게 한잠 자노라면 산에 해가 기우는 것을 알지 못한다. 잠이 어슴푸레 깨어서 나무 사이의 하늘을 쳐다보면 그 사이로 새어 들어오는 하늘빛이 보인다. 패옥 소리 같은 맑은 바람 소리가 귀에 가득하고, 저녁 새가 가지를 돌며 날아 지저귀는 것이 들릴 뿐이다.

ⓜ 이때 나의 가슴 속엔 한 가닥의 생각도 없다. 마음이 화락하여 내가 나를 잊는다. 어찌 연못과 같은 사물에 노니는 것이겠는가. 나는 하늘에 노니는 것이지, 세속의 사물에 노니는 것이 아니다.

— 채제공, 「와룡폭포기(臥龍瀑布記)」

▶▶ 출제자는 성취기준 [12문학02-01] '문학 작품은 내용과 형식이 긴밀하게 연관되어 이루어짐을 이해하고 작품을 감상한다.', [12문학03-02] '대표적인 문학 작품을 통해 한국 문학의 전통과 특질을 파악하고 감상한다.'를 조합하여 지문을 구성하고 문항을 출제하기 위해 작품을 선정하였다. 이를 더 잘 반영하고, 더욱 다양한 성취기준을 조합할 수 있도록 지문을 수정해 보자.

1. (가)와 (나)에 대한 설명으로 가장 적절한 것은?

① (가)는 (나)와 달리 과거와 현재를 대비하여 화자의 정서를 심화하고 있다.

② (나)는 (가)와 달리 대화체와 독백체를 교차하여 극적 효과를 높이고 있다.

✓ ③ (나)는 (가)와 달리 자연물에 인격을 부여하여 생동감을 주고 있다.

④ (가)와 (나)는 모두 이질적 공간을 대비하여 주제 의식을 나타내고 있다.

⑤ (가)는 반어적 표현을 통해, (나)는 비유적 표현을 통해 자신의 처지를 드러내고 있다.

▸▸ 성취기준 [12문학02-01] '문학 작품은 내용과 형식이 긴밀하게 연관되어 이루어짐을 이해하고 작품을 감상한다.'를 고려하여 수정해 보자.

2. 〈보기〉를 참조하여 윗글을 감상할 때, 적절하지 <u>않은</u> 것은?

─── 〈 보기 〉 ───

　　선생님 : (가)와 (나)는 작가가 은거하는 곳에서 노닐며 안빈낙도하는 체험인 '유거(幽居)'를 소재로 한 작품들입니다. 일반적으로 유거 문학은 거주지 주위의 아름다운 풍경을 제시하면서 그곳에서의 생활 체험을 보여 주는데, 거주지 주위의 공간을 이상향에 빗대는 경우도 있습니다. 작가는 유거를 통해 자연물과 하나가 되는 흥겨운 감정을 드러내는데, 어떤 경우에는 현실 공간을 초월한 무아지경(無我之境)의 만족감을 나타내기도 합니다.

① ㉠ : 작가가 자연물과 하나가 되는 흥겨운 감정을 표현하고 있군.

② ㉡ : 작가가 거주지 주위의 산과 물이 어우러지는 아름다운 풍경을 제시하고 있군.

③ ㉢ : 작가가 현실 세계에 대한 내면적 갈등을 드러내고 있군.

④ ㉣ : 작가가 은거하는 곳에서의 생활 체험을 구체적으로 보여 주고 있군.

✓ ⑤ ㉤ : 작가가 현실 공간을 초월한 무아지경의 만족감을 나타내고 있군.

▸▸ 〈보기〉의 핵심 개념어인 '유거'와 선택지 간의 긴밀성이 떨어져서 〈보기〉의 필요성이 크지 않다는 인상을 준다. 그리고 '유거'와 비교할 수 있는 학술적 개념을 추가하는 것이 외적 준거의 전문성을 높이는 데 도움이 된다. 이를 고려하여 〈보기〉의 내용을 보완하고 선택지를 재구성해 보자.

3. (가)의 표현상 특징으로 적절한 것을 모두 고르면?

─── 〈 보기 〉 ───

ㄱ. 명암의 대비를 통해 시상을 전개하고 있다.

ㄴ. 공간의 대비를 통해 주제 의식을 부각하고 있다.

ㄷ. 자연물에 인격을 부여하여 친밀감을 나타내고 있다.

ㄹ. 설의적 표현을 사용하여 시적 의미를 강조하고 있다.

① ㄱ, ㄴ   ✓② ㄴ, ㄹ   ③ ㄷ, ㄹ   ④ ㄱ, ㄴ, ㄹ   ⑤ ㄴ, ㄷ, ㄹ

▶▶ 다섯 개의 선택지를 제시하는 것이 바람직한데 합답형 방식으로 설계되어 있으며, 표현 기법과 그로 인한 효과를 묻는 문항이라 1번 문항과 성취기준이 겹친다. 성취기준 [12문학02-02] '작품을 작가, 사회·문화적 배경, 상호 텍스트성 등 다양한 맥락에서 이해하고 감상한다.'를 구현할 수 있도록 문항을 교체해 보자.

4. (나)의 '와룡폭포'에 대한 반응으로 적절하지 <u>않은</u> 것은?

① 폭포의 바닥은 흰 빛을 띤 돌로 되어 있군.

✓② 광영지와 명덕동 사이의 울창한 숲 중간에 자리 잡고 있군.

③ 폭포수로 이루어진 연못은 수질이 좋아 양치나 세탁을 할 수 있군.

④ 처음에는 두 갈래의 물줄기로 흐르다가 나중에 하나로 합쳐지는군.

⑤ 여름철에 수량이 늘어나면 물거품이 흩어져 웅장한 광경을 만드는군.

▶▶ 선택지가 마치 독서 과목에서 이해나 반응을 평가하는 문항의 선택지처럼 보인다. 그리고 앞의 1~3번 문항 중에서 (나)에 대한 심층적인 이해를 묻는 문항이 없다. 성취기준 [12문학04-01] '문학을 통하여 자아를 성찰하고 타자를 이해하며 상호 소통하는 태도를 지닌다.'를 구현할 수 있도록 문항을 교체해 보자.

[1~4] 다음 글을 읽고 물음에 답하시오.

(가)

  ⓐ 紅塵(홍진)에 뭇친 분네 이내 生涯(생애) 엇더ᄒᆞᆫ고

녯 사ᄅᆞᆷ 風流(풍류)ᄅᆞᆯ 미ᄎᆞᆯ가 못 미ᄎᆞᆯ가

天地間(천지간) 男子(남자) 몸이 날만ᄒᆞᆫ 이 하건마ᄂᆞᆫ

山林(산림)에 뭇쳐 이셔 至樂(지락)을 ᄆᆞ를 것가

수간모옥(數間茅屋)* 을 碧溪水(벽계수) 알픠 두고

松竹(송죽) 鬱鬱裏(울울리)*예 風月主人(풍월주인) 되여셔라

엇그제 겨을 지나 새봄이 도라오니

桃花杏花(도화행화)ᄂᆞᆫ 夕陽裏(석양리)예 퓌여 잇고

錄樣芳草(녹양방초)ᄂᆞᆫ 細雨中(세우중)에 프르도다

칼로 몰아 낸가 붓으로 그려 낸가

造化神功(조화신공)이 物物(물물)마다 헌ᄉᆞ롭다

  ⓑ 수풀에 우ᄂᆞᆫ 새ᄂᆞᆫ 春氣(춘기)ᄅᆞᆯ 못내 계워

소ᄅᆡ마다 嬌態(교태)로다

物我一體(물아일체)어니 興(흥)이이 다ᄅᆞᆯ소냐

〈중략〉

樽中(준중)이 뷔엿거든 날ᄃᆞ려 알외여라

小童(소동) 아ᄒᆡᄃᆞ려 酒家(주가)에 술을 믈어

얼운은 막대 집고 아ᄒᆡᄂᆞᆫ 술을 메고

微吟緩步(미음완보)ᄒᆞ야 시냇ᄀᆞ의 호자 안자

  ⓒ 明沙(명사) 조흔 믈에 잔 시어 부어 들고

淸流(청류)ᄅᆞᆯ 굽어보니 ᄯᅥ오ᄂᆞ니 桃花(도화) l 로다

武陵(무릉)이 갓갑도다 져 ᄆᆡ이 건 거인고

— 정극인, 「상춘곡」

(나)

  광영지(光影池)에서 서쪽으로 화살 한 번 쏠 만한 거리에 줄지어 있는 소나무와 어지러운 나무들을 지나가면 와룡폭포가 있다.

폭포의 바닥은 다 돌이다. 돌은 난가대(爛柯臺)에서부터 일직선으로 퍼져 와룡담에 이르러 그 쳤다. 그 사이는 백여 보 정도이다. 그 돌의 빛은 꽤 흰데 형체가 비록 누웠기는 하나 위쪽이 약 간 높고 차례로 점차 낮아져서 손바닥을 옆으로 드리운 것 같다.

폭포는 명덕동(明德洞)에서부터 시작하여 흘러나온다. 한 갈래는 남쪽으로, 한 갈래는 서쪽으 로 흐르다가 돌에 이르러 합류하는데, 화살처럼 빠르고 물병을 지붕에 거꾸로 엎어 놓은 것처럼 급히 쏟아진다.

물이 흘러가다가 길을 가로막고 누워 있는 돌을 만나게 되면 떨어져 내리는 기세가 비로소 급 하게 된다. 돌은 물의 맹렬한 두들김을 견디지 못하여 가운데가 호박같이 되었다. 구슬이 튀고 눈이 물 끓듯 세차게 일어난다.

그 넘쳐흐르는 나머지가 흩어져 연못 이 되었으니 흔들리며 움직여 맑고 깨끗하여 손을 씻어 도 좋고 이를 닦아도 좋으며 빨래를 할 수도 있다. 물과 돌이 이에 이르러 비로소 공을 들인 보람 을 나타낸 것이다.

ⓓ 여름철에 비가 크게 내리면 폭포는 부르짖고 성냄이 천둥 벼락같다. 그 기세는 돌을 걷어 가지고 달아날 것 같다. 뿜어 달리는 물방울이 사방으로 날아올라 소나무 가지 끝에 흰 무지개 같은 무리가 가끔씩 있어 매우 기이하고 장관이다.

옛날에는 양쪽 언덕에 걸쳐 정자가 있어 물이 난간 아래로 흘렀는데, 이것이 거센 물결을 견디 지 못하여 끝내 무너진 지가 여러 해 되었다. ⓔ 지금도 남은 주춧돌 너댓 개가 기울어지거나 혹 은 선 채로 있어서 오히려 옛터를 알아볼 수 있다.

나는 산에 살면서 할 일이 없다. 늦게 밥을 먹고 나면 커다란 삿갓을 쓰고 새로 지은 학창의를 입고 막대기를 끌며 천천히 걸어간다. 연못가의 오래된 나무 밑에 자리를 잡고 앉아 『도덕경』 몇 장을 읽는다.

어쩌다가 팔을 베개 삼아 늘어지게 한잠 자노라면 산에 해가 기우는 것을 알지 못한다. 잠이 어슴푸레 깨어서 나무 사이의 하늘을 쳐다보면 그 사이로 새어 들어오는 하늘빛이 보인다. 패옥 소리 같은 바람 소리가 귀에 가득하고, 저녁 새가 가지를 돌며 날아 지저귀는 것이 들릴 뿐이다.

이때 나의 가슴속엔 한 가닥의 생각도 없다. 마음이 화락하여 내가 나를 잊는다. 어찌 연못과 같은 사물에 노니는 것이겠는가. ㉠ 나는 하늘에 노니는 것이지, 세속의 사물에 노니는 것이 아 니다.

— 채제공, 「와룡폭포기」

*수간모옥: 몇 칸 초가집.

*울울리: 우거진 속.

*미음완보: 작은 소리로 읊으며 천천히 거넒.

지문 초안의 (가)는 연시조 중 일부만 제시되었고, 〈제5수〉의 경우 주제 의식과 거리가 있는 속세에 대한 미련이 나타나 [12문학03-02]를 형상화하기에 부족한 측면이 있다. (가)를 〈상춘곡〉으로 교체함으로써 이를 해소하였으며, [12문학02-02], [12문학04-01] 등의 성취기준도 구현할 수 있도록 하였다.

1. (가)와 (나)의 공통점으로 가장 적절한 것은?

① 풍자의 기법을 활용하여 세태를 비판하고 있다.

② 대상을 관찰하여 양면적 속성을 포착하고 있다.

③ 계절의 변화 과정에 따라 내용을 전개하고 있다.

✓ ④ 구체적인 묘사를 통해 대상의 아름다움을 드러내고 있다.

⑤ 자연과 인간사를 대비하여 자기반성의 계기로 삼고 있다.

수정 전 초안의 1번 문항은 (가)와 (나)의 공통점이나 중요한 표현 기법을 확인할 수 있는 설계가 아니고, 지엽적인 정보만 확인하는 수준이었다. 이를 개선하기 위해 작품 간의 공통점을 평가 요소로 잡은 후 발문을 수정하고 표현 기법과 그로 인한 효과를 연결하는 방식으로 선택지도 재구성하여 성취기준 [12문학02-01]을 충족시켰다.

2. 〈보기〉의 관점에서 (가), (나)를 감상한 내용으로 적절하지 <u>않은</u> 것은?

─── 〈 보기 〉 ───

　자연미를 체험하는 방식에는 '유거(幽居)'와 '탐승(探勝)'이 있다. 유거는 작가가 은거하는 일상적인 생활 공간 주위를 노닐며 즐기는 방식이고, 탐승은 작가가 거주지에서 멀리 떠나 여러 명승지를 거점으로 삼아 낯선 곳을 기행하는 방식이다. 일반적으로 유거가 나타난 작품들은 거주지나 그 주위의 자연을 제시하면서 일상의 생활 체험을 보여 주는데, 거주지 주위의 공간을 이상향으로 인식하는 경우도 있다. 유거는 익숙한 공간에서 편안하게 지내는 것이므로 심리적 만족감을 동반한다. 「상춘곡」과 「와룡폭포기」는 이와 같은 유거를 보여 주는 작품으로 이해할 수 있다.

① (가)의 '수간모옥'은 작가가 유거를 체험하는 거주지로 볼 수 있겠군.

② (가)의 '무릉이 갓갑도다'는 작가가 유거 속에서 거주지 주위의 공간을 이상향으로 인식했음을 드러낸 것이라고 볼 수 있겠군.

③ (나)의 '늘어지게 한잠 자노라면'은 작가가 유거를 통해, 익숙함을 느끼는 공간에서 편안하게 지내는 상황으로 볼 수 있겠군.

✓ ④ (가)의 '져 민'와 (나)의 '연못'은 작가가 낯선 곳을 기행하기 위해 거점으로 삼은 명승지를 의미한다고 볼 수 있겠군.

⑤ (가)의 '興(흥)이이 다룰소냐'와 (나)의 '마음이 화락하여 내가 나를 잊는다.'는 작가가 유거를 통해 느낀 심리적 만족감을 드러낸 것으로 볼 수 있겠군.

〈보기〉에 '유거'뿐만 아니라, '탐승'의 개념을 추가하고, 〈보기〉를 선생님의 설명이 아닌 이론 형식의 진술로 바꾸어 '유거'와 '탐승'이 자연미를 체험하는 방식과 관련이 있다는 점을 언급함으로써 〈보기〉의 완성도를 높였다. 또한 (가)와 (나)의 시어나 시구를 '유거' 또는 '탐승'의 의미와 연결함으로써 〈보기〉와 선택지 간의 긴밀성도 높였다. 이로 인해 성취기준 [12문학03-02]를 잘 구현한 문항이 되었다.

3. ⓐ~ⓔ에 대한 설명으로 적절하지 <u>않은</u> 것은?

① ⓐ: 청자에게 묻는 방식을 통해 화자 자신의 생활에 대한 자부심을 드러내고 있다.

② ⓑ: 화자의 정서와 조응하는 자연물을 통해 화자의 흥취를 환기하고 있다.

③ ⓒ: 시냇물을 바라보며 풍류를 즐기는 모습을 제시하고 있다.

④ ⓓ: 청각적 이미지를 활용하여 대상의 생동감을 부각하고 있다.

✓ ⑤ ⓔ: 과거를 회상하며 지나온 삶에 대한 후회를 드러내고 있다.

성취기준 [12문학02-02]와 관련시켜 (가)와 (나)의 세부 정보를 묻는 새로운 문항으로 교체하였다.

4. 〈보기〉를 참고하여 ㉠을 이해한 내용으로 가장 적절한 것은?

─── 〈 보기 〉 ───

1779년 2월 채제공은 명덕동으로 이사하였다. 갑작스럽게 벼슬에서 물러났지만 그는 이곳에서 산수를 즐기며 여유와 안정을 찾았다. 채제공은 와룡폭포 근처의 '난가대'를 특히 좋아했는데, '난가'가 신선의 땅이라는 뜻을 지녔기 때문이었다. 그는 신선처럼 살고자 하는 사람의 복장인 '학창의'를 입었고, 자주 읽으면 신선이 된다는 속설이 있는 『도덕경』을 탐독했다.

① 신선의 삶보다 자신의 삶이 낫다는 확고한 믿음을 보여 준다.

② 신선의 품격을 추구하다가 봉착하게 된 자신의 한계를 보여 준다.

③ 신선의 땅에서 역설적으로 깨닫게 된 속세에 대한 미련을 보여 준다.

✓ ④ 신선의 삶을 동경하며 생활하다가 느끼게 된 정신적 경지를 보여 준다.

⑤ 신선의 생활과 세속의 생활 사이의 괴리를 극복하기 위한 자기 위안을 보여 준다.

성취기준 [12문학04-01]을 구현할 수 있도록 글쓴이와 관련한 정보를 〈보기〉로 제시하고 이를 바탕으로 그의 심리와 가치관을 추론하는 유형으로 문항을 교체하였다.

3

독서 과목의
평가 문항 개발

독서 과목의 평가 문항 개발은 일반적으로 지문 구성 단계와 문항 구성 단계로 이루어진다. 지문 구성 단계는 제재를 선정하고 관련 자료를 수집한 후, 이를 바탕으로 지문을 작성하는 과정을 말한다. 문항 구성 단계는 문항을 설계하고 이를 바탕으로 문항을 실제로 작성하는 과정이다.

독서 과목 평가 문항 개발 과정에서 중요한 것은 제재 선정부터 문항 작성에 이르는 단계가 선형적으로만 흐르는 것이 아니며, 이전 단계와 다음 단계를 오르내리기를 반복한다는 점이다. 다른 영역도 마찬가지지만, 지문을 바탕으로 문항을 설계해야 하는 독서 영역은 특히 그러하다. 예를 들어 지문을 작성하기 위해 자료를 수집하다 보면 앞서 선정한 제재로는 지문을 구성하기 어렵다고 판단할 수도 있다. 이 경우 제재를 다시 선정해야 한다. 혹은 문항을 설계하다 보면 현재 작성한 지문으로는 학생의 다양한 역량을 평가할 수 있는 문항을 구성하기 어려울 때가 있다. 그러면 문항 구성을 위해 지문을 수정해야 하고, 지문을 수정하기 위해서는 자료를 다시 찾아야 할 수도 있다. 실제 문항을 작성하는 단계에서도 문항을 설계할 때 계획했던 것과 달리, 선택지가 다양하게 나오지 않거나 다른 문항의 선택지와 내용이 유사해지는 문제가 생기기도 한다. 이 경우 문항을 다시 설계해서 해결할 수 있다. 그러나 지문 구성 단계에서 자료 수집이 부실하여 지문의 내용이 충분하지 않아 문제가 생겼다면 지문 구성 단계로 되돌아가 문항 개발 단계를 처음부터 다시 밟아야 할 수도 있다.

01 독서 과목의 평가 요소 선정

보통 독서 과목의 평가 문항은 하나의 지문에 여러 개의 문항이 있는 형태를 가진다. 따라서 하나의 지문을 통해 다양한 성취기준에 대한 학생의 도달 여부를 평가할 수 있게 문항을 개발하는 것이 바람직하다.

문항을 구성하는 과정뿐만 아니라 지문을 구성하는 단계에서도 성취기준을 고려해야 한다. 2015 개정 국어과 교육과정 중 고등학교 선택 과목 〈독서〉의 성취기준은 독서의 본질, 방법, 분야, 태도로 구성되어 있다.

주의점
지문의 내용이 빈약하거나 내용의 구성과 전개 방식이 너무 단순하면, 학생의 다양한 역량을 평가할 수 있는 문항들을 개발하기 어렵다.

(1) 독서의 본질
[12독서01-01] 독서의 목적이나 글의 가치 등을 고려하여 좋은 글을 선택하여 읽는다.
[12독서01-02] 동일한 화제의 글이라도 서로 다른 관점과 형식으로 표현됨을 이해하고 다양한 글을 주제 통합적으로 읽는다.

(2) 독서의 방법
[12독서02-01] 글에 드러난 정보를 바탕으로 중심 내용, 주제, 글의 구조와 전개 방식 등 사실적 내용을 파악하며 읽는다.
[12독서02-02] 글에 드러나지 않은 정보를 예측하여 필자의 의도나 글의 목적, 숨겨진 주제, 생략된 내용을 추론하며 읽는다.
[12독서02-03] 글에 드러난 관점이나 내용, 글에 쓰인 표현 방법, 필자의 숨겨진 의도나 사회·문화적 이념을 비판하며 읽는다.
[12독서02-04] 글에서 공감하거나 감동적인 부분을 찾고 이를 바탕으로 글이 주는 즐거움과 깨달음을 수용하며 감상적으로 읽는다.
[12독서02-05] 글에서 자신과 사회의 문제를 해결하는 방법이나 필자의 생각에 대한 대안을 찾으며 창의적으로 읽는다.

(3) 독서의 분야
[12독서03-01] 인문·예술 분야의 글을 읽으며 제재에 담긴 인문학적 세계관, 예술과 삶의 문제를 대하는 인간의 태도, 인간에 대한 성찰 등을 비판적으로 이해한다.
[12독서03-02] 사회·문화 분야의 글을 읽으며 제재에 담긴 사회적 요구와 신념, 사회적 현상의 특성, 역사적 인물과 사건의 사회·문화적 맥락 등을 비판적으로 이해한다.

[12독서03-03] 과학·기술 분야의 글을 읽으며 제재에 담긴 지식과 정보의 객관성, 논거의 입증 과정과 타당성, 과학적 원리의 응용과 한계 등을 비판적으로 이해한다.

[12독서03-04] 시대의 사회·문화적 특성이 글쓰기의 관습이나 독서 문화에 반영되어 있음을 이해하고 다양한 시대에서 생산된 가치 있는 글을 읽는다.

[12독서03-05] 지역의 사회·문화적 특성이 다양한 형식과 내용으로 글에 반영되어 있음을 이해하고 다양한 지역에서 생산된 가치 있는 글을 읽는다.

[12독서03-06] 매체의 유형과 특성을 고려하여 글의 수용과 생산 과정을 이해하고 다양한 매체 자료를 주체적이고 비판적으로 읽는다.

(4) 독서의 태도

[12독서04-01] 장기적인 독서 계획을 세워 자발적으로 독서를 실천함으로써 건전한 독서 문화를 형성한다.

[12독서04-02] 의미 있는 독서 활동에 참여함으로써 타인과 교류하고 다양한 삶의 방식과 세계관을 이해하는 태도를 지닌다.

이 성취기준 중에서 '(1) 독서의 본질'과 '(3) 독서의 분야'는 주로 지문을 통해서 구현된다. '독서의 본질'에 해당하는 성취기준은 좋은 지문을 선택하고 구성하는 과정을 통해 실현할 수 있다. '독서의 분야'에 속하는 성취기준을 실현하기 위해서는 인문, 사회, 과학 등 여러 분야와 다양한 시대 및 지역의 글을 지문으로 제시하여 학생들이 폭넓은 시각을 가지도록 유도해야 한다. 최근에는 학생들이 다양한 관점을 통섭할 수 있도록 인문과 과학, 사회와 과학 등 여러 분야의 글을 융합한 지문을 제시하기도 한다. 이러한 융합 지문은 최근 대학수학능력시험에서 자주 등장하고 있다.

'(2) 독서의 방법'에 해당하는 성취기준은 주로 문항을 통해서 구현된다. 하나의 지문에서 사실적 읽기와 추론적 읽기, 그리고 비판적 읽기와 창의적 읽기 능력을 두루 평가할 수 있도록 여러 개의 문항을 설계하는 것이 보편적이다. 보통 [12독서02-01]에서 [12독서02-05]에 해당하는 성취기준을 적절히 조합하여 문항을 구성한다. 또는 [12독서02-01]의 '사실적 읽기'에서 내용을 파악하는 유형과 전개 방식을 파악하는 유형을 둘 다 문항의 평가 요소로 활용하기도 한다. 여기에 더해 추론적 읽기와 비판적 읽기, 창의적 읽기에 해당하는 성취기준을 적절히 배치하는 것이 일반적이다.

02 지문 구성의 과정과 방법

1) 좋은 지문의 요건

독서 과목의 지문은 인문, 사회, 과학, 기술, 예술 등 학생들이 접하는 거의 모든 학문 영역을 포괄한다. 그렇기에 독서 과목의 문항을 제작하는 것은 국어 교사에게 매우 힘든 일이다. 더욱이 교육과정의 목표와 성취기준에 부합하는 문항을 만들어 내는 것까지 고려하기 위해서는 고된 사고의 시간이 필요하다. 이때 좋은 독서 지문이 가져야 할 요건을 이해하고 이에 익숙해진다면 평가 문항을 제작하는 것이 한결 수월해진다.

좋은 지문의 요건
- 추상성과 구체성의 균형
- 적절한 복잡성의 유지
- 논리적인 구조화
- 적절한 분량

한정된 지문 내에 너무 많은 개념이나 이론을 나열할 경우, 학생들이 지문의 내용을 제대로 이해하지 못할 수 있다. 또한 너무 세부적인 내용만을 제시할 경우, 지문의 주제를 제대로 전달할 수 없다. 이 두 경우 모두 학생들의 인지적 성장을 끌어내기 어렵기 때문에 지문 내에서 추상성과 구체성이 적절히 균형을 이루는 것이 중요하다.

또한 하나의 지문으로 다양한 성취기준을 반영하는 여러 문항을 만들기 위해서는 적절한 수준에서 복잡성을 지닌 지문을 작성해야 한다. 글에 복잡성을 부여하는 가장 좋은 방법은 글의 내용을 입체적으로 구성하는 것이다. 이렇듯 내용에서 추상성과 구체성의 균형을 고려하고 입체적인 글을 구성하여 적절한 복잡성을 유지할 때, 학생의 다양한 사고 능력을 평가할 수 있다. 나아가 이를 통해 인지적이고 정서적인 성장, 즉 배움을 끌어낼 수 있다.

이러한 요건들을 충족하기 위해서는 시문의 내용을 논리적으로 잘 구조화해야 한다. 핵심 내용을 뒷받침하는 근거를 충분히 제시하고, 인과관계가

주의점

독서 문항은 보통 3~5문항으로 구성된다. 그런데 지문의 내용이 너무 단순할 경우, 세 문항 이상 만들기가 힘들다. 행여 만들어 낸다고 하더라도 문항 간의 내용 간섭이 많아 평가 문항의 기능이 크게 악해지거나 무의미해질 수 있다.

분명하게 구성해야 하는 것이다. 개념이나 이론들을 뒷받침해 주는 논리적 근거들을 부연하거나 구체적 사례를 제시함으로써 추상성과 구체성의 균형을 유지할 수 있고, 다양한 관점과 속성을 구조적으로 제시함으로써 내용의 입체성과 적절한 복잡성을 구현할 수 있기 때문이다.

또한 독서 과목의 지문은 적절한 분량으로 구성해야 한다. 문항을 통해 평가하려는 것이 학생의 사고 속도가 아니라 사고 역량이기 때문이다. 대학수학능력시험이나 전국연합학력평가의 경우, 3문항 세트에서는 1,400자~1,600자, 4~6문항 세트에서는 1,600~2,200자 정도 분량으로 지문을 구성한다.

마지막으로, 출처가 분명한 자료를 사용해야 한다. 출처가 분명하지 않은 자료는 학문적으로 정확하지 않을 수 있기 때문이다.

2) 자료 선정과 발췌

독서 과목의 문항은 대개 하나의 지문을 중심으로 다양한 읽기 역량을 평가하는 유형으로 설계된다. 따라서 내용적 측면과 형식적 측면에서 모두 질 높은 지문을 구성하는 것이 매우 중요하다. 보통 교과서나 독서 자료 등 이미 주어진 자료에서 내용을 발췌하여 재구성하는 방법과 제재와 관련한 다양한 자료를 수집한 뒤 이 자료들로부터 발췌한 내용을 종합하여 새로운 지문을 구성하는 방법을 사용한다. 어떤 방법으로 지문을 구성하든 그 첫 단계는 자료를 선정하고 발췌하는 것이다.

먼저, 이미 주어진 자료에서 내용을 발췌하여 재구성하는 방법을 살펴보자. 교과서나 독서 자료에 실린 글은 적게는 3,000자에서 많게는 10,000자에 이른다. 이를 시험지에 다 싣기에는 너무 양이 많으므로 분량을 대폭 줄여야 한다. 학교 현장에서는 주어진 자료를 문단별로 발췌하여 재구성하는 경우가 많은데, 이 경우 원문의 취지에서 벗어나거나 중요한 내용이 빠질 가능성이 있다. 따라서 새로운 글을 쓰듯이 주요 내용을 발췌하여 부분적으로 재구성하는 것이 더 바람직하다. 글을 재구성할 때는 발췌한 내용들을 유기적으로 연결하기 위해 접속어를 추가하고 내용과 표현 등을 수정해야 한다.

그런데 교과서나 독서 자료의 글을 지문에 그대로 활용하기 어려울 때가 있다. 예를 들어 특정 주제를 강조하기 위해 원문의 일부만을 게재한 글이라

주의점
지문 구성의 두 가지 방법이 분명하게 구분되는 것은 아니다. 교과서처럼 주어진 자료를 재구성한다고 하더라도 완결성이 높은 지문을 구성하기 위해 외부 자료를 일부 참고할 수 있다. 또 다양한 자료를 수집하여 새로운 지문을 구성할 때에도 바탕이 되는 대표 자료를 선정하는 것이 글을 구성하기에 더 편리하다.

주의점
고등학교 3학년 내신 시험에서는 EBS 교재에 실린 지문을 그대로 활용하는 경우가 종종 있다. 이 경우 지문 구성에 대한 부담은 덜하지만, 지문을 그대로 둔 채 문항만을 바꾸기는 쉽지 않다. 이에 따라 문항의 선택지가 교재와 유사해질 가능성이 높아 학생의 읽기 역량을 제대로 평가하지 못하게 될 수 있다. 그러므로 EBS의 내용을 참고하되 추가적인 자료를 수집하고 발췌하여 지문을 구성하는 것을 권장한다.

면 정보가 부족해 다양한 문항을 만들기 힘들다. 혹은 수준이 너무 높아 어려운 개념이 충분히 설명되지 않은 글도 있다. 이럴 때는 추가로 자료를 수집하고 내용을 발췌하여 정보를 더 제공해야 한다. 반대로 정보를 압축한 글이 아니라 학자 개인의 통찰을 개성적인 문체로 길게 작성한 글일 경우, 핵심적인 정보만 발췌하고 불필요한 내용은 삭제한 후 명확하고 간결한 문장으로 재작성해야 한다. 따라서 주어진 자료를 사용하는 경우라도 부분적으로는 외부의 자료를 수집하고 종합하여 새롭게 지문을 구성하는 방법을 활용해야 한다.

그러면 이제 다양한 자료를 수집, 발췌하여 종합한 뒤 새롭게 지문을 구성하는 방법을 살펴보자. 학문적으로 검증된 지문을 만들기 위해서는 저명한 학자의 글이나 정설로 인정받는 글을 바탕으로 해야 한다. 학문적으로 논란이 크거나 사실과 다른 자료가 지문에 사용되면 문항 오류 시비에 휘말릴 수 있기 때문이다. 그러므로 제재나 주제와 관련된 다양한 자료를 수집하고, 여기에서 공통으로 설명하고 있는 내용을 발췌하는 것이 좋다. 그런데 이때에도 주어진 자료를 활용하는 방법처럼, 대표적인 자료를 선정하고 이 자료를 바탕으로 하여 다른 자료들의 내용을 부분적으로 발췌해서 추가하는 방법이 훨씬 효율적이다.

TIP
대표 자료는 구체성이 다소 떨어지더라도 내용이 명확하고 학생들이 이해하기 쉬운 글을 선정하는 것이 좋다.

3) 지문 구성

자료를 선정하고 내용을 발췌했다면, 완결성을 가진 하나의 글로 지문을 구성해야 한다. 지문 구성은 앞서 소개한 좋은 지문의 요건을 고려하면 된다. 먼저 구체성과 추상성 간의 균형이 잡힌 글을 구성하기 위해 내용을 자세하게 구체화하는 과정과 간결하게 추상화하는 과정을 반복한다. 즉, 처음에는 자세하게 내용을 구성하고, 이후 불필요한 내용을 삭제하거나 너무 구체적인 내용은 추상화하여 간결하게 바꾼다. 그리고 더 필요한 내용이 있으면 다시 추가하고, 다시 불필요한 내용을 삭제하거나 세부적인 내용을 추상화한다. 이 과정을 반복하다 보면 학생에게 적절한 수준의 개념과 내용을 제공하는 좋은 지문을 구성할 수 있다. 다음으로 적절한 복잡성을 갖춘 글을 만들기 위해 동일한 화제나 대상에 대해 서로 다른 관점을 제시하거나 여러 대상에서

TIP
여기에서는 다양한 자료를 바탕으로 지문을 구성하는 방법을 중심으로 소개했으나, 앞서 밝혔듯이 교과서 등 기존 자료를 활용할 때에도 이러한 방법을 부분적으로 활용할 수 있다.

일어나는 다양한 현상을 설명함으로써 비교하여 입체적인 글을 구성한다.

(1) 자세하고 구체적인 글 만들기

지문을 구성할 때는 교과서에서 특정 내용을 발췌하기도 하고, 자료를 참고하여 직접 지문을 작성하기도 한다. 이때 글의 내용이 너무 추상적이거나, 전문적인 개념에 대한 설명이 부족한 경우가 많다. 이처럼 지문에서 설명이 불충분하여 학생들이 이해하기에 지나치게 어려우면 문항을 통해 독서 역량을 충분히 평가할 수 없게 된다. 또한 하나의 지문에 여러 문항을 설계해야 하는 독서 과목에서 지문의 내용이 충분하지 않으면 문항 간에 간섭과 충돌이 발생한다. 문항이 여러 개라도 선택지의 내용이나 평가 요소가 비슷하다면 다양한 독서 역량을 평가하기 어려울 것이다. 따라서 적절한 수준으로 자세하고 구체적인 지문을 만들 필요가 있다. 그 방법을 살펴보자.

■ 자세하게 설명하기

지문의 내용이 추상적이거나 너무 간략해 학생들이 충분히 이해하기 힘들다고 판단되면, 외부 자료를 수집하거나 교과서 등 참고한 자료의 다른 부분에서 자료를 추가로 발췌해야 한다. 그리고 이들 자료를 종합하여 보다 자세하게 설명하는 글을 작성한다.

예를 들어 오른쪽 그림을 보자. [자료 A]는 교과서 혹은 수집한 자료에 서술되어 있는 문장이다. 그런데 여기에서 "아이디어들은 의식의 문턱 아래에서 뒤끓고 돌아다닌다."라거나, "색다른 연결이 이루어지기 쉽다."라는 표현이 무엇을 의미하는지 명확하지 않다. 또한 '부화기'와 같이 인지심리학이나 신경과학에서 다루는 전문적인 개념을 비유적이고 추상적으로 진술하여 이해하기 어렵다. 따라서 추가로 자료를 수집하거나 교과서 지문의 다른 부분에 있는 자료를 활용하여 추가적인 정보를 제공할 필요가 있다. 이 예시의 경우 [자료 B]를 통해 '의식의 문턱 아래'가 무의식적 사고를 뜻하며 이러한 사고가 갖는 특징이 무엇인지를, 그리고 [자료 C]를 통해 '부화기'와 '창의성'이 무엇을 의미하는지를 구체적으로 제시하였다. 이러한 자료들의 정보를 종합하여 [작성한 글]로 재구성하였다.

[자료 A]

창의적 과정의 두 번째 국면은 부화기이다. 그 시기 동안 아이디어들은 의식의 문턱 아래에서 뒤끓고 돌아다닌다. 바로 이 시기 동안 색다른 연결이 이루어지기 쉽다.

+

[자료 B]

㉠ 의식적 사고는 순차적이고 논리적 처리를 하지만 무의식적 사고는 비순차적이고 병렬적 처리를 한다. 병렬적 처리는 사고가 매우 빠른 속도로 일어나게 하고, 매우 다양한 사고를 가능하게 만든다.

[자료 C]

이론가들은 무의식적 처리가 평범한 의식적 사고의 능력을 넘어서는 아이디어들 간의 연결을 가능하게 한다고 믿는다. ㉡ 이러한 연결은 새로운 생각을 만들어 낸다. 그래서 무의식적 처리가 이루어지는 과정을 부화기라고 부른다.

↓

[작성한 글]

창의적 과정의 두 번째는 부화기이다. 부화기는 무의식적 처리를 통해 평범하지 않은 창의적 아이디어를 생산하는 과정이다. ㉠ 의식적 사고가 논리적 과정에 따라 순차적으로 정보를 처리하는 것과 달리, 무의식적 사고는 다양한 생각들을 병렬적으로 연결한다. 때문에 ㉡ 논리들이 색다르게 연결되면서 창의적인 아이디어가 떠오르는 것이다.

■ 구체적인 예를 제시하기

지문의 내용이 추상적이거나 너무 간략해 학생들을 충분히 이해시키기 힘들다고 판단될 때, 예시 자료를 함께 제시하는 방법도 효과적이다. 예시 자료 역시 자료를 추가로 수집해 활용할 수도 있고, 교과서 등 참고한 자료의 다른 부분에서 발췌할 수도 있다.

다음의 예를 보자. [자료 A]의 "한 사람의 소비가 다른 사람의 소비를 제한하지 않는"이라는 표현은 매우 추상적이다. 경제학에서 다루는 '비경합성'이라는 전문 용어를 지문에서 이렇게 추상적인 설명으로 진술하면, 학생들의 역량을 평가하려는 목적에서 벗어난 지나치게 어려운 지문이 되고 결과적으로 문항의 신뢰도와 타당도를 떨어뜨린다. 따라서 추가적인 정보를 제공하거나 구체적인 예시를 제시하여 의미를 분명하게 전달해야 한다. 이 사례에서는 예시에 해당하는 [자료 C]를 수집하고, [자료 B]의 내용 중 "여러 소비자들이 동시에 소비"할 수 있다는 진술을 예시와 연결하여 제시함으로써 비경합성의 의미를 보다 명확하게 전달하였다. [작성한 글]에서 알 수 있듯이 예시를 추가할 경우 보다 이해하기 쉽고 명확한 글을 구성할 수 있다.

[자료 A]
　공공재는 한 사람의 소비가 다른 사람의 소비를 제한하지 않는 비경합성을 가지고 있다.

[자료 B]
　공공재의 특성 중 하나로서 비경합성이란 특정한 공공재를 ㉠ 여러 소비자들이 동시에 소비할 수 있음을 의미한다.

[자료 C]
　㉡ 누군가 가로등 불빛을 받고 있어도 타인도 그 가로등의 불빛을 사용할 수 있다. 먼 도시로 출장을 간 사람이 그 도시에 세금을 내지 않고도 가로등의 혜택을 받을 수 있다.

↓

[작성한 글]
　공공재는 한 사람의 소비가 다른 사람의 소비를 제한하지 않는 비경합성을 갖고 있다. ㉡ 한 사람이 가로등을 불빛의 혜택을 받고 있을 때, 다른 사람도 동시에 그 불빛의 혜택을 받을 수 있는 것처럼 ㉠ 여러 소비자들이 동시에 소비할 수 있는 것이다.

(2) 간결하고 명확한 글 만들기

수집한 자료와 초안으로 작성한 지문이 과도하게 구체적이거나, 논리 전개가 복잡하여 주제가 명확하지 않을 때는 간결하고 명확한 글로 바꾸어야 한다.

■ 불필요한 내용을 생략하고 보편적 내용으로 추상화하기

독서 과목의 지문은 한정된 분량 안에서 다양한 유형의 문항을 설계해야 한다. 따라서 너무 구체적이어서는 안 되며 적절한 수준에서 간결성을 유지해야 한다. 특정 내용을 너무 구체적으로 진술하면 다른 내용을 담기가 어려워지고, 결국 지문이 포괄하는 내용 범위가 좁아져 문항 개발이 어려워지기 때문이다. 지문의 간결성을 유지하기 위해서는 주제를 드러내는 데 도움이 되지 않는 내용, 학생의 수준에 적합하지 않은 내용, 앞서 진술한 내용과 중복되는 내용 등 불필요한 내용은 생략하는 것이 좋다.

다음 예시를 보면, [자료 A]에서 "한 믿음에서 다른 믿음으로 이동한 객관적인 과정들을 주로 사용"한다는 진술은 학생들이 이해하기 어렵다. 또 [자료 B]에서 "조건문 형식의 연역적 추론"이라는 개념을 이해하기 위해서는 별도의 배경지식이 필요하다. 따라서 이러한 내용을 생략하고, 필요한 내용만을 두 자료에서 취사선택할 필요가 있다. 이 예시에서는 [자료 A]의 '마음 이론이란 마음이 작동하는 방식에 대한 이론'이라는 내용과 [자료 B]의 '마음 이론을 바탕으로 논리적으로 추론을 한다'는 내용을 선택하여 [작성한 글]로 만들었다.

[자료 A]
'이론─이론'은 논리적 추론에 의해 한 믿음에서 다른 믿음으로 이동한 객관적인 과정들을 주로 사용해서 우리가 타인의 의도를 추측할 수 있다고 말한다. 과학자들이 이론을 바탕으로 예측을 하고 증거를 수집해 결론을 도출하는 것처럼 인간도 마음이 작동하는 방식에 대한 이론을 갖고 있어서 그 이론을 바탕으로 타인의 마음을 파악할 수 있다.

[자료 B]
'이론─이론'은 우리가 마음의 이론을 가지고 있으며, 그것을 바탕으로 조건문 형식의 연역적 추론을 통해 사람들이 일반적으로 어떻게 반응할지에 대해 논리적으로 따져보면서 타자들을 이해한다고 주장한다.

[작성한 글]

　이론–이론은, 사람은 마음의 작동 방식에 대한 나름의 이론을 갖게 되는데 이를 바탕으로 논리적 추론을 함으로써 타인의 의도를 파악하고 행위를 예측할 수 있다는 이론이다.

　또 다른 예시를 보자. 다음의 [자료]는 타인의 의도를 예측하는 두 가지 방법에 대한 글인데, 이론적 설명도 다소 장황하고 그 예시도 매우 구체적이다. 따라서 내용을 다소 간략화할 필요가 있다. 이를 위해 먼저, [자료]에서 "조건 형식의 논리", "자신에 기초를 두어 귀속시키는 방식"과 같은 어려운 내용은 삭제하고 부자연스러운 내용을 매끄럽게 다듬었다. 다음으로 장황하게 설명된 사례들을 요약하였다. 이렇게 구성한 지문이 바로 [작성한 글 ①]이다. 그런데 문항 설계의 여건상 분량을 더 줄일 필요가 있을 때는 사례를 모두 생략하여 [작성한 글 ②]처럼 구성할 수도 있다. 이렇게 생략한 사례는 지문 이해를 평가하는 문항을 만들 때 〈보기〉의 내용으로 활용할 수도 있다.

주의점
사례를 생략할 때는 사례가 없어도 이론적 내용이 충분히 설명될 수 있는지를 고려해야 한다. 이론적 내용이 너무 어려운 개념이라면 사례를 제시하는 것이 바람직하다.

[자료]

　우리가 특정 상황에서 타인의 의도를 예측할 수 있는 방식은 크게 두 가지로 나뉜다. 먼저 마음이론 접근법에서는 우리가 마음의 작동 방식에 대한 일반 이론을 가지고 있으며 그것을 바탕으로 조건 형식의 논리적 추론을 통해 타인의 의도를 추측할 수 있다고 말한다. 예컨대 어떤 사람이 여덟 시간 동안 아무것도 먹지 않았다는 사실을 알고 있다면, 우리는 그가 배고플 것이라고 추론할 수 있다. 그리고 그가 배고플 것이라고 추론할 수 있으면, 더 나아가 그가 현재 무언가 먹을 것을 찾으려는 의도를 가지고 있다고 추론할 수 있다.

　타인의 마음을 이해하는 또 다른 방식인 시뮬레이션 접근법은 타인의 감정이 발생한 상황을 인지할 때, 자신이 그 상황 안에 있다면 느꼈을 경험에 관한 '시뮬레이션'을 작동하고, 이러한 시뮬레이션을 통해 타인이 무엇을 느끼고 생각했는지를 똑같이 느끼고 생각할 수 있다고 본다. 즉, 타인의 마음을 이해하는 것을 자신에 기초를 두어 귀속시키는 방식이다. 예컨대 어떤 사람이 연인으로부터 이별을 통보하는 메일을 받았을 때 어떤 느낌이 들지를 이해하고자 한다면, 머릿속으로 그 상황을 그려 보면서 내가 당사자라면 어떤 느낌이 들었을까 하고 상상해 볼 수 있을 것이다. 그리고 그런 상황 속에서 내가 자연스럽게 보였을 반응은 다른 사람이 비슷한 상황에서 어떻게 반응할지를 이해하는 데 도움이 될 것이다.

[작성한 글 ①]

타인의 마음을 이해하기 위한 방식으로 두 가지가 거론된다. 하나는 마음의 작동 방식에 대한 이론을 바탕으로 특정한 상황에서 사람들이 일반적으로 어떻게 반응할지에 대해 논리적으로 따져 보는 것이다. 오랫동안 굶고 있는 사람을 보면, 먹지 않으면 배가 고파 음식을 찾을 것이라는 보편적 믿음에 근거하여 타인도 그럴 것이라고 추론하는 방식이다. 또 다른 하나는 자신이 타인이 처한 상황에 있다고 상상함으로써 그 상황에서 나의 반응이 어떠할지를 생각해 봄으로써 타인의 마음을 헤아리는 것이다. 이별 상황에 처한 타인을 보면, 내가 그 상황에 있다면 어땠을까를 상상하면서 그 타인의 내면을 이해하는 방식이다.

[작성한 글 ②]

타인의 마음을 이해하기 위한 방식으로 두 가지가 거론된다. 하나는 마음의 작동 방식에 대한 이론을 바탕으로 특정한 상황에서 사람들이 일반적으로 어떻게 반응할지에 대해 논리적으로 따져 보는 것이고, 또 다른 하나는 자신이 타인이 처한 상황에 있다고 상상함으로써 그 상황에서 나의 반응이 어떠할지를 생각해 봄으로써 타인의 마음을 헤아리는 것이다.

(3) 입체적이고 다층적인 글 만들기

문항을 통해 다양한 사고 능력을 평가하려면 지문이 적절한 수준으로 복잡성을 가져야 하며, 이를 위해서는 글이 입체적으로 구성되어야 한다. 입체적인 지문은 학생들에게 지문의 내용에 대해 더욱 깊이 탐구할 수 있는 기회를 제공한다.

■ 두 개 이상의 관점을 비교하기

다음은 '공감'과 관련한 지문의 일부이다. '이론-이론'이라는 하나의 관점만을 제시하지 않고 반대되는 관점인 '모의 이론'에 관한 글과 두 관점을 통합한 이론까지 함께 제시함으로써, 보다 입체적인 글을 구성하였다. 이를 통해 '공감'에 대해 더욱 깊이 탐구할 수 있다.

　　이론-이론은, 사람이 세상을 접하면서 마음의 작동 방식에 대한 개념적 이론을 갖게 되는데 이를 바탕으로 논리적 추론을 함으로써 타인의 마음을 이해할 수 있다는 이론이다. 사람은 누구나 넘어졌던 경험이 있다. 이러한 경험을 통해, 자신이 다쳤다는 사건, 통증을 느낀다는 마음, 소리를 지른다는 표현, 이 세 가지 사이에는 인과적 법칙이 있다는 개념적 이론을 갖게 된다. … 이와 달리 모의 이론은 자신이 타인과 같은 상황에 처했다면 어떠할지를 상상함으로써 타인을 이해할 수 있다는 이론이다. 모의 이론에 따르면, 사람은 타인의 상황에 자신을 투사시킨 후 그 상황에서 자신의 마음 상태를 상상하는 모의실험을 하고, 그로 인해 얻은 생각을 다시 타인에게 투사함으로써 타인의 마음을 이해할 수 있다. …

　　최근에는 두 이론을 통합하려는 움직임이 활발해지고 있다. 대표적으로 리버먼은 두 이론을 통합한 두 체계 이론을 내세운다. 리버먼에 따르면 사람은, 모의 이론에서 말하는 모의실험으로 타인의 마음을 이해하는 '거울 체계'뿐만 아니라 이론-이론에서 말하는 마음의 작동 방식에 대한 개념적 이론을 통해 타인의 마음을 이해하는 '심리화 체계'를 모두 가지고 있다.

2017학년도 11월 고1 전국연합학력평가 16~21번

■ 개념과 현상을 다양하게 설명하기

다음 지문은 '산란'에 관한 내용으로, 산란의 종류를 설명하고 있다. 이처럼 특정 개념이나 현상을 다양하게 분류하여 제시하면, 그 대상에 대해 더욱 깊이 파악하는 기회를 제공할 수 있다.

　　산란은 입자의 직경과 빛의 파장에 따라 '레일리(Rayleigh) 산란'과 '미(Mie) 산란'으로 구분된다. 레일리 산란은 입자의 직경이 파장의 1/10보다 작을 경우에 일어나는 산란을 말하는데 그 세기는 파장의 네 제곱에 반비례한다. 대기의 공기 입

자는 직경이 매우 작아 가시광선 중 파장이 짧은 빛을 주로 산란시키며, 파장이 짧을수록 산란의 세기가 강하다. 따라서 맑은 날에는 주로 공기 입자에 의한 레일리 산란이 일어나서 보랏빛이나 파란빛이 강하게 산란되는 반면 붉은빛이나 노란빛은 약하게 산란된다. 산란되는 세기로는 보랏빛이 가장 강하겠지만 우리 눈은 보랏빛보다 파란빛을 더 잘 감지하기 때문에 하늘은 파랗게 보이는 것이다. …

　미 산란은 입자의 직경이 파장의 1/10보다 큰 경우에 일어나는 산란을 말하는데 주로 에어로졸이나 구름 입자 등에 의해 일어난다. 이때 산란의 세기는 파장이나 입자 크기에 따른 차이가 거의 없다. 구름이 흰색으로 보이는 것은 미 산란으로 설명된다. 구름 입자(직경 20,000nm 정도)처럼 입자의 직경이 가시광선의 파장보다 매우 큰 경우에는 모든 파장의 빛이 고루 산란된다. 이 산란된 빛이 동시에 우리 눈에 들어오면 모든 무지갯빛이 혼합되어 구름이 하얗게 보인다. 이처럼 대기가 없는 달과 달리 지구는 산란 효과에 의해 파란 하늘과 흰 구름을 볼 수 있는 것이다.

2014학년도 대학수학능력시험 6월 모의평가(A형) 16~18번

4) 지문 수정

자료 선정부터 지문 작성과 수정의 과정은 처음과 끝을 여러 번 오르내릴 수 있다. 그뿐만 아니라 문항을 설계하고 제작하고 수정하는 단계에서도 지문을 구성하고 수정하는 이전 과정을 다시 반복할 수 있다. 예를 들어 문항을 모두 개발한 후에 지문을 다시 봤을 때, 어떤 문항에서도 다루어지지 않은 내용이 지문에 많다면 이를 삭제하여 재진술할 수도 있다. 이때 내용이 삭제되면서 지문 내에서 인과관계가 사라지지 않도록 유의해야 한다. 또한 만들어진 지문만으로 다양한 평가 문항이 나오기 힘들 경우에는 지문에 내용을 추가하거나 재구성해야 하는데, 이를 위해 필요하다면 추가적으로 자료를 수집해야 한다.

03 자주 활용되는 문항 유형

독서 문항의 유형은 매우 다양하지만, 빈번하게 출제되는 대표적인 문항들이 있다. 이를 성취기준의 영역에 맞추어 살펴보고자 한다.

1) 사실적 읽기 능력을 평가하는 문항

☞ **핵심 성취기준**
[12독서02-01] 글에 드러난 정보를 바탕으로 중심 내용, 주제, 글의 구조와 전개 방식 등 사실적 내용을 파악하며 읽는다.

이 성취기준은 글에 드러난 정보를 바탕으로 글의 표면적 의미를 파악하는 사실적 읽기 능력을 평가하는 문항으로 출제된다. 사실적 읽기 능력을 평가하는 문항은 대표적으로 세 유형이 있다. 첫째, 글의 세부내용을 파악하고 중요한 내용과 덜 중요한 내용을 구분하여 핵심 내용을 이해할 수 있는지를 평가하는 유형이 있다. 둘째, 글의 흐름이나 구조를 고려하며 읽을 수 있는지, 즉 글의 전개 방식을 이해하고 있는지를 평가하는 유형이 있다. 전개 방식을 고려하며 읽어야 글의 내용을 더욱 정확하게 파악할 수 있기 때문이다. 셋째, 다양한 관점의 글을 서로 비교하는 유형 역시 사실적 읽기 능력을 평가하는 문항에 해당한다.

(1) 주제와 세부내용 파악하기

2016학년도 대학수학능력시험 6월 모의평가(A형)

20. 윗글에 대한 이해로 적절한 것은?

① 라듐이 발견됨으로써 러더퍼드는 원자핵을 발견하게 된 실험을 할 수 있었다.
② 질소 충돌 실험에서 양성자가 발견됨으로써 유카와 히데키의 가설이 입증되었다.

③ 채드윅은 양성자가 핵 안에서 흩어지지 않는 이유를 설명하는 가설을 제안했다.

④ 원자모형은 19세기 말에 전자가 발견됨으로써 '태양계 모형'에서 '건포도빵 모형'으로 수정되었다.

⑤ 알파 입자가 금박의 일부분에서 튕겨 나간다는 사실을 통해 양전기가 원자 전체에 퍼져 있음이 입증되었다.

이 유형은 선택지에 진술된 내용이 지문에 제시되어 있는지를 파악하는 능력을 평가하는 문항이다. 따라서 발문에서는 지문('윗글')에 근거하여 정답지를 찾을 것을 요구한다.

- 윗글의 내용과 일치하지 <u>않는</u> 것은?
- 윗글에 대한 설명으로 가장 적절한 것은?
- 윗글에서 다루고 있는 내용이 <u>아닌</u> 것은

이 문항 유형의 선택지는 지문 독해에 도움이 되는 세부적인 내용이나 소주제로 작성되며, 지문 내용과 선택지 내용의 일치 여부에 따라 정답지와 오답지가 구성된다.

(2) 글의 구조와 전개 방식 파악하기

2016학년도 대학수학능력시험(A형)

22. 윗글의 내용 전개에 대한 설명으로 가장 적절한 것은?

① 귀납에 대한 흄의 평가를 병렬적으로 소개하고 있다.

② 귀납이 지닌 장단점을 연역과 비교하여 설명하고 있다.

③ 귀납의 위상이 격상되어 온 과정을 역사적으로 고찰하고 있다.

④ 귀납의 다양한 유형을 소개하고 각각의 특징을 상호 비교하고 있다.

⑤ 귀납에 내재된 논리적 한계와 그에 대한 해소 방안을 검토하고 있나.

이 유형은 지문의 내용이 어떻게 흘러가고 있는가를 파악할 수 있는지 묻는다. 발문에서는 내용 전개 방식을 직접 언급하며, 긍정형을 사용하는 것이 일반적이다.

- 윗글의 내용 전개 방식에 대한 설명으로 가장 적절한 것은?

이 문항 유형의 선택지는 원인과 결과, 비교와 대조, 문제·해결, 설명과 사례 등과 같이 지문의 형식적 구조에 대한 내용으로 구성된다. 이 유형의 문항을 개발할 때 유의할 점은 지문의 내용 중 일부분만을 다루는 선택지를 구성하면 정답이 없는 경우가 발생할 수 있다는 것이다. 예를 들어 지문에서 두 대상의 대조적 성질과 공통적 성질을 모두 설명하고 있는데, 선택지를 "두 대상의 대조적 성질을 바탕으로 현실 적용의 가능성을 평가하고 있다."라고 서술하면 공통적 성질에 대한 언급이 없기에 정답에 논란이 발생한다. 따라서 선택지를 "두 대상의 대조적 성질과 공통된 성질을 통해 현실 적용의 가능성을 평가하고 있다."라고 작성하는 것이 좋다.

(3) 내용 비교하기

2015학년도 대학수학능력시험 6월 모의평가

22. ㉠과 ㉡의 공통점으로 가장 적절한 것은?

① 사익을 조정하고 공익 실현을 추구한다.
② 국가를 견제하는 정치적 기능을 수행한다.
③ 치안 및 복지 문제 해결의 기능을 담당한다.
④ 공리주의를 억제하고 도덕적 개인주의를 수용한다.
⑤ 시민 사회 외부에서 국가와의 연결 고리로 작용한다.

이 유형은 지문 속 두 가지 내용을 비교하는 능력을 평가한다. 발문은 일반적으로 두 대상의 공통점이나 차이점을 이해하고 있는지를 묻는다.

- ⊙과 ⓒ의 공통점으로 가장 적절한 것은?
- ⊙과 ⓒ에 대한 설명으로 적절하지 않은 것은?
- 윗글의 '맹자'와 〈보기〉의 '묵적'을 이해한 내용으로 적절하지 않은 것은?

이 문항 유형의 선택지는 보통 두 가지 내용의 공통점과 차이점을 중심으로 진술한다. 그런데 다음 예처럼 두 가지 내용 간의 상호 논쟁의 형태 등 복잡한 진술로도 선택지를 구성할 수 있다.

① ⊙과 ⓒ은 모두 인간과 동물이 기능적으로 유사하면 인과적 메커니즘도 유사하다고 생각한다.
② ⊙이 ⓒ의 비판에 적절히 대응하기 위해서는 인간과 동물이 기능적으로 유사하지 않다는 것을 보여 주면 된다.
③ ⓒ은 ⊙이 인간과 동물 사이의 기능적 차원의 유사성과 인과적 메커니즘의 차이점 중 전자에만 주목한다고 비판한다.

이렇게 선택지를 진술할 때는 반드시 지문에서 ⊙과 ⓒ 모두 옳고 그름을 판단할 수 있도록 해야 한다. 지문 내에서 ⊙과 ⓒ 중 하나라도 확인이 불가능하다면 옳고 그름을 판단할 수 없기 때문에 적절하지 않다.

또한 이 유형의 선택지를 진술할 때 가능한 한 동일한 기준이나 측면에서 두 대상을 비교해야 정답이 명확해진다. 다음 예를 보자.

① '맹자'는 '의'와 이익이 밀접하게 관련된다고 보았고, '묵적'은 '의'와 이익을 명확히 구분되는 것으로 보았다.
② '맹자'는 '의'의 실천이 개인과 사회의 조화를 위해 필요하다고 보았고, '묵적'은 '의'의 실천이 개인과 사회의 이익을 충족하는 데 필요하다고 보았다.

'맹자'와 '묵적'에 대해 선택지 ①번은 '의'와 이익의 관련성을, ②번은 '의'와 실천의 관련성을 묻고 있어 동일한 기준에서 두 대상을 비교하고 있

주의점
내용 비교하기 유형에서 서로 다른 기준으로 두 대상을 비교할 경우 적절하지 않은 선택지가 될 수 있다. 다음 예를 보자.

① '맹자'는 '의'와 이익이 밀접하게 관련된다고 보았고, '묵적'은 실천이 개인과 사회의 융합을 위해 필요하다고 보았다.

위의 선택지에서 '맹자'에 대해서는 '의'와 이익의 관련성을, '묵적'에 대해서는 실천과 융합성의 관련성을 기준으로 진술하여 그 기준이 다르다. 이 경우 지문을 이해하는 데 도움이 되지 않는 선택지이거나, 지문에서 분명히 확인하기 어려운 선택지가 되어 문항 오류 시비에 휘말릴 수도 있다.

다. 이렇듯 선택지에서 대상을 비교하는 기준이 동일할 때 학생의 문제 해결 능력을 제대로 평가할 수 있다.

2) 추론적 읽기 역량을 평가하는 문항

☞ **핵심 성취기준**

[12독서02-02] 글에 드러나지 않은 정보를 예측하여 필지의 의도나 글의 목적, 숨겨진 주제, 생략된 내용을 추론하며 읽는다.

TIP
추론에는 '강한 추론'과 '약한 추론'이 있는데, 근거의 확실성이 약할수록 추론의 강도는 강해진다. 그런데 객관식 문항에서는 다양한 추론을 허용하는 강한 추론의 문항을 설계하기가 쉽지 않다. 추론의 범위를 넓게 허용할수록 정답을 확정하기 어렵기 때문이다. 따라서 지문에 추론의 근거가 분명한 약한 추론의 문항을 주로 사용한다.

이 성취기준은 글에 드러난 정보를 바탕으로 드러나지 않은 정보를 추론해 내는 능력을 평가하기 위한 것이다. 추론 능력을 평가하기 위해서는 주어진 정보에 담겨 있지 않은 내용을 찾도록 하는 문항을 만들 수 있다.

2015학년도 대학수학능력시험 9월 모의평가(A형)

27. 윗글을 바탕으로 할 때, 그로티우스의 국제법 사상에 대한 추론으로 적절하지 <u>않은</u> 것은?

① 국가 사이의 관계를 규율하는 법은 자연법에 근거를 두어야 한다.
② 국가 간에 전쟁을 할 때에도 마땅히 지켜야 할 법 규범이 있다.
③ 국제 분쟁을 조정하고 인류의 평화를 이루기 위하여 국제 사회에 적용되는 법이 있어야 한다.
④ 각국의 실정법을 두루 통합하여 국제법으로 만들면 그것은 어디서나 통용되는 현실적 규범이 될 수 있다.
⑤ 종교의 차이로 전쟁이 이어지는 상황에서 전통적인 신학 이론을 바탕으로 국제법을 구성하면 보편적으로 받아들여질 수 없다.

이 유형의 발문은 지문('윗글')에 근거하여 겉으로 드러나지 않는 내용을 찾도록 요구하는 방식으로 진술된다.

• 윗글을 참고하여 추론한 내용으로 가장 적절한 것은?

- 윗글로 미루어 알 수 있는 내용이 <u>아닌</u> 것은?
- ㉠에 대한 추론으로 적절한 것은?
- ㉠에서 강조했을 내용으로 가장 적절한 것은?

선택지에서는 주로 지문에 흩어져 있는 정보나 상황을 종합하여 추론하도록 하는 경우가 많다. 지문 일부에 다음과 같은 내용이 있다고 가정해 보자.

　　… P는 주장하였다. "내가 승소하면 판결에 따라 수강료를 받게 되고, 내가 지면 자네는 계약에 따라 수강료를 내야 하네." …

　　그런데 이 판결 (첫 번째 판결) 확정 이후에 P는 다시 소송을 할 수 있다. 조건이 실현되었기 때문이다. …

이 경우, 지문에 드러난 두 가지 정보를 종합하여 다음과 같은 선택지를 작성할 수 있다.

　　① 첫 번째 소송에서나 두 번째 소송에서 P가 할 청구는 수강료를 내라는 내용일 것이다.

이러한 추론형 문항의 선택지를 작성할 때는 선택지의 내용이 지문에 근거한 추론인지를 반드시 확인해야 문항의 오류를 막을 수 있다.

3) 비판적 읽기 역량을 평가하는 문항

☞ **핵심 성취기준**
[12독서02-03] 글에 드러난 관점이나 내용, 글에 쓰인 표현 방법, 필자의 숨겨진 의도나 사회·문화적 이념을 비판하며 읽는다.

이 성취기준은 글의 내용을 있는 그대로 받아들이는 것이 아니라 글의 타당성과 신뢰성 등을 비판하면서 읽는 능력을 평가하기 위한 것이다. 객관식 문항에서 이러한 능력을 평가하기 위해서는 비판의 기준이 분명해야 한다. 따라서 지문이나 〈보기〉에 그 기준을 제시하고, 이를 바탕으로 학생들이 비판할 수 있도록 하는 것이 바람직하다.

19. 윗글의 총체주의에 대한 비판으로 가장 적절한 것은?

　① 가설로부터 논리적으로 도출된 예측이 경험과 충돌하더라도 그 충돌 때문에 가설이 틀렸다고 할 수 없다.

　② 논리학 지식이나 수학적 지식이 중심부 지식의 한가운데에 위치한다고 해서 경험과 무관한 것은 아니다.

　③ 전체 지식은 어떤 결정적인 반박일지라도 피할 수 있기 때문에 수정 대상을 주변부 지식으로 한정하는 것은 잘못이다.

　④ 중심부 지식을 수정하면 주변부 지식도 수정해야 하겠지만, 주변부 지식을 수정한다고 해서 중심부 지식을 수정해야 하는 것은 아니다.

　⑤ 중심부 지식과 주변부 지식 간의 경계가 불분명하다 해도 중심부 지식 중에는 주변부 지식들과 종류가 다른 지식이 존재한다.

이 유형은 지문의 입장이나 내용에 대해 비판적으로 이해하고 있는지를 물어본다. 발문은 지문에 등장한 특정한 관점에서 다른 관점을 평가하거나 비판하도록 요구하는 방식으로 진술된다.

• 윗글을 바탕으로 ○○○의 입장에서 □□□에 대해 평가한 것으로 적절하지 <u>않은</u> 것은?

• 윗글의 ○○○에 대한 비판으로 가장 적절한 것은?

이 문항 유형의 선택지는 지문에 나온 특정한 관점의 내용이 타당한지를 근거를 내세워 평가하거나 비판하는 방식으로 진술된다.

4) 창의적 읽기 역량을 평가하는 문항

☞ **핵심 성취기준**

[12독서02-05] 글에서 자신과 사회의 문제를 해결하는 방법이나 필자의 생각에 대한 대안을 찾으며 창의적으로 읽는다.

이 성취기준은 글에 드러난 정보를 창의적으로 이해하는 능력을 평가하기 위한 것으로, 문제 상황과 해결 방법을 비판적으로 이해하고 새로운 대안을 탐구하는 활동을 통해 삶의 문제를 창의적으로 해결하는 능력을 기르는 것을 목표로 한다. 문항으로 구현될 때는 주로 지문에 제시된 내용을 〈보기〉의 상황에 적용하여 문제를 해결하고 대안을 탐구하는 방식으로 설계된다.

예를 들어 아래 문항은 지구 공전 궤도의 이심률의 변화에 따른 근일점과 원일점의 변화를 설명하는 지문을 근거로 하여, 〈보기〉에 나온 각 천체 사이 거리에 따른 조차의 상관관계를 탐구하도록 요구한다. 이를 통해 새로운 상황의 문제를 해결할 수 있는지 평가한다.

2015학년도 대학수학능력시험(B형)

26. 윗글을 바탕으로 할 때, 〈보기〉의 ㉠에 들어갈 말로 가장 적절한 것은?

〈 보기 〉

북반구의 A 지점에서는 약 12시간 25분 주기로 해수면이 높아졌다 낮아졌다 하는 현상이 관측된다. 이 현상에서 해수면이 가장 높은 때와 가장 낮은 때의 해수면의 높이 차이를 '조차'라고 한다. 이 조차에 영향을 미치는 한 요인이 지구와 달, 지구와 태양 사이의 '거리'인데, 그 거리가 가까울수록 조차가 커진다. 지구와 태양 사이의 거리가 조차에 미치는 영향만을 고려하면, 조차는 북반구의 겨울인 1월에 가장 크고 7월에 가장 작다.

천체의 다른 모든 조건들은 고정되어 있고, 다만 지구 공전 궤도의 이심률과 지구와 달, 지구와 태양 사이의 거리만이 조차에 영향을 준다고 가정하자. 이 경우에 (㉠   )

주의점
이 유형의 문항에서 〈보기〉에 제시된 사례에 지문의 내용을 그대로 적용할 수 없을 때는 단서 조항을 제시할 필요가 있다. 특히 과학이나 경제에 관한 이론이나 현상은 다양한 요인과 변수들이 뒤엉켜 작동한다. 따라서 한정된 분량의 지문에 제시된 내용만으로 〈보기〉의 상황을 해결하기 위해서는 지문에 드러난 것 이외의 요인들은 작동하지 않는다는 단서를 제시해야 문항 오류를 피할 수 있다.
이 예시 문항의 〈보기〉에서도 "천체의 다른 모든 조건들은 고정되어 있고…거리만이 조차에 영향을 준다고 가정하자."라는 단서 조항을 달고 있다.

① 지구 공전 궤도의 이심률에 변화가 없다면, 1월에 슈퍼문이 관측되었을 때보다 7월에 슈퍼문이 관측되었을 때, A 지점에서의 조차가 더 크다.

② 지구 공전 궤도의 이심률에 변화가 없다면, 보름달이 관측된 1월에 달이 근지점에 있을 때보다 원지점에 있을 때, A 지점에서의 조차가 더 크다.

③ 지구 공전 궤도의 이심률에 변화가 없다면, 7월에 슈퍼문이 관측될 때보다 7월에 원지점에 위치한 보름달이 관측될 때, A 지점에서의 조차가 더 크다.

④ 지구 공전 궤도의 이심률만이 더 커지면, 달이 근지점에 있을 때 A 지점에서 1월에 나타나는 조차가 이심률 변화 전의 1월의 조차보다 더 커진다.

⑤ 지구 공전 궤도의 이심률만이 더 커지면, 달이 원지점에 있을 때 A 지점에서 7월에 나타나는 조차가 이심률 변화 전의 7월의 조차보다 더 커진다.

문제 상황과 해결 방법을 탐구하도록 하는 이 유형의 특성상, 〈보기〉에서는 주로 지문의 내용과 관련된 실제 사례나 상황이 제시된다. 이에 따라 발문은 지문의 내용을 〈보기〉의 사례에 적용하거나, 지문의 내용을 바탕으로 〈보기〉에 제시된 문제 상황을 해결하도록 요구하는 방식으로 진술되는 경우가 많다. 앞의 예시 문항처럼 '윗글을 바탕으로 할 때'라고 직접적으로 제시하거나, '윗글을 참고하여'라고 하여 〈보기〉가 지문의 내용을 바탕으로 한다는 것을 드러내는 것이 일반적이다.

- 윗글을 바탕으로 〈보기〉에 대해 탐구한 내용으로 가장 적절한 것은?
- 윗글을 바탕으로 할 때, 〈보기〉의 [가]에 들어갈 말로 가장 적절한 것은?

선택지는 지문에 제시된 원리와 〈보기〉의 상황을 결합하여 진술하는 것이 보편적이다. 다만, 지문에 제시된 원리가 선택지에 노출되지 않는 경우도 있다. 이 경우에도 제시문의 내용이 선택지에 진술된 내용의 적절성 여부를 판단하는 기준으로 작용하도록 선택지를 진술한다.

┃ 활용 Tip ┃ 다양한 선택지 진술 방식

선택지를 진술하는 방식에는 문장형, 명사형, 질문형 등이 있다.

1. 문장형 선택지 진술 방식

문장형은 가장 보편적인 진술 방식으로, 선택지를 주어와 서술어가 있는 문장으로 구성한다. 독서뿐만 아니라 다른 과목이나 교과에서도 가장 흔히 볼 수 있는 방식인데, 이는 모든 유형의 문항에서 사용할 수 있다는 뜻이다.

> ① 실정법은 인간의 경험에 앞서 존재하는 규범이다.
> ② 미국의 독립 선언에 법률실증주의가 영향을 주었다.
> ③ 서구의 근대적 법체계에는 평등의 이념이 담겨 있다.

2. 명사형 선택지 진술 방식

명사형은 선택지에 서술어가 드러나지 않는 진술 방식으로, 이 역시 모든 유형의 문항에서 사용 가능하다. 다만, 독서 과목에서는 아래 예시처럼 사실적 이해를 평가하는 문항에서 글 전체의 주제나 문단별 주제 등을 파악하게 하는 선택지에 주로 사용된다. 사실적 이해를 평가하는 문항에 너무 세부적이고 구체적인 내용이 선택지에 담길 경우, 다른 문항의 선택지와 유사해질 가능성이 크다. 따라서 문항 간의 간섭을 최소화하기 위해 큰 범위의 내용을 명사형으로 진술하는 방식이 많이 활용된다.

> ① 미적 대상의 특성과 유형
> ② 미적 지각의 단계와 특징
> ③ 미적 체험의 형성 과정

3. 질문형 선택지 진술 방식

질문형은 선택지를 의문형으로 끝내는 진술 방식이다. 모든 과목에서 활용 가능하지만, 독서 영역에서는 아래 예시의 선택지 ①번처럼 글의 주제나 문단별 주제를 파악할 수 있는가를 평가하는 유형에 주로 사용된다. 그 이유는 명사형과 마찬가지로 문항 간의 간섭을 피하기 위해서이다.

이 방식은 선택지 ②번처럼 지문의 내용을 비판적으로 이해하고 있는가를 평가하는 유형에도 사용할 수 있다. 선택지 ②번은 "미적 지각은 모두가 따르는 객관적인 기준과 절차가 있다."라는 지문의 내용에 대해 비판적인 시각을 갖고 이해할 것을 요구하는 문항에서 활용된 것이다.

또한 선택지 ③번처럼 지문에 드러나지 않은 내용을 추론할 수 있는가를 평가하는 유형에도 사용할 수 있다. 이 선택지는 일상생활에서도 예술작품을 감상할 때 느끼는 미적 지각이 일어난다는 지문을 읽고 글쓴이에게 할 수 있는 말이 무엇인가를 짐작해 보도록 요구하는 것으로, 학생의 추론 역량을 평가할 수 있다.

① 미적 지각은 어떤 단계를 거칠까?

② 미적 지각은 주관적일 수도 있지 않은가?

③ 미적 지각이 일상에서도 가능하다고 보는 근거는 있을까?

04 문항 설계의 과정과 정교화 I *

독서 문항을 만들기 위해서는 먼저 제재를 선정하고 지문을 구성해야 한다. 지문을 구성할 때는 다양한 자료를 종합하여 주제에 맞게 새롭게 구성하는 방법과 교과서의 글이나 기존에 주어진 읽기 자료를 수정하여 구성하는 방법을 사용할 수 있다. 이 절에서는 먼저 다양한 자료를 종합하여 지문을 새롭게 구성한 후에 문항을 설계하는 사례를 소개하고자 한다.

1) 지문의 구성

(1) 지문 초안 작성

독서 문항은 보통 하나의 지문을 통해 학생의 다양한 읽기 능력을 파악할 수 있도록 세트 문항으로 구성된다. 이처럼 다양한 읽기 역량을 평가하기 위해서는 주제를 명확하고 간결하게 전달하면서도, 정보가 충분히 담긴 지문을 구성해야 한다. 따라서 지나치게 평이하기보다는 다소 복잡성이 있는 제재와 주제를 선정할 필요가 있다. 여기에서는 인문학 영역에서 잘 다루지 않는 철학자 에드문트 후설(Edmund Husserl)의 『시간의식』을 바탕 자료로 선택하였다.

■ 바탕 자료 발췌하기

후설의 『시간의식』을 활용하여, '시간을 의식하는 것은 개인마다 상대적이다.'라는 주제의 지문을 구성하기로 하였다. 다음은 지문 구성에 활용하기 위해 이 책에서 발췌한 구절들이다.

---

* 2016학년도 11월 고2 전국연합학력평가 16~19번 문항을 사례로 제시하였다.

[발췌 1]

우리는 멜로디를 듣는다. 즉 우리는 멜로디를 지각한다. 왜냐하면 들음은 바로 지각함이기 때문이다. 그러나 첫 번째 소리가 울리고 나서 두 번째 소리가 울리고 세 번째 소리가 울린다. 두 번째 소리가 울릴 때 나는 그 소리를 들을 것인데, 그러나 내가 첫 번째 소리는 더 이상 듣지 않는다고 말해야 하는가? 따라서 진정 나는 멜로디를 지각하지 않고 그저 현전하는 개별적인 소리만을 듣는다고 말해야 하는가? 흘러나오는 멜로디의 조각이 내게 대상화되는 것은 내가 기억에 의존해서이고, 그때그때 다가오는 소리에 있어서 그 모두를 내가 미리 내다보는 기대에 의존한다.

[발췌 2]

그리고 그때그때 나는 단지 소리의 현행적인 단계를 듣고, 전체적으로 지속하는 소리의 객관성은 하나의 작용하는 연속체 속에서 구성되는데, 이 작용하는 연속체는 부분적으로는 기억이고, 가장 작은 점적인 부분에서는 지각이고 더 넓은 부분에서는 기대다.

[발췌 3]

우리는 지나간 소리를 여전히 꼭 쥐고 있다. 말하자면 파지 속에서 그 소리를 지니고 있다. 그리고 파지가 유지되는 한 …

[발췌 4]

지속되는 대상의 산출이 시작되는 데에는 원천 지점이 있는데, 그것은 원인상이다.

[발췌 5]

지금의 소리에 대한 의식 즉 원인상이 파지로 넘어가더라도, 이 파지 자체는 다시 하나의 지금, 즉 하나의 현행적으로 현존하는 것이다. 소리와 지금은 아까로 변성되고, 원인상적인 의식은 지속적으로 계속 새롭게 생기는 파지적인 의식으로 흘러 넘어간다.

[발췌 6]

근원적인 모든 구성하는 과정은 다가올 것 자체를 일단 파악하면서 원인상에 의해 충족되는 예지들에 의해 생생하게 된다.

발췌한 구절들은 후설의 깊은 철학적 인식이 담겨 있지만, 특유의 문체와 번역투의 문장이 생경하여 원문을 그대로 지문으로 사용하기는 어렵다. 그러므로 후설의 시간론을 재해석한 2차 텍스트를 참고할 필요가 있다. 여기에서는 후설의 시간의식에 대해 요약적으로 진술한 조광제의 『의식의 85가지 얼굴』, 후설의 시간론을 문학 작품의 감상 방법에 적용하여 서술한 전동진의 『서정시의 시간성, 시간의 서정성』, 그리고 데이비드 카(David Carr)의 『시간, 서사 그리고 역사』를 참조하여 재진술하고자 한다.

■ 바탕 자료를 재설명한 2차 텍스트 도서 발췌하기

2차 텍스트는 바탕 자료를 좀 더 쉽게 설명할 수 있는 내용과 지문에 정보를 추가할 수 있는 내용을 중심으로 활용한다. 먼저 바탕 자료에서 발췌한 부분을 더 쉽게 설명하는 내용의 2차 텍스트를 활용하는 과정을 보자. 앞에 제시했던 [발췌 1]에서는 멜로디를 지각하는 방식, [발췌 2]에서는 연속체라는 개념에 주목할 수 있다. 이러한 개념을 보다 자세하고 구체적으로 설명할 수 있는 내용을 다음과 같이 2차 텍스트에서 발췌하였다.

> 후설의 탁월한 분석과 그에 따른 개념화를 통해 … '점'적이라고 할 만큼 무한히 짧은 순간적인 봄이 있을 수 있는가? … 우리의 체험이 … 아무리 극미할지라도 길이가 0일 수 없지 않은가?
>
> 길이와 폭과 깊이를 지닌 두툼하기 이를 데 없는 현재를 구성하는 것이 내적 시간의식
>
> ― 조광제, 『의식의 85가지 얼굴』
>
> 과거-현재-미래라는 시간 양상을 구성하는 후설의 시간의식이 … 시간의 두께를 더하는 작용을 한다.
>
> 과학의 시간은 등속으로 흘러가는 ― 엄밀하게 말하면 점적인 순간으로만 있는 그런 ― 시간
>
> ― 전동진, 『서정시의 시간성, 시간의 서정성』

이렇게 추가로 수집한 자료를 통해 [발췌 1]과 [발췌 2]의 모호한 내용을 보완할 수 있다. 즉 후설의 시간의식은 과학적 시간관과는 다른, 두께와 폭을 갖는 체험적 시간관임을 설명할 수 있고, 이를 지문의 1문단으로 구성할 수 있다.

다음으로 [발췌 3]에서는 '파지', [발췌 4]에서는 '원인상', [발췌 5]에서는 '파지적인 의식'과 '변성', [발췌 6]에서는 '예지'라는 키워드를 찾을 수 있다. 그리고 이들을 더 쉽게 설명할 수 있는 자료를 다음과 같이 발췌하였다.

순간은 과거-현재-미래를 하나로 통합한 충만한 현재형

공장 굴뚝에서 연기가 계속 올라오고 있다. … 이제 막 올라온 연기는 차츰 위로 올라갈 것이고 급기야 공기 속으로 퍼져 사라질 것이다. … 전체적으로는 일정한 하나의 지속적인 굴뚝 연기로서 통일되어 있지만, 부분적으로 보면 굴뚝 연기들은 처음의 모습에 견주어 볼 때 계속 변성을 이루고 있다. … 통일성을 지닌 소리가 지속 … 방금 전에 울렸던 극미한 크기의 소리 마디는 … 다소 변했다고 할 수 있다. … 소리 마디는 [의식 속에] 아직 붙들려 있으면서 변성을 받게 된다. … [이를] 파지라고 부른다."

시간적인 연속체가 나타나는 양상들을 보면 하나의 시작 '원천 지점'을 갖는다. 이를 후설은 원인상이라 부르면서 … 원인상이 파지로 넘어가더라도 … 하나의 현행적으로 현존[한다.]

원인상에 대한 의식은 계속해서 새로 생겨나고 … 파지에 대한 파지가 [계속 생겨난다.]

— 조광제, 『의식의 85가지 얼굴』

체험적 시간은 … 과거지향과 미래 지향을 모두 수렴하고 있는 시간 … 파지와 예지는 현재의 지평을 형성하는 것이다.

— 전동진, 『서정시의 시간성, 시간의 서정성』

내가 현재 한 음표의 소리를 들을 때 … 직전에 들은 음표에 대해서도 의식을 가지고 있고, 두 음표를 연속되는 것으로 듣는다. … 이와 상응하여 … 어떤 미래의 사건[앞으로 들을 음표]을 마음에 불러내고 기대한다.

> 미래는 … 놀라게 하고 좌절시킬 수 있다는 점에서 … 다양한 정도의 개방성을 가진다. … [멜로디의] 곡조는 의외의 전환을 취할 수 있다.
>
> — 데이비드 카, 『시간, 서사 그리고 역사』

이 자료들은 [발췌 3]부터 [발췌 6]에 언급된 다양한 개념을 자세히 설명하는 근거로 활용할 수 있다. 구체적으로 보면, 근원적 이미지를 생성하는 원인상은 과거 지향적인 파지 및 미래 지향적인 예지와 함께 지평을 이루어 시간의 두께와 폭을 가진 현재를 형성한다는 내용으로 지문의 2문단을 구성할 수 있다.

이번에는 지문에 정보를 추가할 수 있는 내용의 2차 텍스트를 활용하는 과정을 살펴보자. 다음의 발췌한 구절들은 후설이 설명하는 시간의식의 의미와 가치를 보여 주고 있다.

> 미래 속에 과거가 들어 있고, 과거는 미래에 의해 계속 풍성해지기 때문에 그 자체로 고정된 것이 결코 아니다.
>
> 어느 누구도 과거를 … 있었던 그대로의 것이라고 확신하지 못하며 … 미래조차 고정된 것으로 있는 것이 아니라 현재와 과거를 통해 계속 새롭게 재구성된다.
>
> — 조광제, 『의식의 85가지 얼굴』

> 후설의 살아 있는 현재가 과거 지향과 미래 지향의 변증법으로 구성되어 있다. … 살아 있는 현재는 곧 움직이는 현재이다.
>
> — 전동진, 『서정시의 시간성, 시간의 서정성』

> 실제로 일어난 일이 우리를 놀라게 할 때, 과거는 변하게 된다. 앞선 현재, 즉 파지된 현재는 달라진 전체의 부분들로 바뀌게 되며 따라서 우리는 그 의의를 전혀 다르게 받아들인다.
>
> 파지는 미래를 상이하게 만든다.
>
> — 데이비드 카, 『시간, 서사 그리고 역사』

이렇게 발췌한 내용들은 지문의 결론으로 배치하기 좋기 때문에, 이를 바탕으로 지문의 3문단을 구성할 수 있다.

새롭게 자료를 추가하는 과정을 거쳐, 3개의 문단으로 된 지문 초안을 아래와 같이 구성하였다(문단 번호는 편의상 임의로 삽입함).

지문 초안

1 하나의 멜로디를 듣고 있다고 가정해 보자. 하나의 음이 울리고 이어서 새로운 음이 울린다. 새로운 음이 울릴 때는 이미 과거의 음은 들리지 않는다. 그때 지나간 과거의 음이 울린 순간을 과거라고 불러야 할까? 현재라고 불러야 할까? 이에 대한 대답을 얻기 위해 시간에 대한 많은 고찰들이 있어 왔다. 먼저 시간은 같은 속도로 흘러가기에 시계를 통해 측정이 가능하다고 보는 과학적 시간관에 따르면 현재는 과거 또는 미래와 단절된 하나의 점(點)적인 순간이 된다. 이와 달리 시간은 인간의 의식을 통해 체험될 때 비로소 그 본질을 알 수 있다고 하는 현상학적 시간관에 따르면 현재는 하나의 점이 아니라 '두께와 폭'을 갖는 것이 된다.

2 '두께와 폭'을 갖는 현재란 무엇일까? 현상학적 시간관을 확립한 후설은 시간에 대한 의식은 '파지-원인상-예지'라는 '현재화' 작용에 의해 형성된다고 한다. 원인상이란 하나의 음을 지각하는 순간에 만들어진 의식을 말한다. 그런데, 그다음에 흘러나오는 음을 지각할 때 과거에 들었던 음이 흔적도 없이 순식간에 사라지는 것이 아니라 여전히 현행적으로 지속되고 있다. 다만, 이렇게 지속되고 있는 음에 대한 인상은 그 음을 지각할 때의 인상과는 다르다. 즉 의식적 변양이 생긴 것이다. 이처럼 변양된 형태로 의식 속에서 과거의 것이 지속되고 있는 것을 파지라고 한다. 여기서 파지된 인상은 또 다시 파지되어 인간의 의식은 파지의 연속체를 이루게 된다. 또한 음악을 들을 때면 지금 울리는 음에 대한 원인상과 이미 들은 음에 대한 파지뿐만 아니라 앞으로 들릴 음들에 대한 예지도 갖게 된다. 예지된 음들은 실제로 들려오는 음에 의해 충족되기도 하고 어긋나기도 한다. 이렇듯 사람은 점 같은 순간이 아니라 이미 지나간 것과 앞으로 다가올 것을 함께 지각하는 현재화를 통해 '현재'를 구성하게 되는 것이다.

3 이렇듯 현재는 특정 대상에 대한 과거에 대한 의식과 미래에 대한 의식이 하나의 통일체를 이루면서 두께와 폭을 갖게 된다. 그런데 이때의 폭은 대상에 대한 현실적 관심, 과거의 습관 등 자아의 삶의 태도에 따라서 달라질 수밖

에 없다. 삶의 태도에 따라 파지와 회상에 의해 형성되는 과거에 대한 의식이나 예지와 기대에 의해 형성되는 미래에 대한 의식이 달라지면 현재의 두께와 폭은 달라진다. 또한 과거에 대한 의식은 미래에 대한 의식을 바꿀 수도 있으며, 미래에 대한 의식이 과거에 대한 의식을 바꿀 수도 있다. 이런 방식으로 현재는 고정되어 있지 않고 마치 살아 있는 유기체처럼 개방적으로 변형되기도 한다.

(2) 지문의 검토와 수정

초안으로 작성된 지문은 검토와 수정을 거쳐야 한다. 이는 2절에서 설명했던 것처럼, 자세하고 구체적인 글을 만들기 위해 내용을 추가하거나 명확하고 간결한 글을 만들기 위해 불필요한 내용을 삭제하는 과정을 통해 이루어진다.

■ 검토와 수정 ①: [검토 사항] 지문의 내용이 단순해 문항 설계가 어렵다.
　　　　　　　　[해결 방안] 내용을 추가로 선정하여 지문을 수정하였다.

지문의 내용이 다소 단순하여 각 문항의 정답지와 오답지를 작성하기 어렵다. 문항으로 출제할 만한 핵심 내용이 주로 2문단에만 서술되어 있기 때문이다. 1문단은 화제를 제시하고, 3문단은 2문단에서 서술된 내용의 의의를 설명한다. 따라서 후설이 말하는 시간론의 주요 원리는 2문단을 제외하면 찾기 어렵다. 이 문제를 해결하기 위해 지문의 단순성을 극복하고 조금 더 복잡성을 가지도록 내용을 첨가하였다. 현재를 구성하는 방식에는 2문단에서 설명한 '현재화' 외에 '현전화'도 있음을 찾아내고, 관련된 내용을 다음과 같이 추가로 수집하였다.

현재의 지평은 '현재화'와 '현전화'라는 두 가지 방식으로 넓혀지고 심화된다. … '상상'을 통해서 '현전화'를 이루어낸다.
　　　　　　　　　　　　　　　　 — 전동진, 『서정시의 시간성, 시간의 서정성』

파지와 회상은 과거를 의식하는 데 있어서 다른 두 개의 방법이다. 회상은 왔다가 사라지지만, 파지는 모든 경험에 속한다. … 파지된 과거는 내가 지각하는 대상의 현전이 공간적 의미와 시간적 의미를 둘 다 가지고 있다. … 반면에 회상은 나의 시각적 장소 내에 있지는 않은 대상을 상상하는 것과 같다. … 미래 쪽에서 파지와 회상 사이의 구별과 유사한 것이 있다. … 미래의 사건을 기대하는 것과 예지하는 것은 별개의 것이다.

— 데이비드 카, 『시간, 서사 그리고 역사』

후설은 현재화와 다른 '[재]현전화'를 거론하고 … [감각적] 지각과 동일시되는 파지와는 다른 재기억 파지와 다른 재기억을 규정하고 있다. 그러면서 재기억을 상상과 거의 동일한 것으로 취급하고 있다. … [파지나 예지와 같은] 내적 시간의식은 … 근원적 종합작용을 저절로 수행한다. … 물론 상상하거나 소원하거나 하는 등에 의해 과거와 미래를 현재에 끌어들이는 능동적인 종합 작용이 이루어지기도 한다.

— 조광제, 『의식의 85가지 얼굴』

재기억에서 지금은 [감각적으로] 지각되지 않고, 즉 그 자체로 주어지지 않고 현전화된다.

— 에드문트 후설, 『시간의식』

이 내용들을 종합하여 새로운 문단을 구성하고, 이를 지문의 3문단으로 추가할 수 있다. 3문단에서 현전화와 현재화의 차이, 현전화의 원리 등을 구체적으로 다룸으로써 지문이 훨씬 복잡성을 가지게 되었다. 덧붙여 같은 방식으로, 후설의 시간론이 갖는 의의를 추가하여 마지막 5문단으로 구성하였다.

■ 검토와 수정 ② : [검토 사항] 생경하거나 너무 추상적인 표현이 있어 이해가 어렵다.
　　　　　　　　[해결 방안] 어려운 표현을 쉬운 표현으로 수정하고 추가적인 설명을 덧붙였다.

지문 초안에서는 학생들이 쉽게 접하지 못한 어휘와 표현들이 사용되어 내용 파악이 어렵다. 그리고 구체적인 설명이나 사례 없이 철학적 논의들을 추상적으로 진술하여 정확한 의미를 파악하기 어려운 표현들이 있다. 이는 진정한 독서 능력을 평가하는 데 걸림돌이 될 수 있다. 이에 따라 어려운 표현을 이해하기 쉬운 표현으로 바꾸어 진술하였고, 너무 어려운 내용은 구체적인 예시를 제시하거나 좀 더 쉬운 표현을 사용하여 설명하였다. 그 예는 아래와 같다.

- "현행적으로 지속되고 있다."라는 표현을 "여전히 의식 속에 남아 있다."로 바꿈.
- '의식적 변양'이 생겼다는 표현을 '변형된 형태'로 남아 있다는 표현으로 바꿈.
- '현전화'에 대한 문단을 추가하면서 '회상'과 '기대'에 대해 부연 설명함.
- '하나의 음', '새로운 음', '과거의 음'을 이해하기 어려우므로 제1음, 제2음처럼 순서로 제시함.
- "앞으로 들릴 음들에 대한 예지"라고만 했던 표현을 "아직 듣지 않은 음을 예측하듯이 … 미래를 즉각적으로 예측하는 것이 예지"라고 표현하여 조금 더 상세히 설명함.
- "예지된 음들은 … 충족되기도 하고 어긋나기도 한다."라는 표현과 관련한 구체적인 내용을 다음 문단인 4문단에 서술함.
- "과거에 대한 의식은 … 과거에 대한 의식을 바꿀 수도 있다."라는 표현은 이해하기 어려우므로 구체적인 예시를 제시함.

■ 검토와 수정 ③:[검토 사항] 글의 주제와 벗어난 내용이 있어 주제 파악에 혼란을 주는 진술이 있다.

[해결 방안] 관련 없는 내용을 삭제하였다.

설명이 불명확하거나 너무 추상적이어서 내용 파악에 방해가 되는 진술들이 있다. 이러한 표현들 중에서 글의 주제를 파악하는 데 꼭 필요하지 않은 내용은 삭제하였다. 그 내용은 다음과 같다.

- "같은 속도로 흘러가기에 시계를 통해 측정이 가능"하다는 표현은 논의 전개에 꼭 필요하지 않으므로 삭제함.

TIP

독서 지문을 작성할 때 어떤 내용을 추가하거나 삭제할지는 신중하게 결정해야 한다. 이때 가장 초점을 두어야 할 것은 주제와의 관련성과 분량이다.

• 글의 주제를 잘 드러내기 위해 꼭 필요한 내용은 학생들이 이해하기 쉽도록 충분히 설명해주어야 한다.
• 너무 분량이 늘어나면 사고 능력이 아닌 사고의 속도를 측정하는 평가가 될 수 있다. 따라서 분량이 너무 길면 중요도가 떨어지는 내용은 과감하게 삭제할 필요가 있다.

• "파지된 인상은 … 다시 파지의 연속체를 이루게 된다."라는 표현은 그 의미를 정확하게 전달하기 어렵고, 문항 출제에 꼭 필요한 내용이 아니므로 삭제함.

(3) 수정된 지문

앞의 수정 과정을 거쳐 작성한 수정안은 다음과 같다. 수정 과정에 대한 설명을 참고하여 초안과 비교해 보면 도움이 될 것이다.

> **지문 수정안**
>
> **1** 음악을 듣는다고 가정해 보자. 제2음이 울릴 때 직전에 제1음이 울렸던 순간은 과거일까? 현재일까? 이에 대해 과학적 시간관에서는 현재는 과거나 미래와 단절된 점(點)과 같은 순간이므로 과거라고 답할 것이다. 반면 체험적 시간관에서는 '현재의 지평'이라는 개념을 바탕으로 현재라고 답한다.
>
> **2** 체험적 시간관을 확립한 후설(Husserl)에 따르면 현재가 '파지-원인상-예지'라는 지평을 갖게 됨으로써 지나간 것과 다가올 것이 함께 생생하게 지각되는데, 이를 '현재화' 작용이라고 한다. 원인상은 음을 듣는 것처럼 대상을 지각하는 순간에 의식된 근원적 인상을 말한다. 그런데 제2음을 듣는 순간 직전에 들은 제1음은 변형된 형태로 여전히 의식 속에 남아 있다. 이처럼 원인상을 의식 속에 계속 붙들고 있는 것이 파지이다. 또한 제2음을 들을 때 아직 듣지 않은 음을 예측하듯이 원인상을 바탕으로 미래를 즉각적으로 예측하는 것이 예지이다. 예지는 충족될 수도, 어긋날 수도 있다. 이처럼 과거가 현재로 다시 당겨지고 미래가 현재로 미리 당겨지면서 현재의 지평이 형성된다. 따라서 제2음을 들을 때 제1음이 들렸던 순간도 현재라고 할 수 있는 것이다.
>
> **3** 현재의 지평 형성에는 '현전화' 작용도 영향을 미친다. 현재화가 자아의 의지와 무관하게 자동적으로 진행되는 것이라면 현전화는 자아의 능동적 작용으로 일어난다. 현전화에는 우선 회상이 있다. 파지된 것은 시간이 흐르면서 의식에서 사라지기 마련인데, 이렇게 사라진 것을 현재에 불러오는 것이 회상이다. 또한 미래의 일을 현재에 떠올리기도 하는데 이를 기대라고 한다. 현전화는 현재화를 기반으로 일어나며, 현재화와 융합되어 현재의 지평을 새롭게 할 수 있는 것이다. 다만 현재화가 원인상과의 감각적 연속성이 있는 것과 달리, 현전화는 원인상과의 감각적 연속성이 없어 생생함이 사라진다.

4 이러한 논의는 현재가 유기체처럼 변한다는 것을 보여 준다. 먼저 개인의 관심이나 주의력에 따라 파지와 예지, 회상과 기대의 정도가 달라져 현재의 지평도 변한다. 예컨대 프로듀서가 휴양지에서 휴식을 위해 음악을 들을 때보다 음반 출시를 위해 음악을 들을 때 현재의 지평은 더 넓어질 것이다. 또한 현재화는 현재의 지평에 대한 통일적 인상을 변화시킨다. 제1, 2음을 들으며 제3음의 높낮이를 예측할 때, 그 세 음들에 대한 나름의 통일적 인상을 갖는다. 그런데 예측하지 않은 제3음이 들려 예지가 충족되지 못하면 제1, 2, 3음에 대한 이전의 인상도 달라져, 그 세 음들에 대한 통일적 인상도 다른 양상으로 변하게 된다.

5 체험적 시간관을 통해 인간은 항상 경험을 통일성 있는 구조로 파악하려 한다는 것을 알 수 있다. 고정된 사물을 보거나 '삑'하는 소리를 들을 때조차 그 순간만을 지각하지 않고, 과거와 미래를 함께 지각하거나 회상과 기대를 함으로써 그 대상과 관련한 스토리를 만들려 하는 인간의 속성을 설명해 주는 것이다.

2) 문항의 설계 및 정교화

앞서 작성한 지문을 토대로 네 개의 문항을 설계하고자 한다. 1번 문항은 사실적 읽기 역량을, 2번 문항은 추론적 읽기 역량을 평가하려는 것으로, 지문의 내용을 바탕으로 구성할 것이다. 3번 문항은 창의적 읽기 역량을 평가하기 위한 것으로, 지문에 예시로 나온 내용을 〈보기〉로 제시하고 글의 내용을 적용해 보는 방식으로 설계할 것이다. 마지막으로 4번 문항은 비판적 읽기 역량을 평가하는 문항인데, 후설과 다소 다른 입장을 가진 학자의 글을 〈보기〉로 작성하고, 이에 근거하여 후설의 견해를 비판하는 유형으로 설계하려 한다. 이는 출제자인 교사와 응시자인 학생들이 후설의 이론을 비판하기 어렵기 때문이다. 그리고 시간의식을 실제 상황에 적용할 수 있는지를 평가하는 3번 문항을 대표 문항으로 정하였다.

먼저 사실적 읽기 역량을 평가하는 1번 문항 초안을 다음과 같이 작성하였다.

1. 윗글의 내용과 일치하지 <u>않는</u> 것은?

① 현재는 두께와 폭이라는 지평을 갖는다.
② 시간에 대한 의식은 현전화로 형성된다.
③ 현재는 점과 같은 순간으로 인식될 수 있다.
④ 현재와 미래는 개방적으로 변형되기도 한다.
⑤ 현재의 폭이 개인의 삶의 태도에 따라 달라진다.

초안을 보면, 선택지의 진술 방식으로는 정답을 확정할 수 없다는 문제점이 있다. 지문은 과학적 시간관과 체험적 시간관을 비교하여 소개하고, 이 중 체험적 시간관을 후설의 입장에서 구체적으로 전개하고 있다. 그런데 초안의 선택지들은 객관적인 진리인 것처럼 진술되어 있어, 무엇이 정답이고 오답인지 판별할 수 없다. 이러한 문제를 해결하기 위하여 각각의 선택지에 입장이 분명히 드러나도록 진술을 수정하였다. 즉, 선택지 ①번은 후설의 입장, ③번은 과학적 시간관임을 분명히 하였고, ②번과 ④번은 후설의 시간관에 대한 설명 안에서 적절성을 판단하도록 수정하였다. 그리고 ⑤번은 일반적인 인간의 속성으로 설명된 내용을 선택지로 제시하였다.

1. 윗글의 내용과 일치하지 <u>않는</u> 것은?

① 후설은 현재가 지평을 갖는다고 보았다.
✓ ② 현재화는 현전화를 기반으로 하여 일어난다.
③ 과학적 시간관에서 현재는 점과 같은 순간이다.
④ 현전화는 현재의 지평을 형성하는 데 영향을 준다.
⑤ 인간은 고정된 대상을 보면서도 스토리를 만들려 한다.

다음으로 추론적 읽기 역량을 평가하기 위해 2번 문항을 설계하였다.

2. 윗글을 읽고 추론한 내용으로 적절한 것은?

① 과학적 시간관을 가진 사람은 멜로디를 제대로 파악하지 못한다.

② 과거에 들었던 음이 의식 속에 지속되고 있는 것도 하나의 지각이다.

③ 과거의 음을 들었을 때의 인상이 미래의 음에 대한 예측을 바꾸기도 한다.

④ 멜로디를 듣고 있는 사람은 하나의 과거나 미래와 단절된 점적인 순간을 향유한다.

⑤ 과거의 음을 처음 들었을 때와 현재의 음과 같이 들었을 때 그 음의 인상은 달라진다.

이 초안의 선택지 역시, 과학적 시간관과 체험적 시간관 중 어떤 입장을 기준으로 하느냐에 따라 정답과 오답이 달라질 수 있는 문제가 있다. 또한 1번 문항 수정안의 선택지와 '과학적 시간관', '점적인 순간'이라는 용어가 중복되고 있다. 이에 따라 문항 간섭을 피하기 위해 2번 문항은 1번 문항보다 더 작은 범위의 내용으로 선택지를 진술하기로 하였다. 1번 문항은 현재화나 현전화와 같은 큰 범위의 개념어를 사용하거나 글의 전체적인 의의를 중심으로 선택지를 진술하고 있다. 2번 문항은 이와 구분하여, '원인상', '파지', '기대' 등 좀 더 세부적인 개념을 바탕으로 내용을 추론할 수 있는가를 평가하도록 선택지를 다음과 같이 다시 작성하였다.

2. 윗글을 읽고 추론한 내용으로 적절한 것은?

① 원인상은 회상이 일어나기 직전까지의 의식이다.

② 현재의 지평은 개인의 주의력과 무관하게 신축성을 가진다.

③ 파지는 잊힌 과거를 현재로 불러내 현재의 지평을 새롭게 한다.

④ 예지가 충족되지 못하면 자아는 통일성 있는 경험을 할 수 없다.

✓ ⑤ 기대는 원인상과의 감각적 연속성이 없다는 점에서 예지와 다르다.

TIP

독서 과목에서는 대표 문항
을 먼저 고민하는 것이 좋다.
대표 문항은 보통 창의적 읽
기나 비판적 읽기 능력을 파
악하는 문항으로 설계된다.
지문의 내용을 단순히 수용
하는 것이 아니라, 삶이나 사
회·문화적 상황으로 확장시
켜 사고하는 역량을 평가할
수 있기 때문이다.

다음으로 설계한 3번 문항은 창의적 읽기 역량을 평가하는 것으로, 이 세트의 대표 문항이다.

3번 문항 초안

3. 윗글을 바탕으로 〈보기〉를 이해한 내용으로 적절하지 <u>않은</u> 것은?

─── 〈 보기 〉 ───

  철수는 음악 시간에 '도-미-솔'과 같이 어울리는 음들이 하나의 화
음을 이룬다는 것을 배웠다. 화음을 이루는 음들은 조화를 이루기 때문
에 작곡에서 자주 활용된다는 것도 배웠다. 그 뒤로 철수는 '도-미-솔'
로 음이 이어지면 자연스럽다는 생각을 하게 되었고, '도-미-라'처럼
화성에서 벗어난 음이 이어지면 부자연스럽다는 생각을 하게 되었다.

① 철수는 '미'를 들을 때 '도'의 음정도 함께 지각하겠군.
② 철수가 처음 '도'를 들었을 때와 '미'를 들었을 때 '도'에 대한 인상은 다르
   겠군.
③ 철수는 '미'를 들을 때 '솔'을 미리 당겨서 예측하였지만, 이 예측은 충족
   되지 않을 수도 있겠군.
④ 철수가 '도-미-솔'로 음이 이어질 때 자연스럽다고 생각한 것은 예측한
   '솔'이 '미' 다음에 나왔기 때문이군.
※ ⑤번 선택지는 선택지 작성이 어려움.

이 초안의 경우, 두 가지 문제가 있다. 첫째, 다섯 개의 선택지를 작성하기
어려울 만큼 〈보기〉의 내용이 단순하다. 둘째, 〈보기〉에 학문적 오류가 있을
수 있다. 〈보기〉에서 "'도-미-솔'로 음이 이어지면 자연스럽다는 생각을 하
게 되었고, '도-미-라'처럼 화성에서 벗어난 음이 이어지면 부자연스럽다는
생각을 하게 되었다."라는 진술이 음악 및 심리학의 측면에서 정확한 사실에
근거한 것인지 불확실하다.

이러한 문제를 해결하기 위해 검증된 이론을 바탕으로 〈보기〉를 재작성
하였다. 추가로 자료를 검색하여 한국음악지각인지학회에서 발간한 『음악의

지각과 인지 I』이라는 책에 담긴 '나모의 선율 함축·실현 이론'을 요약하여 진술하였다. 이 이론은 초안의 〈보기〉에서 의도했던 음정에 대한 지각 이론이며, 후설의 이론과도 맥락이 같다. 또한 〈보기〉의 내용이 충분하여 선택지 진술의 어려움도 해결할 수 있다.

3번 문항 수정안

3. 윗글과 〈보기〉를 바탕으로 (가)~(라)를 듣는 청자에 대해 이해한 내용으로 적절하지 <u>않은</u> 것은?

〈 보기 〉

　　나모의 '함축－실현' 이론에 따르면 청자들은 음의 진행 방향에 따라 다음 음정*이 어떻게 이어질지 예측한다. 한 예로 세 음을 연속해서 들을 때, 앞의 음정이 '미'와 '솔', '파'와 '라' 사이처럼 완전 4도 이하의 좁은 음정일 경우, 앞 음정이 상행이면 뒤 음정도 상행, 앞 음정이 하행이면 뒤 음정도 하행될 것으로 예측한다. 반면 '파'와 높은 '레' 사이처럼 앞의 음정이 완전 5도 이상의 넓은 음정이라면 앞 음정과 반대의 방향으로 뒤 음정이 나올 것으로 예측한다.

*음정: 높이가 다른 두 음 사이의 간격

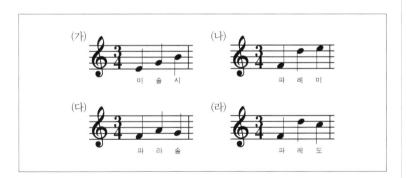

① (가)의 제2음을 듣는 순간에도 제1음과 제3음을 함께 지각할 수 있을 것이다.

② (가)의 제3음을 듣는 순간, 직전에 가졌던 통일적 인상을 그대로 유지할 것이다.

③ (나)의 제2음을 듣는 순간 일어난 예지가 제3음을 들을 때 충족되지 못해 제1음에 대한 인상이 달라질 것이다.

④ (다)의 제3음을 듣는 순간, 직전에 가졌던 통일적 인상이 변화되는 경험을 할 것이다.

✓⑤ (라)의 제2음을 듣는 순간에 미리 당겨진 음에 대한 인상이 제3음을 들을 때 느낀 인상과 다르다고 느낄 것이다.

마지막으로, 비판적 읽기 역량을 평가하는 4번 문항을 설계하였다.

4번 문항 초안

4. 〈보기〉에 근거하여 후설의 관점을 비판한 내용으로 가장 적절한 것은?

〈 보기 〉

브렌타노는 직전에 지각한 것이 사라지더라도 적극적인 상상을 통해 그것에 대한 이미지가 변양된 상태로 떠오르는데, 이는 지각이 아니라고 말한다. 때문에 사람들은 직전에 본 장면을 여전히 보고 있다고 여기지만 이는 상상의 생생함으로 인해 생겨나는 가상일 뿐이라고 설명한다.

✓① 직전에 본 장면이 떠오르는 것은 상상이 아니고 지각입니다.

② 직전에 본 장면을 떠올릴 때는 변양이 없이 기억하게 됩니다.

③ 지각한 것이 한번 사라지고 나면 다시 불러올 수는 없습니다.

④ 과거의 일을 회상하는 것은 능동적인 노력 없이도 가능합니다.

⑤ 시간은 단절되어 있기 때문에 근원적 연상은 생생할 수 없습니다.

이 초안의 〈보기〉에 제시된 브렌타노의 견해는 후설의 견해와 실제로 상호 비판을 통해 등장한 것으로 보기 어렵다는 검토 의견이 있었다. 따라서 발문의 '비판한 내용'이라는 진술이 적절하지 않으므로, '할 수 있는 말'로 수정하였고, 지문의 내용에 대한 이해에 더 초점을 두고자, 〈보기〉의 관점에서 '후설의 관점을 비판'하는 것이 아니라 '후설'이 〈보기〉의 브렌타노에게 할

수 있는 말로 수정하였다.

4. 윗글의 '후설'이 〈보기〉의 '브렌타노'에게 할 수 있는 말로 가장 적절한 것은?

―――― 〈 보기 〉 ――――

　　브렌타노는 직전에 지각한 것이 사라지더라도 적극적인 상상을 통해 그것에 대한 이미지가 변양된 상태로 떠오르는데, 이는 지각이 아니라고 말한다. 때문에 사람들은 직전에 본 장면을 여전히 보고 있다고 여기지만 이는 상상의 생생함으로 인해 생겨나는 가상일 뿐이라고 설명한다.

✓① 직전에 본 장면이 떠오르는 것은 상상이 아니고 지각입니다.

② 직전에 본 장면을 떠올릴 때는 변양이 없이 기억하게 됩니다.

③ 지각한 것이 한번 사라지고 나면 다시 불러올 수는 없습니다.

④ 과거의 일을 회상하는 것은 능동적인 노력 없이도 가능합니다.

⑤ 시간은 단절되어 있기 때문에 근원적 연상은 생생할 수 없습니다.

05 문항 설계의 과정과 정교화 II

이 장에서는 교과서나 읽기 자료 등 학생들에게 주어진 지문을 활용해서 문항을 설계하는 사례를 소개하고자 한다. 여기에서는 미셸 푸코(Michel Foucault)의 『감시와 처벌』 중 303~313쪽에 있는 '파놉티콘'에 대한 부분을 발췌해 읽기 자료로 제시하여 수업을 진행한 뒤, 이를 바탕으로 독서 문항을 설계하는 과정을 보여 준다.

읽기 자료

1 17세기 말의 한 법규에 따르면 어떤 도시에서 페스트가 발생했을 경우에 취해야 할 조치는 다음과 같았다. 우선 행정 조치를 통해 엄격하게 공간을 분할해야 한다. 즉 그 도시와 '지방'의 봉쇄는 물론이고 밖으로 나가는 것이 금지되며, 이를 어기면 사형되고, 부근을 돌아다니는 동물은 모두 죽인다. 그리고 그 도시는 명확히 구별되는 구역으로 나뉘고 각 지역의 감독관이 권능을 얻는다. 모든 거리는 동장이나 읍장의 관리하에 감시된다. 만약 그가 자리를 비우면 사형에 처해질 것이다. 정해진 날에는 누구나 집에서 나오지 못하도록 명령이 떨어지고 외출이 금지되며, 이를 어길 경우 사형된다. 동장이나 읍장이 직접 모든 집의 출입문을 밖에서 닫아걸고, 열쇠는 그 구역의 감독관이 맡는다. 감독관은 사십 일간의 검역 기간이 끝날 때까지 열쇠를 관리한다. 모든 가정은 생활필수품을 사 놓고 있어야 한다. 다만 포도주와 빵은 상인과 주민의 접촉 없이, 집 안과 바깥 길을 작은 나무 관으로 연결해서 그 관을 통해 할당량을 나눠 주도록 한다. … 만약 이동했다가는 감염되거나 처형되므로 목숨을 거는 것과 마찬가지다. …

2 나환자가 일종의 상징적 주민이었던(그리고 걸인이나 방랑자, 광인이나 난폭한 행위자가 실제 인구 중 일부였던) 추방 공간의 자리에 독특한 권력 기술이 적용된 것이 바로 19세기의 특징이다. 그 권력 기술이란 규율 중심으로 공간을 분할하는 것이다. '나환자'를 '페스트 환자'처럼 다루는 것, 혼란스러운 감금 공간을 규율 중심으로 치밀하게 세분화하는 것, 권력에 맞는 분석적 배분 방법으로 그 공간을 조직하는 것, 추방된 자들을 개인화하는 것, 다만 그 추방이 분명히

드러나도록 개인화의 방식을 사용하는 것 등이야말로 19세기 초부터 규율 중심적인 권력에 의해 꾸준히 이루어진 것들이다. 예를 들면 정신 병원, 교도소, 감화원, 감시 교육 시설, 그리고 일부 병원 등 일반적으로 개인의 통제를 결정하는 모든 기관이 이런 이중의 방식으로 기능한다. 즉, 개인을 대립되는 둘로 구분하고 특성을 표시하며(광인/광인이 아닌 자, 위험한 자/무해한 자, 정상인/비정상인 등) 강제로 결정하고 차별적으로 나누는(당사자는 누구인가, 그는 어디에 있어야 하는가, 그의 특징은 무엇인가, 그를 알아보는 방법은 무엇인가, 어떻게 그 개인을 끊임없이 감시할 수 있을 것인가 등) 것이다. … 오늘날에도 여전히, 낙인찍기 위해서건 교정하기 위해서건 비정상인을 둘러싼 권력의 메커니즘은 모두 그런 기술과 제도의 근본적인 두 가지 형태를 조합하고 있다.

3 벤담의 '일망(一望) 감시 시설'(Panopticon, 패놉티콘)은 이러한 조합이 건축적으로 발휘된 것이다. 그 원리는 잘 알려져 있다. 원형의 건물이 주위를 에워싼 가운데, 중심에는 탑이 하나 있다. 탑에는 원형 건물을 향해 여러 개의 큰 창문이 뚫려 있다. 원형 건물은 독방들로 나뉘는데, 독방 하나하나는 건물의 폭을 전부 차지한다. 독방에는 창문이 두 개 있는데, 하나는 안쪽을 향해 탑의 창문과 마주하는 위치에 나 있고 다른 하나는 빛이 독방 구석구석 스며들도록 바깥쪽을 향해 나 있다. 이에 따라 중앙의 탑에는 감시인을 한 명 두고, 각 독방에는 광인이나 병자, 죄수, 노동자, 학생 등 누구든지 한 사람씩 감금할 수 있다. 역광선의 효과 덕분에 탑에서는 독방 안에 있는 수감자의 윤곽이 빛 속에서 정확하게 떠오르는 것을 파악할 수 있다. … 요컨대 이곳은 지하 감옥의 원리가 뒤바뀌어 있다. 아니, 오히려 지하 감옥의 세 가지 기능인 감금하고, 빛을 차단하고, 숨겨 두는 것 중에서 첫 번째 기능만 남겨 놓고 뒤의 두 가지를 없애 버린 형태이다. 충분한 빛과 감시자의 시선 때문에, 어둠이 보호해 주던 상태보다 훨씬 수월하게 수감자를 포착할 수 있다. 가시성의 상태가 바로 함정인 것이다. …

4 사람들은 저마다 감시인의 정면에 노출된 독방에 감금되어 자기 자리를 지키고 있다. 양쪽의 벽은 그가 동료들과 접촉하지 못하도록 한다. 그는 보여지긴 해도 볼 수는 없다. 그는 정보의 대상이 되긴 해도, 정보 소통의 주체가 되지는 못한다. 중앙 탑과 마주하도록 방이 배치되어 한 축으로는 가시성이 강요되는 반면, 원형 건물 안에서 나뉘고 완전히 분리된 독방이라는 측면에서는 불가시성을 의미하게 된다. 이러한 불가시성은 질서를 보장해 준다. 수감자가 죄인인 경우 음모나 집단 탈옥 시도, 출소 후의 새로운 범죄 계획 등 서로 나쁜 영향

을 주고받을 염려가 없다. 병자라면 전염의 위험도 없고, 광인이라면 서로 폭력을 행사할 위험도 없으며, 어린이일 경우 남이 한 숙제를 베끼거나 시끄럽게 굴거나 수다를 떨며 주의를 산만하게 하는 것을 방지할 수 있다. 노동자일 경우에도 구타, 절도, 공모의 위험을 막아 주고 작업을 늦게 하거나 불완전하게 끝내는 일, 우발적으로 사고를 일으킬 부주의함도 없도록 한다. 밀집한 대중들, 다양한 교환이 이루어지는 장소, 집단적 효과로 섞여 드는 개인들과 같은 군중 형태가 사라지고 그 대신 분리된 개개인의 집합이 들어선다. 간수의 입장에서는 군중이 아니라 인원수를 셀 수 있으며 통제가 가능한 다수의 개인으로 바뀐 것이고, 죄수의 입장에서는 격리되고 감시당하는 고립 상태로 바뀐 것이다.

5 이로부터 일망 감시 시설의 주요한 효과가 생겨난다. 수감자는 권력이 자동적으로 기능하도록 보장하는, 의식적이고 끊임없는 가시성의 상태로 이끌려 들어간다. 감시 작용이 중단되더라도 그 효과는 계속되며, 또한 권력이 완성될수록 권력이 행사된다는 현실성은 점차 약해진다. 이러한 건축 장치는 권력을 행하는 사람과 상관없는 또 다른 권력관계를 만들고 유지하는 기계가 된다. 요컨대 수감된 자가 스스로 권력의 전달자가 되는, 어떤 권력 상황 속으로 끌려 들어가는 것이다. 이를 위해 죄수가 간수에게 끊임없이 감시받는다면, 이는 매우 충분한 것이면서 동시에 불충분한 것이기도 하다. 불충분한 이유는 죄수가 자신이 감시당하고 있다는 사실을 느껴야 하기 때문이고, 충분한 이유는 죄수가 실제로는 감시당할 필요가 없기 때문이다. 따라서 벤담은 권력이 가시적이고 확인할 수 없는 것이어야 한다는 원칙을 내세웠다. 가시적이라는 뜻은, 감금된 자의 눈앞에 자신을 감시하는 중앙 탑의 높은 형체가 항상 어른거린다는 의미다. 확인할 수 없다는 뜻은, 감금된 자가 자신이 현재 감시당하고 있는지 어떤지를 절대 알아서는 안 되지만, 자신이 언제나 감시당할 수 있다는 점을 확실히 알고 있어야 한다는 뜻이다. 벤담은 감시지기 탑에 있는지 어떤지를 판단할 수 없도록, 또한 감금자들이 독방에서 어떤 사람의 그림자를 알아차리거나 어떤 역광이라도 볼 수 없도록 다음 같은 시설을 설계했다. … '일망 감시 시설'은 '봄―보임'의 결합을 분리시키는 장치이다. 즉, 탑 주위의 원형 건물 안에서 죄수는 아무것도 보지 못한 채 완전히 보이기만 하고, 중앙부의 탑에서 간수는 모든 것을 볼 수 있지만 결코 보이지는 않는다. 이것은 권력을 자동적으로, 또한 비개성적으로 만들기 때문에 중요한 장치이다. … 이 때문에 군주는 예식이나 의식, 표식 등을 통해 더 큰 권력을 받을 필요가 없어진다. 오직 비대칭과 불균

형, 그리고 차이를 보장해 주는 장치가 있을 뿐이다. 따라서 누가 권력을 행사하느냐는 별로 중요하지 않다. 우연히 걸려든 누구라도 이 기계 장치를 작동시킬 수 있다. 따라서 관리 책임자가 자리를 비웠다면 그의 가족이나 측근, 친구, 방문객, 하물며 하인조차도 그 일을 대신할 수 있다. … 이러한 일시적인 익명의 관찰자가 많으면 많을수록 감금자는 자신이 간파당할 위험과 관찰된다는 불안함을 더 많이 느끼게 된다. '일망 감시 장치'는 아주 다양한 욕망으로부터 권력의 동질적 효과를 만들어 내는 경이로운 기계 장치이다.

1) 지문의 재구성 및 정교화

앞의 자료는 글자 수가 5,000자(생략한 내용 포함)에 육박해 지문에 모두 실을 수는 없다. 자세하고 구체적인 설명이 제시되어 있는 점은 좋으나 유사한 내용이 중복되어 있다는 단점이 있다. 또한 철학과 사회과학에 기반한 내용으로 학생들이 제대로 이해하기 어려운 부분도 있다. 따라서 자료의 내용을 간추려 적절한 분량으로 재구성할 필요가 있다.

주의점
미리 주어진 자료의 내용을 요약 발췌하거나 변형하였기 때문에 '재구성'이라고 표현하였다.

이 자료의 핵심 내용은 '일망 감시 시설의 원리와 사회적 효과'이다. 이를 지문의 주제로 삼아 구성하되, 중복되거나 불필요한 내용 및 너무 어려운 내용은 삭제하여 분량을 조절하고자 한다.

■ 1문단: 구체적 사례를 생략하고 화제를 제시하는 방향으로 재구성

읽기 자료 1, 2문단에는 일망 감시 시설이 등장하게 된 배경이 너무 구체적으로 드러나 있다. 배경 설명을 지나치게 길게 서술할 경우 '일망 감시 시설의 원리와 사회적 효과'라는 주제를 명료하게 드러내는 데 방해가 될 수 있다. 따라서 지문 1문단은 읽기 자료의 1, 2문단에 나온 내용을 대폭 축소하여 간략하게 요약하였고, 특히 화제를 제시하는 방향으로 지문을 구성하고자 하였다. 이에 따라 읽기 자료의 1, 2문단에서 환자 등 일부 사람들이 격리되는 사례를 구체적으로 제시한 부분을 생략하고, 사례를 추상화한 내용만을 발췌하였다. 그리고 읽기 자료의 3문단에서 나온 첫 번째 문장을 추가함으로써 일망 감시 시설이 지문의 화제임을 제시하였다. 이러한 과정을 통해 1,800자 가량의 내용을 200자 이내로 구성할 수 있었다.

1문단 수정안

1 근대부터 현대까지 인류는 정상과 비정상을 구분하는 데 익숙하다. 이러한 구분은 때론 객관적 기준에 근거하지 않았으며, 권력자들이 지배력을 강화하기 위해 죄 없는 사람들을 비정상적인 '타자'로 규정짓고 그들을 규제하고 감시해 오기도 했다. 벤담의 '파놉티콘'은 권력자의 이러한 욕망을 건축적으로 구현한 것이라 할 수 있다.

■ 2문단과 3문단: 어렵고 중복된 내용을 삭제하고 일망 감시 시설의 원리를 부각

읽기 자료의 3문단과 4문단에 있는 내용은 일망 감시 시설의 원리에 대해서 다루고 있다. 이는 지문의 핵심적인 내용이라고 판단하여 대부분을 발췌하여 지문에 담았다. 다만, 자료의 3문단에서 '한 배우가 연기하는 수많은 작은 무대', '공간적 단위들을 나누고 정리'와 같은 표현(이 내용은 지면 관계상 생략한 내용에 포함되어 있음)은 앞서 설명한 내용과 중복될 뿐 아니라, 명확하지 않기 때문에 오히려 내용을 이해하기 어렵게 만든다고 판단하여 생략하였다. 또한 4문단에서 병자, 광인, 어린이와 관련된 사례 역시 다른 내용과 중복되고, 사례가 없더라도 글의 내용을 충분히 이해할 수 있다고 판단해 생략하였다.

나아가 일망 감시 시설의 구조적 특징을 2문단으로 구성하고, 일망 감시 시설의 작동 방식을 '가시성'과 '비가시성'으로 추상화한 내용은 3문단으로 구성하여 문단별 소주제를 명확하게 제시하고자 하였다.

2, 3문단 수정안

2 벤담의 파놉티콘의 원리는 이러하다. 원형의 건물이 주위를 에워싼 가운데, 중심에는 탑이 하나 있다. 탑에는 원형 건물을 향해 여러 개의 큰 창문이 뚫려 있다. 원형 건물은 독방들로 나뉘는데, 독방 하나하나는 건물의 폭을 전부 차지한다. 독방에는 창문이 두 개 있는데, 하나는 안쪽을 향해 탑의 창문과 마주하고 있고, 다른 하나는 빛이 독방 구석구석 스며들도록 바깥쪽을 향하고 있다. 중앙의 탑에는 감시인이 한 명 있으며, 각 독방에는 죄수들이 있다. 중앙의 탑은 항상 어두운 상태인 데다가, 탑에서 독방으로 빛이 향하고 있어 역

광으로 인해 죄수들은 감시인을 볼 수 없다. 하지만 중앙 탑에서는 독방 안의 수감자를 계속 파악할 수 있다. 이 때문에 파놉티콘을 '일망 감시 시설'이라고 부른다.

3 이곳은 지하 감옥의 세 가지 기능인 감금하고, 빛을 차단하고, 숨겨 두는 것 중에서 첫 번째 기능만 남겨 놓고 뒤의 두 가지를 없애 버린 형태이다. 가시성의 상태가 바로 함정이 되는 것이다. 파놉티콘의 독방에 감금되어 있는 죄수들은 벽으로 막혀 있는 옆방의 동료들과 접촉하지 못한다. 중앙 탑에 의해 감시되도록 만들어 가시성이 강요되면서, 완전히 분리된 독방이라는 측면에서는 불가시성이 강요되는 것이다. 불가시성은 질서를 보장해 준다. 죄수들이 탈옥 음모를 꾸밀 수도 없고, 병자들 사이에 전염의 위험도 없다. 밀집한 대중들, 다양한 교환이 이루어지는 장소, 집단적 효과로 섞여드는 개인들이 모여 있는 군중 형태가 사라지고 대신 분리된 개개인의 집합이 들어선다. 간수의 입장에서는 군중이 아니라 인원수를 셀 수 있으며 통제가 가능한 다수의 개인으로 바뀐 것이고, 죄수의 입장에서는 격리되고 감시당하는 고립 상태로 바뀐 것이다.

■ 4문단: 어렵고 중복된 내용을 삭제하고 일망 감시 시설의 권력 효과를 부각

읽기 자료의 5문단은 일망 감시 시설의 사회적 효과에 대해서 다루고 있다. 이 내용 중에서 가시성과 비가시성에 대해 설명하는 부분은 너무 난해하여 삭제하였다. 일망 감시 시설의 구조를 구체적으로 설명한 부분도 학생들이 머릿속에 상상하기 어려워할 수 있어 삭제하였다. 그리고 일망 감시 시설이 권력을 만들어 내는 효과를 설명한 내용을 중심으로 재구성하였다.

또한 학생들이 이해하기 어려운 표현을 쉬운 표현으로 바꾸어 진술하였다. 예컨대 읽기 자료 5문단 3~4행의 "권력이 완성될수록 권력이 행사된다는 현실성은 점차 약해진다."라는 문장에서 '현실성'을 '인식'으로 수정하였다. 그리고 6행의 "수감된 자가 스스로 권력의 전달자가 되는"이라는 표현은 그대로 사용하되, '죄수를 비개성적으로 만들어 버림으로써 죄수 스스로가 자신도 모르게 권력의 형성에 기여하도록 유도'한다는 내용을 덧붙여 학생의 이해도를 높였다.

4 이로부터 일망 감시 시설의 주요한 효과가 생겨난다. 수감자가 끊임없는 가시성의 상태로 이끌려 가기 때문에 권력이 자동적으로 기능하게 되는 것이다. 설령 감시 활동이 중단되더라도 그 효과는 계속된다. 나아가 감시자에 의한 권력이 완성될수록 권력이 행사된다는 인식은 점차 약해진다. 이는 수감된 자가 스스로 권력의 전달자가 되는, 어떤 권력 상황 속으로 끌려 들어가게 한다. '파놉티콘'은 '봄-보임'의 결합을 분리시키는 장치를 통해 권력이 자동적으로 행사되며, 죄수를 비개성적으로 만들어 버림으로써 죄수 스스로가 자신도 모르게 권력의 형성에 기여하도록 유도하는 것이다. 이 때문에 권력자는 예식이나 의식, 표식 등을 통해 권력을 확인받거나 강화하려 할 필요가 없어진다. 아울러 어떤 사람이 권력을 행사하느냐는 별로 중요하지 않다. 누구라도 이 기계 장치를 작동시킬 수 있기 때문이다. 따라서 관리 책임자가 자리를 비웠다면 그의 가족이나 측근, 친구, 하물며 하인조차도 그 일을 대신할 수 있다. 결국 일망감시 장치는 권력의 동질적 효과를 만들어 낸다.

TIP

앞서 설명했듯 주어진 자료를 바탕으로 독서 지문을 구성할 때에도 여러 자료를 종합하여 지문을 구성할 때처럼 다른 자료를 참고하여 일부 내용을 추가하는 것이 바람직한 경우가 많다.

■ 5문단: 새로운 자료 발췌를 통한 지문의 복잡성 구현

그런데 사례의 생략과 내용의 축소 및 삭제 위주로 자료를 재구성한 결과, 내용이 다소 단순해져 여러 개의 문항을 설계하는 데 어려움을 겪을 수 있다. 지문 내용 대부분이 일망 감시 시설의 원리와 사회적 효과에만 초점을 두고 있기 때문에, 내용 이해를 묻는 문항을 설계할 때 현재의 지문으로는 불충분할 수 있는 것이다.

앞서 설명했듯, 좋은 지문을 만들기 위해서는 지문을 간결하게 만든 뒤에 다시 복잡성을 더하는 과정을 반복할 필요가 있다. 이 사례에서는 일망 감시 시설과 관련된 주장이 현대 사회에서는 어떻게 적용될 수 있는지에 대한 자료를 추가로 수집하기로 하였다. 이를 위해 홍성욱의 논문 「벤담의 파놉티콘에서 전자 시놉티콘까지」(2001)와 구운희의 논문 「다망감시로써의 슈퍼 파놉티콘을 통한 현대사회의 시선의 권력관계」(2009)를 찾아 읽었다. 다음은 이 논문들에서 발췌한 내용이다.

> 푸코는 파놉티콘이 … 사회의 구석구석으로 확산되었다고 역설했다. 감옥이 공장, 학교, 군대의 막사, 병원과 비슷하고, 이것들이 다시 감옥을 닮았다.
>
> 파놉티콘에는 죄수를 감시하는 간수가 '중앙'에 있는 탑에서 부변의 감방을 감시했지만, 전자 감시의 경우에는 한 곳의 중앙에서 관장되는 것이 아니라 지하철, 직장, 은행, 관공서, 거리 등에 국한된 소규모의 감시 네트워크가 독립적으로 분산되어 존재한다.
>
> — 홍성욱, 「벤담의 파놉티콘에서 전자 시놉티콘까지」

> 정보통신 기술을 이용한 파놉티콘은 일망감시 체계를 다망감시 체계로 바꾸어 놓았다.
>
> 정보통신 기술로 현대 사회는 사람과 사람, 사람과 정보를 촘촘한 네트워크로 연결하고 있다. … 많은 정보를 손쉽게 수집하고 활용한다. 사람들은 … 자신의 정보를 노출하고 있지만 그것을 인식하지 못하고 있다."
>
> — 구운희, 「다망감시로써의 슈퍼 파놉티콘을 통한 현대사회의 시선의 권력관계」

발췌한 내용을 바탕으로, 이를 요약하고 종합하여 5문단을 구성하였다.

추가된 5문단

5 이런 이유로 푸코는 현대 사회에서 파놉티콘의 권력적 효과는 단순히 죄수 등을 감시하는 감옥 시설에 국한되지 않으며 사회 전반으로 확산되고 있다고 보았다. 파놉티콘형 감옥이 공장, 학교, 군대, 병원과 비슷하고 이것들이 다시 감옥을 닮았다는 것이며, 이는 우리의 사회가 거대한 파놉티콘, 즉 감옥과 별반 다르지 않음을 함축한다는 설명이다. 현대의 일부 학자들은 푸코의 이러한 주장을 더욱 발전시키고 있다. 그들에 따르면 현대의 파놉티콘은 컴퓨터를 통한 정보의 수집을 통해 감시 작용이 국가적 혹은 전 지구적으로 이루어지고 있을 뿐만 아니라 한 명의 감시자에 의해 통제가 아닌 다양한 영역에서 감시의 시선이 작용하고 있는 '다망 감시'로 진화하고 있다고 주장한다.

이러한 과정을 거쳐 수정된 지문은 다음과 같다.

지문 전체 수정안

1 근대부터 현대까지 인류는 정상과 비정상을 구분하는 데 익숙하다. 이러한 구분은 때론 객관적 기준에 근거하지 않았으며, 권력자들이 지배력을 강화하기 위해 죄 없는 사람들은 비정상적인 '타자'로 규정짓고 그들을 규제하고 감시해 오기도 했다. 벤담의 '파놉티콘'은 권력자의 이러한 욕망을 건축적으로 구현한 것이라 할 수 있다.

2 벤담의 파놉티콘의 원리는 이러하다. 원형의 건물이 주위를 에워싼 가운데, 중심에는 탑이 하나 있다. 탑에는 원형 건물을 향해 여러 개의 큰 창문이 뚫려 있다. 원형 건물은 독방들로 나뉘는데, 독방 하나하나는 건물의 폭을 전부 차지한다. 독방에는 창문이 두 개 있는데, 하나는 안쪽을 향해 탑의 창문과 마주하고 있고, 다른 하나는 빛이 독방 구석구석 스며들도록 바깥쪽을 향하고 있다. 중앙의 탑에는 감시인이 한 명 있으며, 각 독방에는 죄수들이 있다. 중앙의 탑은 항상 어두운 상태인 데다가, 탑에서 독방으로 빛이 향하고 있어 역광으로 인해 죄수들은 감시인을 볼 수 없다. 하지만 중앙 탑에서는 독방 안의 수감자를 계속 파악할 수 있다. 이 때문에 파놉티콘을 '일망 감시 시설'이라고 부른다.

3 이곳은 지하 감옥의 세 가지 기능인 감금하고, 빛을 차단하고, 숨겨 두는 것 중에서 첫 번째 기능만 남겨놓고 뒤의 두 가지를 없애 버린 형태이다. 가시성의 상태가 바로 함정이 되는 것이다. 파놉티콘의 독방에 감금되어 있는 죄수들은 벽으로 막혀 있는 옆방의 동료들과 접촉하지 못한다. 중앙 탑에 의해 감시되도록 만들어 가시성이 강요되면서, 완전히 분리된 독방이라는 측면에서는 불가시성이 강요되는 것이다. 불가시성은 질서를 보장해 준다. 죄수들이 탈옥 음모를 꾸밀 수도 없고, 병자들 사이에 전염의 위험도 없다. 밀집한 대중들, 다양한 교환이 이루어지는 장소, 집단적 효과로 섞여드는 개인들이 모여 있는 군중 형태가 사라지고 대신 분리된 개개인의 집합이 들어선다. 간수의 입장에서는 군중이 아니라 인원수를 셀 수 있으며 통제가 가능한 다수의 개인으로 바뀐 것이고, 죄수의 입장에서는 격리되고 감시당하는 고립 상태로 바뀐 것이다.

4 이로부터 일망 감시 시설의 주요한 효과가 생겨난다. 수감자가 끊임없는 가시성의 상태로 이끌려 가기 때문에 권력이 자동적으로 기능하게 되는 것이다. 설령 감시 활동이 중단되더라도 그 효과는 계속된다. 나아가 감시자에 의한 권

력이 완성될수록 권력이 행사된다는 인식은 점차 약해진다. 이는 수감된 자가 스스로 권력의 전달자가 되는, 어떤 권력 상황 속으로 끌려 들어가게 한다. '파놉티콘'은 '봄-보임'의 결합을 분리시키는 장치를 통해 권력이 자동적으로 행사되며, 죄수를 비개성적으로 만들어 버림으로써 죄수 스스로가 자신도 모르게 권력의 형성에 기여하도록 유도하는 것이다. 이 때문에 권력자는 예식이나 의식, 표식 등을 통해 권력을 확인받거나 강화하려 할 필요가 없어진다. 아울러 어떤 사람이 권력을 행사하느냐는 별로 중요하지 않다. 누구라도 이 기계 장치를 작동시킬 수 있기 때문이다. 따라서 관리 책임자가 자리를 비웠다면 그의 가족이나 측근, 친구, 하물며 하인조차도 그 일을 대신할 수 있다. 결국 일망 감시 장치는 권력의 동질적 효과를 만들어 낸다.

5 이런 이유로 푸코는 현대 사회에서 파놉티콘의 권력적 효과는 단순히 죄수 등을 감시하는 감옥 시설에 국한되지 않으며 사회 전반으로 확산되고 있다고 보았다. 파놉티콘형 감옥이 공장, 학교, 군대, 병원과 비슷하고 이것들이 다시 감옥을 닮았다는 것이며, 이는 우리의 사회가 거대한 파놉티콘, 즉 감옥과 별반 다르지 않음을 함축한다는 설명이다. 현대의 일부 학자들은 푸코의 이러한 주장을 더욱 발전시키고 있다. 그들에 따르면 현대의 파놉티콘은 컴퓨터를 통한 정보의 수집을 통해 감시 작용이 국가적 혹은 전 지구적으로 이루어지고 있을 뿐만 아니라 한 명의 감시자에 의해 통제가 아닌 다양한 영역에서 감시의 시선이 작용하고 있는 '다망감시'로 진화하고 있다고 주장한다.

2) 문항의 설계 및 정교화

앞에서 작성한 지문을 바탕으로 사실적 이해, 추론적 이해, 창의적 이해 역량을 평가하는 문항을 설계하는 과정을 살펴보자. 사실적 이해 역량을 파악하기 위한 문항으로, 글의 구조 및 전개 방식을 파악하는 문항과 글의 세부내용을 파악하는 문항을 설계하기로 하였다. 그리고 대표 문항은 실제 상황을 제시하고, 이를 지문에 근거하여 적용해 보는 창의적 읽기 역량을 평가하는 문항으로 정하였다.

먼저 사실적 읽기 역량을 평가하는 문항 중 하나로 글의 구조 및 전개 방식을 파악하는 1번 문항을 다음과 같이 설계하였다.

1. 윗글의 전개 방식에 대한 설명으로 가장 적절한 것은?

① 서로 다른 두 입장을 사례를 들어 비교하고 있다.

② 하나의 이론이 변모해 가는 과정을 연대별로 제시하고 있다.

③ 특정한 대상이 등장한 배경과 그 대상의 특징을 소개하고 있다.

④ 서로 다른 두 대상이 갖는 속성들의 공통점을 제시하고 있다.

⑤ 특정한 개념이 만들어진 이유와 소멸되어 가는 이유를 소개하고 있다.

이 초안을 보면 선택지의 설명이 지문 전체를 포함하지 않아 정답을 확정하기 어렵다. 글의 전개 방식을 묻는 문항에서 정답지는 지문 전체의 흐름을 포괄하여 진술되어야 한다. 선택지가 글의 일부분에만 해당될 경우 정답이라고 확신할 수 없기 때문에 좋은 문항이 아니다.

따라서 지문 전체의 흐름을 담은 내용으로 정답지를 재진술하고, 오답지로 설정한 선택지들도 유사한 형태로 재진술하였다. 즉 정답인 선택지 ④번은 1문단의 '특정한 대상이 등장한 배경', 2, 3, 4문단의 '대상의 특징 소개', 5문단의 대상의 '현대적 의미 제시'를 모두 포괄할 수 있는 내용으로 재진술하였다.

1. 윗글의 전개 방식에 대한 설명으로 가장 적절한 것은?

① 하나의 화제에 대한 서로 다른 입장을 비교하고, 두 입장의 장단점을 제시하고 있다.

② 두 대상이 갖는 다양한 속성을 제시하고, 이러한 속성들이 갖는 공통적 의미를 제시하고 있다.

③ 하나의 이론이 변모해 가는 과정과 새로운 이론으로 정착되는 과정을 구체적으로 제시하고 있다.

✓④ 특정한 대상이 등장한 배경과 그 대상의 특징을 소개하고, 이에 대한 현대적 의미를 제시하고 있다.

⑤ 특정한 개념이 만들어진 이유와 소멸되어 가는 이유를 병렬적으로 소개하며, 새로운 개념을 제시하고 있다.

2번 문항으로 사실적 이해를 평가하는 문항 중 글의 세부내용을 파악하는 문항을 구성하였다.

2번 문항 초안

2. 윗글에 대한 설명으로 적절하지 <u>않은</u> 것은?

① 파놉티콘에서 독방의 창은 마주보고 있는 면의 양쪽에 모두 설치되어 있다.

② 파놉티콘은 권력자의 지배력 강화 욕망을 건축적으로 구현한 것이라 할 수 있다.

✓③ 파놉티콘에서 감시의 효과가 극대화되는 것은 감시 행위가 중단되지 않기 때문이다.

④ 파놉티콘에서 지하 감옥의 빛의 차단과 숨기기 기능이 없기 때문에 가시성이 발생한다.

⑤ 파놉티콘에서 감시자와 피감시자 사이의 시선의 연결과 차단에는 빛의 작용이 관련되어 있다.

이 초안의 경우 선택지 ①번이 방의 모든 면에 창문이 있다는 뜻으로도 해석될 수 있어 중의적이다. 또한 모든 선택지에 '파놉티콘'이 언급되어 있어 진술 방식이 다소 어색하다. 이 문제를 해결하기 위해 선택지 ①번을 명확하게 재진술하였고, 모든 선택지에서 '파놉티콘'이라는 단어를 삭제한 뒤 이 단어를 발문에 삽입하였다.

2. '벤담의 파놉티콘'에 대한 설명으로 적절하지 <u>않은</u> 것은?

① 독방에는 창이 두 개가 있고, 이는 서로 마주 보고 있는 구조이다.

② 권력자의 지배력 강화 욕망을 건축적으로 구현한 것이라 할 수 있다.

✓ ③ 감시의 효과가 극대화되는 것은 감시 행위가 중단되지 않기 때문이다.

④ 지하 감옥의 빛의 차단과 숨기기 기능이 없기 때문에 가시성이 발생한다.

⑤ 감시자와 피감시자 사이의 시선의 연결과 차단에는 빛의 작용이 관련되어 있다.

3번 문항은 추론적 읽기 능력을 평가하는 문항으로 설계하였다. 여기에서는 지문 전체 수정안 3문단 2~3행의 "가시성의 상태가 바로 함정"이라는 표현이 의미하는 바를 추론하도록 하였다. 이를 위해 지문의 해당 부분에 기호 ㉠을 붙이고 밑줄을 삽입하기로 하고, 다음과 같이 초안을 작성하였다.

3. ㉠에 대한 설명으로 가장 적절한 것은?

① 감시자가 피감시자를 볼 수 있어 통제력이 약화되는 상황을 뜻한다.

② 감시자와 피감시자가 서로를 보기 싫어해 통제력이 약화되는 현실을 뜻한다.

✓ ③ 피감시자가 감시자에게 노출되는 것이 오히려 감시가 강화되는 현상을 뜻한다.

④ 피감시자가 감시자를 보려 하지만 전혀 볼 수 없어 감시가 강화되는 상태를 뜻한다.

⑤ 감시자와 피감시자가 서로에게 노출되는 상황에서 규율이 약화되는 현실을 뜻한다.

이 초안의 선택지 내용을 살펴보면, 앞서 설계한 2번 문항의 선택지 ④번,

⑤번과 유사하여 문항 간섭이 많이 발생하고 있다. 현재 ⊙이 '가시성'에 관한 내용이어서 초안 2번 문항의 일부 선택지와 충돌이 불가피하다고 판단하고, 표현의 의미를 물을 부분(⊙)을 지문에서 다시 찾기로 하였다. 이에 따라 ⊙을 4문단 6행의 "'봄-보임'의 결합을 분리시키는 장치"로 옮겼다. 이 내용은 가시성에만 해당되지 않고, 비가시성의 영역까지 포괄하여 문항 간섭을 해소할 수 있다고 보았기 때문이다. 수정한 발문에 맞춰 선택지도 재진술하였다.

3번 문항 수정안

3. ⊙에 대한 설명으로 가장 적절한 것은?

① 한 사람이 타인을 보지 않아도 항상 그 타인이 자신에게 보이거나, 또한 한 사람이 타인을 보고 있어도 타인은 그 사람을 보지 않는 구조를 일컫는다.

✓② 한 사람이 타인을 보고 있지만 그 타인에게 자신은 보이지 않거나, 또한 한 사람은 타인을 볼 수 없지만 그 타인에게 자신이 보이는 구조를 일컫는다.

③ 한 사람이 타인을 보고 있지만, 그 타인의 목소리는 들을 수가 없거나, 또한 한 사람이 타인의 목소리를 들어도 타인의 모습은 볼 수 없는 구조를 일컫는다.

④ 한 사람이 타인을 보고 있지만 무의식적으로 그 타인을 외면하고 있거나, 또한 한 사람이 타인을 외면하고 있으나 그 타인이 자신을 의식하는 상황을 일컫는다.

⑤ 한 사람이 타인을 보고 싶지만 그 타인이 보는 것을 자신에게 허락하지 않거나, 또한 한 사람은 타인을 보고 싶지 않지만 그 타인이 자신을 보는 구조를 일컫는다.

4번 문항은 대표 문항으로, 창의적 읽기 역량을 평가하기 위해 〈보기〉를 통해 사례를 제시하고 적용하는 문항으로 구성하였다.

4. 윗글을 바탕으로 〈보기〉를 이해한 내용으로 적절하지 <u>않은</u> 것은?

───── 〈 보기 〉 ─────

　　일각에서는 현대 사회를 '전자 파놉티콘' 사회라고 정의하기도 한다. ⓐ 이 견해에 따르면 광범위한 네트워크로 개인의 정보와 행위가 실시간으로 수집되고 활용된다. 때로는 인터넷에 글을 남기거나 로그인한 기록을 누군가가 감시할 수 있다는 두려움 때문에 자신의 인터넷 활동을 조심하기도 한다. 문제는 이러한 정보 수집과 활용이 한 기관, 혹은 한 국가의 단위를 넘어서고 있으며, 학교, 은행, 병원, 공장, 지하철, 심지어 사람들이 다니는 거리 등과 같이 다양한 영역에서 각기 이루어지고 있다는 점이다.

① 일각에서 현대 사회를 '전자 파놉티콘'이라고 정의하고 있는 것은, 윗글에서 권력자가 신경쓰지 않아도 감시의 효과가 발생한다고 보는 견해가 더욱 진화한 것이라고 ⓐ는 판단하고 있군.

② 사람들이 인터넷에 글을 쓰는 활동에 스스로 조심하기도 하는 것은, 윗글에서 권력자가 더 큰 권력을 얻기 위해 특별한 의식을 행할 필요가 없게 만드는 것과 유사한 기능을 한다고 ⓐ는 보고 있군.

✓③ 개인의 정보 수집과 활용이 국가의 단위를 넘어서고 있다는 것은, 윗글에서 개인들이 모인 군중의 형태가 사라지고 개개인이 분리되는 양상으로 변모해가는 사회의 모습과 닮아 있다고 ⓐ는 지적하고 있군.

④ 다양한 영역에서 개인의 정보와 행위가 네트워크로 수집 활용되고 있는 것은, 윗글에서 말한 '일망 감시 시설'로 된 사회가 현대로 와서는 '다망 감시 시설'처럼 변화하고 있음을 의미한다고 ⓐ는 보고 있군.

※ ⑤번 선택지는 구성하기 어려움.

　　선택지 ①번의 경우 지문과 〈보기〉의 내용만으로 정답과 오답을 판정하기가 어렵다. 그리고 〈보기〉의 내용이 충분치 않아 다섯 개의 선택지를 모두 구성하기 어려워 ⑤번 선택지를 작성하지 못했다. 따라서 〈보기〉의 내용을 보충하기로 하고, 하나의 사례를 추가하였다. 물론, 기존 〈보기〉에 나온 사례를 더 구체적으로 다루는 방식으로 내용을 보충할 수도 있다. 그러나 이 경우 너무 전문적인 내용이 되어 학문적으로 정확한 서술로 〈보기〉와 선택지들을 만들기 어렵고, 학생들도 이해하기 힘들 수 있다고 판단하였다. 추가할 새로운 사례로, 지문의 내용을 수정할 때 참고했던 논문 「벤담의 파놉티콘에서 전자 시놉티콘까지」에 실린 사례를 활용하기로 하고, 이 부분을 요약하여 진술하였다.

4. 윗글을 바탕으로 〈보기〉를 이해한 내용으로 적절하지 <u>않은</u> 것은?

〈 보기 〉

(가) 1910년대 미국의 A사가 자신들의 제조 공장에 컨베이어벨트를 도입한 것에 대해 일부 사회학자들은 '정보 파놉티콘'이 구현되었다고 보았다. ⓐ 이 주장에 따르면 A사의 제조 공장에서 노동자 개개인은 이 벨트를 통해 자신에게 보내진 부품을 조립하는 일을 끊임없이 반복할 뿐 자신이 행하고 있는 일의 이전과 이후에 벌어지는 작업 과정을 알지 못한다. 때문에 노동자들은 숙련공이 아닌 단순노동자로 전락하고 만다. 그리고, 노동자 개인의 노동량은 벨트 기계가 돌아가는 속도에 의해 좌우되고, 완성된 제품의 수에 따라 개인 또는 부서의 노동량은 쉽게 산출된다. 더욱이 개인과 부서의 노동량에 대한 정보가 실시간으로 수집되고, 이러한 정보는 노동자 개개인과 부서의 성과로 계산된다.

(나) 일각에서는 현대 사회를 '전자 파놉티콘' 사회라고 정의하기도 한다. ⓑ 이 견해에 따르면 광범위한 네트워크로 개인의 정보와 행위가 실시간으로 수집되고 활용된다. 때로는 인터넷에 글을 남기거나 로그인한 기록을 누군가가 감시할 수 있다는 두려움 때문에 자신의 인터넷 활동을 조심하기도 한다. 문제는 이러한 정보 수집과 활용이 한 기관, 혹은 한 국가의 단위를 넘어서고 있으며, 학교, 은행, 병원, 공장, 지하철, 심지어 사람들이 다니는 거리 등과 같이 다양한 영역에서 각기 이루어지고 있다는 점이다.

① A사의 제조 공장에서 개개인의 성과로 계산하기 위해 산출되는 정보는,

윗글의 '중앙의 탑'에 있는 감시자가 '독방'을 향해 던지는 시선과 역할이 유사하다는 것을 ⓐ는 전제하고 있군.

② A사의 노동자들이 단순노동자로 전락하고 마는 것은, 제조 공장의 작업 방식이 윗글에서 죄수들에게 불가시성을 강요함으로써 감옥의 질서를 유지하는 방식과 유사하게 이루어졌기 때문으로 ⓐ는 보고 있군.

③ 다양한 영역에서 개인의 정보와 행위가 네트워크로 수집 활용되고 있는 것은, 윗글에서 말한 '일망 감시 시설'로 된 사회가 현대로 와서는 '다망 감시 시설'처럼 변화하고 있음을 의미한다고 ⓑ는 보고 있군.

④ 사람들이 인터넷에 글을 쓰는 활동에 스스로 조심하기도 하는 것은, 윗글에서 권력자가 더 큰 권력을 얻기 위해 특별한 의식을 행할 필요가 없게 만드는 것과 유사한 기능을 한다고 ⓑ는 보고 있군.

✓⑤ 개인의 정보 수집과 활용이 국가의 단위를 넘어서고 있다는 것은, 윗글에서 개인들이 모인 군중의 형태가 사라지고 개개인이 분리되는 양상으로 변모해 가는 사회의 모습과 닮아 있다고 ⓑ는 지적하고 있군.

지금까지 설명한 지문 구성 및 문항 설계 방법을 고려하여, 아래 초안에 나온 지문과 문항을 검토하고 수정해 보자. 특히 지문의 주제가 명확하고 내용이 쉽게 이해되는지, 지문의 핵심 내용 파악을 포함하여 독서의 다양한 역량을 평가할 수 있도록 문항이 설계되었는지, 문항 간의 간섭이나 충돌은 없는지, 선택지 진술은 정확한지 등을 고려하여 살펴보자. 제시된 수정안도 하나의 예시일 뿐이며, 더 좋은 수정안을 만들 수도 있다.

■ 문항 초안

[1~4] 다음 글을 읽고 물음에 답하시오.

　　시장에서 싱싱한 사과가 다 팔리면 다른 사람은 그 사과를 구입할 수 없다. 또 누군가가 사과를 맛있게 먹는 모습을 바라본다고 해서 그 아삭함을 느낄 수 없다. 반면 가로등은 누구도 독점할 수 없다. 또 여행을 가서 방문한 도시에 세금을 내지 않고도 가로등의 혜택을 받을 수 있다. 이런 차이는 사유재와 공공재의 성질이 달라 생긴다. 공공재는 사유재와 달리 한 개인의 소비가 다른 개인의 소비를 제한하지 않아 다수가 한 재화를 동일하게 소비할 수 있는 비경합성과 대가를 지불하지 않아도 소비할 수 있는 비배제성을 갖고 있다. 공공재는 국민의 기초적 삶을 보장하기에 적정량이 공급되어야 하는데, 이는 사유재와 동일하게 수요곡선과 공급곡선이 만나는 지점에서 결정된다. 가로축을 공급량, 세로축을 가격으로 하여 그래프를 만들 때, 공공재와 사유재 모두 가격이 높을수록 수요는 줄어들기에 수요곡선은 우하향하고, 가격이 높을수록 공급은 늘어나므로 공급곡선은 우상향한다. 따라서 두 곡선은 만나게 된다.

[A] 　　그런데, 공공재의 수요곡선을 산출하는 방식은 사유재의 것과 다르다. 특정 재화의 수요는 개인의 수요를 합친 것이다. 때문에, 수요곡선은 개인의 수요곡선을 합쳐 만든다. 이렇게 개인의 수요곡선을 합치는 과정이 공공재와 사유재는 다른 것이다. 먼저, 사유재는 경합성이 있어 한 개인이 특정 제품을 특정 가격에서 소비하면, 그 제품에 대한 다른 개인의 소비량은 줄어들기에 동일 가격에서 개인별 수요가 다르다. 따라서 가격에 따라 달라지는 개인별 수요를 나타낸 것이 개인 수요곡선이고, 이를 합친 것이 사유재의 수요곡선이다.

반면 공공재는 비경합성이 있어 모든 사람이 동일한 양을 공동으로 소비하지만, 그 제품에 대해 각 개인이 부여하는 가치가 달라 그만큼 지불 용의액이 달라진다. 따라서 특정 공급량에서 각 개인의 지불 용의액을 나타낸 것이 개인별 수요곡선이고, 이를 합친 것이 공공재의 수요곡선이다. 그리고 공공재의 공급곡선은 사유재와 동일하게 한계 비용 곡선이 된다. 이렇게 만든 수요곡선과 공급곡선이 만나는 지점이 공공재의 적정 공급량이 된다. 그런데 대가를 지불하지 않고 공공재를 소비하려는 '무임승차자'도 있다. 이들은 공공재 수요 조사에서 자신의 선호도와 달리 지불 용의액을 축소해 응답하게 되는데, 이로 인해 공공재가 적절하게 공급되지 못할 수도 있다.

이러한 무임승차 문제를 해결하고자 개인이 자신의 선호를 진실하게 밝히도록 하는 수요 표출 메커니즘이 만들어졌는데, 클라크 조세가 대표적이다. 만일 공공재에 대한 선호도에 따른 지불 용의액이 자신이 내야 할 세금의 액수에 영향을 미친다면 사람들은 공공재에 대한 자신의 선호도를 감출 수 있다. 따라서 지불 용의액이 자신의 세금액에 영향을 미치지 않도록 하여 개인이 자신의 선호도를 속일 필요가 없도록 하는 방식이다.

㉠ 교량의 예를 통해 하나의 공공재를 공급할 때의 클라크 조세의 원리를 살펴보자. 공공재 공급 비용을 구성원들이 똑같이 분담한 후 자신의 선호로 인해 남에게 피해를 주는 액수만큼 추가로 세금을 부과한다면 개인들은 진실된 선호를 표출하게 된다. 세 사람이 사는 마을에 600만 원이 드는 교량을 만들 때, 교량에 대한 지불 용의액이 A는 100만 원, B는 200만 원, C는 500만 원이라고 하자. 이때 A는 비용 분담액 200만 원보다 지불 용의액이 적어 순이익이 −100만 원이 되어 순손실을 입는다. B는 비용 분담액과 지불 용의액이 같아 순이익이 0원이다. C는 비용 분담액보다 지불 용의액이 커서 순이익이 300만 원이다. 이때 공공재에 대한 한 개인의 순이익이 다른 구성원들의 순이익의 합보다 작다면 그 개인은 공공재의 공급 결정을 바꿀 수 없다. 따라서 추가 세금을 내지 않는다. 다른 구성원들의 순이익의 합이 300만 원인 A와 다른 구성원들의 순이익의 합이 200만 원인 B가 해당한다. 반면 어떤 개인의 순이익이 다른 구성원들의 순이익의 합보다 크면, 그 개인은 특정 공공재의 공급을 결정하는 중추적 사람 이 된다. 다른 구성원들의 순이익의 합이 −100만 원인 C가 해당한다. 중추적 사람은, 만일 그가 없었더라면 공공재의 공급 결정이 바뀔 수도 있었기 때문에 그 공공재에 대한 선호가 낮은 사람들에게 순손실을 안긴 셈이고, 그만큼 추가 세금을 내게 된다. 즉, A와 B의 순손실액의 합인 100만 원이 C가 내야 할 추가 세금이다. 그런데, C가 무임승차를 노리고 자신의 지불 용의액을 속인다고 가정해 보자. 만일 C가 다른 구성원에게 입힌 순손실의 합보다 작은 액수로 자신의 순이익을 표명한다면, 전체 구성원의 지불 용의액이 공공재의 공급 비용보다 작아져서 그 공공재는 공급할 수 없게 된다. 또 C가 자신의 순이익을 낮추더라도, 다른 구성원에게 입힌 순손실의 합보다 큰 수준에서 표출하면 내

야 할 추가 세금에는 변화가 없다. 때문에 어떤 경우라도 C는 자신의 지불 용의액을 속일 필요가 없어지는 것이다.

이제 X와 Y라는 두 개의 공공재를 선택하는 상황을 보자. 이때는 두 개 중 하나를 선택하고, 그 재화에서 기대하는 순이익을 표출하게 하여, 순이익의 합이 큰 재화를 선택한다. 만일 X가 선택되면, 이를 선호한 개인이 내는 세금은 자신의 순이익과는 무관하다. 오히려 Y를 선호한 사람들이 기대한 순이익의 합, 달리 말해 X가 선택되어 입은 순손실의 합에서 X를 선호한 다른 개인들이 얻은 순이익의 합을 뺀 금액을 세금으로 낸다. 결국 X를 선호한 개인들은 추가 세금을 내고, Y를 선호한 개인들은 세금을 내지 않는다. 그런데 한 개인이 무임승차를 노리고, 자신이 내야 할 추가 세금보다 순이익을 작게 표출한다면 자신이 선호하는 공공재가 선택되지 못하기 때문에 순이익을 속일 필요가 없어진다.

이런 연유로 현재 클라크 조세 방식은 무임승차를 해결하기 위한 가장 진보된 이론으로 평가받고 있다.

▶ 전체적으로 지문의 분량, 추상성과 구체성, 적절한 복잡성 등 좋은 지문의 구성 요건에 맞는지 검토하여 수정해 보자. 1문단은 화제를 도입하는 문단으로써 분량이 적절한지와 학생들이 이해하기에 어려운 내용이 없는지를 생각해 보며, 내용을 좀 더 간결하게 작성해 보자. 2문단은 글 전체의 주제를 더 잘 드러낼 수 있는 방향으로 지문을 다시 구성해 보자. 3문단은 학생들이 개념을 정확히 이해할 수 있도록 내용이 진술되었는지를 검토하면서 새롭게 작성해 보자. 4문단은 학생들이 충분히 이해할 수 있도록 진술되었는지 검토하고 그 해결 방안을 찾아보자. 이처럼 지문을 다시 구성할 때는 문항도 수정할 수 있음을 염두에 두도록 한다.

1. 윗글에 대한 이해로 적절하지 <u>않은</u> 것은?

① 공공재와 사유재의 공급곡선은 한계 비용 곡선으로 만들어진다는 점에서 동일하다.

② 클라크 조세는 재화에 대한 자신의 선호를 진실하게 밝히도록 만든 수요 표출 메커니즘이다.

③ 경제학의 일반적 그래프에서는 가격이 높을수록 수요곡선과 공급곡선은 상하 반대 방향으로 이동한다.

✓ ④ 맛있는 사과를 먹는 누나를 바라보는 동생이 누나가 느끼는 아삭함을 느낄 수 없는 것은 경합성이 없기 때문이다.

⑤ 이웃이 가로등의 혜택을 받고 있어도 다른 이웃이 가로등의 불빛을 사용할 수 있는 데는 비경합성의 특징이 담겨 있다.

▶ 공공재와 사유재, 공급수요곡선에 대한 선택지가 다른 문항과 유사하다는 점에 유의하여 문항을 수정해 보자.

2. [A]를 바탕으로 〈보기〉를 이해한 것으로 가장 적절한 것은?

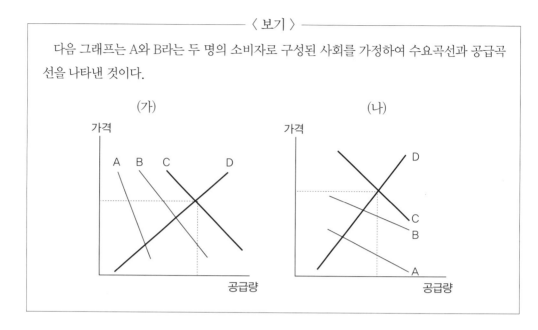

〈 보기 〉

　　다음 그래프는 A와 B라는 두 명의 소비자로 구성된 사회를 가정하여 수요곡선과 공급곡선을 나타낸 것이다.

　① (가)에서 A와 같은 지불 용의액을 표출한 개인이 소비를 하지 않는다면, 결국 C는 A와 같아진다.

　② (가)는 A 또는 B와 같은 지불 용의액을 표출한 개인들의 공동 소비가 가능한 재화에 대한 수요를 드러낸 것이다.

✓ ③ (나)에서 A와 같은 지불 용의액을 표출한 개인이 무임승차를 한다면, 결국 C는 B와 같아진다.

　④ (나)에서 B 또는 C와 같은 지불 용의액을 표출한 개인들의 비경합성으로 인해 D와 같은 수요곡선이 산출된다.

　⑤ (가)의 C는 특정 공급량을 기준으로 개인들의 수요를 합친 것이고, (나)의 C는 동일한 가격을 기준으로 개인들의 지불 용의액을 합친 것이다.

▶▶ 지문의 내용을 수정하면서 〈보기〉 내용의 적절성을 검토하고 선택지를 재작성해 보자.

3. ㉠에 대한 이해로 적절하지 <u>않은</u> 것은?

　① 교량이 건설되면 마을 주민 모두 미리 정해진 비용 분담액을 내야 한다.

　② 마을 주민들의 순이익의 합이 음수가 되면 교량은 공급되지 않는다.

③ A와 B는 교량 건설과 관련하여 추가 세금을 낼 필요가 없고, C만이 추가 세금을 내야 한다.

✓ ④ C가 자신의 지불 용의액을 속여 400만 원이라고 표출하면, C가 내는 추가 세금액은 100만 원 줄어들게 된다.

⑤ C가 자신의 지불 용의액을 속여 순이익을 50만 원이라고 표출한다면, 자신의 실제 순이익 300만 원을 잃게 된다.

▶▶ 4번 문항의 평가 내용과 선택지의 진술 방식이 유사하다는 점에 유의하여 문항을 수정해 보자.

4. '클라크 조세'가 〈보기〉에서 적용되는 방식에 대한 설명으로 적절하지 <u>않은</u> 것은?

―〈 보기 〉―

세 사람이 살고 있는 마을은 공공 도서관과 공공 병원 중 어떤 공공재를 건설할 것인가에 대해 주민들이 선호를 표출하도록 하였다. 이때 자신이 좋아하는 공공재가 선택될 때 기대되는 순이익을 표출하도록 하고, 순이익의 합이 더 큰 재화를 건설할 계획이다. 주민 A는 공공 도서관에 30만 원의 순이익, 주민 B는 공공 병원에 40만 원의 순이익, 주민 C는 공공 도서관에 20만 원의 순이익을 기대한다.

① 이 마을에서 하나의 공공재가 선택됨에 따라 마을 주민들의 순손실액은 40만 원이다.

② 주민 A는 주민 B의 순손실에서 주민 C의 순이익을 뺀 금액인 20만 원을 추가 세금으로 낸다.

③ 마을 주민들의 수요 표출에 따르면 공공 병원보다 순이익의 합이 더 큰 공공 도서관이 선택되어 이 마을에 건설될 것이다.

④ 주민 A가 자신의 선호도를 숨기고 기대하는 순이익을 10만 원으로 표출했다면 공공 병원이 선택되어 이 마을에 건설될 것이다.

✓ ⑤ 주민 B가 자신의 선호도를 숨기고 기대하는 순이익을 30만 원으로 표출하더라도, 그가 낼 세금은 자신의 선호도를 진실하게 표출했을 때와 동일하게 20만 원이다.

▶▶ 클라크 조세의 원리를 묻는 문항으로, 3번 문항과 유사하다는 점을 고려하여 문항을 다시 설계해 보자.

[1~4] 다음 글을 읽고 물음에 답하시오.

가로등처럼 한 사람이 독점할 수 없고 사회 구성원 모두가 혜택을 누릴 수 있는 재화와 서비스를 공공재라고 한다. 공공재는 주로 국민의 세금으로 공급될 뿐만 아니라 국민의 기초적 삶을 보장하기 때문에 적정량이 공급되어야 한다. 그렇다면 공공재의 적정량은 어떻게 정해질까?

다른 조건이 일정하다고 할 때, 일반적으로 공공재를 포함한 재화는 가격이 높을수록 수요량은 줄어드는 반면, 공급량은 늘어난다. 따라서 우하향하는 수요곡선과 우상향하는 공급곡선이 만나는 지점이 재화의 적정 공급량이 된다. 그런데 한 재화에 대한 시장의 수요는 각 개인의 수요를 합쳐 산출되기 때문에 개인의 수요곡선을 합쳐서 시장 수요곡선을 만든다. [그림]은 두 명의 소비자로 구성된 사회를 가정했을 때 하나의 공공재에 대한 수요−공급곡선이다.

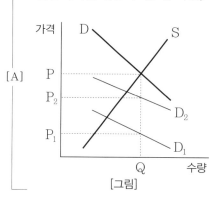

공공재는 한 개인의 소비가 타인의 소비를 제한하지 않아, 공급되는 즉시 모든 개인이 동일한 혜택을 받을 수 있다. 다만, 그 재화에 대해 각 개인이 부여하는 가치가 다르기 때문에 개인마다 지불 용의액*은 다를 수 있고, 이것이 개인의 수요에 해당한다. 따라서 [그림]처럼 특정 공급량 Q를 기준으로 할 때 두 소비자의 지불 용의액 P_1과 P_2를 합친 P가 해당 공공재에 대한 시장 전체의 수요가 되는 것이다. 즉 개인의 수요곡선인 D_1과 D_2를 수직으로 합친 것이 공공재의 수요곡선 D이고, D와 공급곡선 S가 만나는 지점에서 공공재의 적정 공급량이 결정된다.

[그림]

그런데 공공재에 대한 개인의 지불 용의액을 정확히 파악하기 어렵기 때문에 실제로 공공재에 대한 적정 공급량이 [그림]과 같이 결정되지 않는 경우도 있다. 이로 인해 공공재가 공급되지 못하는 경우도 일어날 수 있다. 이를 해결하기 위해 클라크 조세 방식이 제안되었다. 클라크 조세 방식은 공공재 공급 비용을 공평하게 나눈 세금인 '비용 분담금'에다 '추가 세금'을 합쳐 개인이 총 지불해야 할 세금을 책정하는 방식이다. 이는 공공재를 공급하기 이전에 지불 용의액, 순이익 등으로 표출되는 개인의 선호도를 파악하여 공급 여부를 결정하는 절차를 따른다. 단, 공공재에 대한 선호도를 진실하게 밝히게끔 유도해야 한다. 만약 자신의 선호도가 자신이 내야 할 세금의 크기를 결정한다면 사람들은 선호도를 속일 수 있으므로, 클라크 조세 방식은 개인이 표출한 지불 용의액이 그대로 개인이 지불해야 할 세금의 총 액수가 되지 않도록 하여 사람들이 선호도를 속일 필요가 없도록 한다.

하나의 공공재에 대한 공급 여부를 결정할 때 클라크 조세가 적용되는 방식을 ⊙ 교량 공급 결정의 사례를 통해 살펴보자. 세 사람이 사는 마을에 600만 원이 드는 교량을 만든다고 할 때, 교량에 대한 지불 용의액은 A는 500만 원, B는 200만 원, C는 100만 원이라고 하자. 전체 구성원들의 지불 용의액의 합이 공공재의 공급 비용과 같거나 그보다 커야 그 공공재가 공급되므로 이 마을에는 교량 건설이 가능하다. 공공재의 공급 비용은 구성원들에게 똑같이 분담하여 지불하게 하므로 세 사람의 비용 분담금은 각각 200만 원이다. 그런데 한 개인의 순이익이 다른 구성원들의 순이익의 합보다 크면 자신의 선호도로 인해 선호도가 낮은 다른 사람에게 상대적으로 손실을 안겨준 셈이므로 그 개인은 추가 세금을 지불하게 되고, 그렇지 않은 경우에는 추가 세금을 내지 않는다. 이때 개인의 순이익은 지불 용의액에서 비용 분담금을 뺀 금액으로 그 값이 음수(−)인 경우 순손실로 볼 수 있다. 따라서 A의 순이익은 300만 원, B의 순이익은 0원이 되고, C는 순이익이 −100만 원이므로 100만 원의 순손실을 얻게 된다. 결국 A의 순이익인 300만 원이 B와 C의 순이익 합인 −100만 원보다 크므로 A는 추가 세금을 지불해야 한다. B와 C는 각각 자신의 순이익이 다른 구성원들의 순이익의 합보다 작으므로 추가 세금 없이 200만 원을 지불하면 된다. 만약 A가 없었다면 지불 용의액의 합이 300만 원이므로 공급 비용인 600만 원보다 적어 교량은 건설되지 못한다. 즉 A가 없었다면 공공재의 공급 결정이 달라질 수도 있다는 의미이다. ⊙ 클라크 조세 방식에서는 이와 같이 공공재의 공급 결정 여부에 절대적인 영향을 끼치는 사람들을 '중추적 사람'이라고 한다. 이 경우 중추적 사람이 지불해야 할 추가 세금은 다른 구성원들의 순손실의 합에 해당하므로 C의 순손실 100만 원이 A가 내야 할 추가 세금이다. 결국 A는 비용 분담금 200만 원에 추가 세금을 더한 300만 원을 세금으로 내게 된다.

그런데 교량에 대한 선호도를 조사할 때 어떤 개인이 자신의 지불 용의액을 속인다고 가정해 보자. 만약 A가 지불 용의액을 낮게 표출하면 교량이 건설되지 않을 수도 있으므로 A는 교량이 건설되었을 때 얻을 수 있는 순이익을 얻지 못하게 된다. 또한 교량 건설 가능성을 높이기 위해 지불 용의액을 높게 표출하더라도 자신이 내야 할 추가 세금에는 변화가 없다. 따라서 A는 자신의 지불 용의액을 속일 필요가 없어지는 것이다.

*지불 용의액: 소비자가 재화에 대해 지불할 용의가 있는 최고 금액.

1문단 화제를 제시하는 도입 문단임을 고려하여 내용을 간략하게 재진술하였다. 먼저 공공재에 초점을 맞추기 위해 사유재에 해당하는 설명과 사례를 삭제하였다. 또한 문항 작성에 크게 영향을 미치지 않고, 학생들이 이해하기 어렵다고 판단한 비경합성과 비배제성에 대한 내용을 삭제하였다. 아울러 공공재의 개념을 추가하고, 수요공급 곡선에 관한 내용은 다음 문단으로 이동하였다.

2문단 공공재에 초점을 맞추기 위해 사유재에 대한 설명은 삭제하고, 이 내용은 1번 문항으로 옮겨서 재진술하였다. 그리고 정확한 내용 진술을 위해 초안의 2번 문항에 있던 공공재 곡선 그래프를 수정하여 지문으로 옮겨 진술하였다.

3문단 클라크 조세에 대해 정확하게 설명하기 위해 관련 개념과 원리, 의의를 중심으로 내용을 추가하여 재진술하였다.

4문단 3문단의 진술 내용과 논리적으로 연결되도록 전체 내용을 재진술하였다. 특히 순이익과 순손실의 관계를 정확하게 표현하였다.

5문단, 6문단 지문의 분량을 줄이기 위해 5문단의 내용은 삭제하고, 삭제한 내용을 3번 문항의 〈보기〉로 옮겨 재진술하였다. 그리고 6문단은 문항과 관련이 없어 삭제하였다.

---

1. [A]와 〈보기〉에 대한 이해로 적절하지 <u>않은</u> 것은?

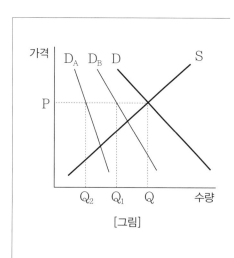

〈 보기 〉

사유재는 한 개인의 소비가 타인의 소비를 제한하기 때문에 특정 가격에서 개인별 수요량이 달라질 수 있다. [그림]처럼 가격 P를 기준으로 할 때 각 개인의 수요량인 Q_1과 Q_2를 합친 Q가 시장 전체의 수요가 된다. 즉, 개인 수요곡선인 D_A와 D_B를 수평으로 합친 D가 사유재의 수요곡선이다.

* 단, 두 명의 소비자로 구성된 사회를 가정했으며, 가격 이외의 다른 조건은 일정함.

① 〈보기〉의 수요자들과 달리, [A]의 D_1의 수요자와 D_2의 수요자는 Q라고 하는 공급량에 대해 동일한 혜택을 받을 수 있다.

✓ ② [A]의 수요자들과 달리, 〈보기〉의 D_A의 수요자와 D_B의 수요자는 각각 P라는 가격에서 Q라고 하는 공급량을 소비할 수 있다.

③ [A]와 〈보기〉 모두 수요곡선인 D와 공급곡선인 S가 만나는 지점의 수량이 각 재화의 적정 공급량이다.

④ [A]와 〈보기〉에서 소비자의 수요곡선이 하나씩 추가된다면 [A]의 D는 위쪽으로, 〈보기〉의 D는 오른쪽으로 이동할 것이다.

⑤ [A]의 D_1과 D_2는 특정 공급량에서 그 재화에 대해 개인이 부여하는 가치가 다름을, 〈보기〉의 D_A와 D_B는 특정 가격에서 그 재화에 대한 개인별 수요량이 다름을 나타낸다.

앞서 수정된 지문의 초점을 공공재에 맞추었으므로 〈보기〉에서는 사유재에 대한 내용만 담아 1번 문항으로 배치하였다. 이때, 지문과 마찬가지로 〈보기〉의 그래프를 학생들이 이해하기 쉽도록 수정하였다. 그리고 수정한 지문 및 〈보기〉에서 확인 가능한 내용으로 선택지를 바꾸어 진술하였다.

2. ㉠에 대한 이해로 가장 적절한 것은?

① B와 C는 지불 용의액을 진실하게 표출하고 A는 자신의 지불 용의액을 속여 400만 원이라고 표출할 경우, A가 내야 할 추가 세금은 줄어든다.

② A와 C는 지불 용의액을 진실하게 표출하고 B는 자신의 지불 용의액을 속여 100만 원이라고 표출할 경우, B가 내야 할 추가 세금은 늘어난다.

③ A와 B는 지불 용의액을 진실하게 표출하고 C는 자신의 지불 용의액을 속여 0원이라고 표출할 경우, C가 내야 할 추가 세금은 줄어든다.

✓ ④ B와 C는 지불 용의액을 진실하게 표출하고 A가 자신의 지불 용의액을 속여 100만 원이라고 표출한다면, A는 본래 얻을 수 있었던 300만 원의 순이익을 얻을 기회를 잃게 된다.

⑤ A와 C는 지불 용의액을 진실하게 표출하고 B가 자신의 지불 용의액을 속여 100만 원이라고 표출한다면, B는 본래 얻을 수 있었던 200만 원의 순이익을 얻을 기회를 잃게 된다.

문항 초안의 3번과 4번에 진술된 선택지의 내용을 합쳐서 '클라크 조세'의 원리를 이해했는지를 평가하는 문항으로 재설계하고, 2번 문항으로 배치하였다. 이를 통해 문항 간의 간섭을 없앴다.

3. 〈보기〉는 윗글과 관련된 추가 자료이다. ㉡을 〈보기〉에 적용한 내용으로 가장 적절한 것은?

─── 〈 보기 〉 ───

[두 개의 공공재 중 하나만 공급해야 할 때 클라크 조세 활용 방안]

구성원들이 두 개의 공공재 X, Y 중 자신이 원하는 하나의 공공재를 선택한 후, 그 공공재에 대한 선호도를 표출하여 각 개인의 순이익을 산출한다. 그 결과 순이익의 합이 큰 공공재가 공급된다. 이때 어떤 공공재를 선호했는지에 상관없이 모든 구성원이 동일한 분담금을 지불하게 되며, 중추적 사람만 추가로 세금을 낸다.

[사례]

세 사람이 살고 있는 마을에서 공공 도서관과 공공 병원 중 하나를 건설하기로 했다. 이때 각 개인의 선택과 선호도를 바탕으로 순이익을 산출한 결과, '갑'은 공공 도서관에 30만

원, '을'은 공공 병원에 40만 원, '병'은 공공 도서관에 20만 원의 순이익을 기대하는 것으로 나타났다.

① '갑'이 없더라도 공공 도서관이 공급되었을 것이므로, '갑'은 공공 도서관 설립에 따른 추가 세금을 지불할 것이다.

② '을'이 없었다면 공공 병원이 공급되지 않았을 것이므로, '을'은 중추적 사람이다.

③ '병'이 없었다면 공공 병원이 공급되지 않았을 것이므로, '병'은 공공 도서관 설립에 따른 추가 세금을 지불할 것이다.

✓ ④ '갑'과 '병' 중 한 사람이라도 없었다면 공공 도서관이 공급되지 않았을 것이므로, 둘 다 중추적 사람이다.

⑤ '을'과 '병' 중 한 사람이라도 없었다면 공공재에 대한 비용 분담금은 달라지므로, 둘 다 중추적 사람이다.

지문의 분량이 다소 길고 지문의 핵심 내용인 '중추적 사람'에 대한 문항이 없었던 점을 고려하여, 지문 초안 5문단의 내용을 〈보기〉에 사례 형태로 재진술하여 '중추적 사람'에 대해 이해했는지를 묻는 문항으로 재설계하였다.

4. '클라크 조세 방식'에 대한 설명으로 적절하지 <u>않은</u> 것은?

① 공공재의 적정 공급량을 정확히 파악하기 위해 제안되었다.

② 공공재에 대한 개인의 선호도를 진실하게 밝히게 하려고 만든 것이다.

③ 한 개인의 소비가 다른 사람의 소비를 제한하지 않는 재화를 대상으로 한다.

✓ ④ 공공재에 대한 비용 분담금은 개인들이 표출한 선호도에 따라 다르게 책정된다.

⑤ 공공재에 대한 비용 분담금에 추가 세금을 합쳐 개인이 내야 할 세금의 액수가 책정된다.

문항 초안의 1번 문항을 '클라크 조세'에 대한 세부적 내용을 파악하는 문항으로 바꾸고, 4번 문항으로 배치하였다.

4

문법 과목의
평가 문항 개발

문법 과목의 문항 개발은 평가 요소 선정, 지문 및 〈보기〉 구성, 문항 구성 단계를 거쳐 이루어진다. 평가 요소를 선정하는 단계에서는 문항을 통해 측정하고자 하는 내용 요소 및 성취기준을 정한다. 이때 출제하고자 하는 문항 수를 고려하여 교육과정의 내용 요소나 성취기준을 고루 분배하는 것이 중요하다. 특히 국어의 여러 단위인 '음운, 단어, 문장, 담화'가 균형 있게 활용되는 것이 바람직하다. 지문 및 〈보기〉 구성 단계에서는 선정된 평가 요소에 따라 평가 자료를 수집한다. 이 자료는 문항 풀이의 기준이 되는 지문이나 〈보기〉를 구성하는 데 활용된다. 자료 수집은 교과서를 중심으로 하는 것이 기본이나, 실제적인 담화 자료 및 매체 자료를 활용하는 것도 가능하다. 수집한 자료는 문항 설계에 용이하도록 재구성하여 지문이나 〈보기〉 자체만으로도 완결성을 갖도록 윤문한다. 마지막으로 문항 구성 단계는 수집된 평가 자료를 바탕으로 문항을 설계하고 실제 문항을 작성하는 단계로, 앞서 구성한 지문 또는 〈보기〉를 활용하여 정답지 및 오답지를 만들고 정교화한다.

01 문법 과목의 평가 요소 선정

문법 과목의 평가 요소를 선정할 때는 교육과정의 내용 요소 및 성취기준뿐만 아니라 문법 과목의 하위 영역인 '언어와 인간, 음운, 단어, 문장, 담화, 국어 자료의 다양성, 국어생활'도 함께 고려해야 한다. 그리고 2015 개정 국어과 교육과정에서 추구하는 역량인 비판적·창의적 사고 역량, 자료·정보 활용 역량, 의사소통 역량, 공동체·대인 관계 역량, 문화 향유 역량, 자기 성찰·계발 역량이 문항에 고루 반영될 수 있도록 하는 것이 바람직하다. 문법 과목의 주요 내용 요소에는 '음운의 체계와 변동, 품사와 단어의 특성, 단어의 짜임과 새말 형성, 의미 관계와 어휘 사용, 문장의 짜임과 활용, 문법 요소의 효과와 활용, 담화의 특성과 국어생활, 시대·사회에 따른 국어 자료, 매체·갈래에 따른 국어 자료, 국어의 규범과 국어생활' 등이 있다.

문법 과목의 경우 국어 교과의 다른 과목에 비해 평가에 있어 내용 요소 및 성취기준의 선정과 조합이 다소 단순한 편이다. 세트 문항보다는 단독 문항으로 제시될 때가 많고, 두 가지 이상의 성취기준을 통합하여 출제하는 경우가 드물기 때문이다. 현행 대학수학능력시험에서는 '음운, 단어, 문장, 국어 자료의 다양성, 국어생활'의 영역이 주로 평가 요소로 선정되기 때문에 다른 시험의 문항을 개발할 때에도 대체로 이를 따르는 추세이다.

내용 요소 및 성취기준을 선정할 때는 문제 발견하기, 맥락 이해·활용하기, 자료 수집·분석하기, 자료 활용하기, 지식 구성하기, 지식 적용하기, 내용 구성하기, 표현·전달하기, 비평하기, 성찰하기, 소통하기, 점검·조정하기와 같은 기능적인 측면도 고루 분배하는 것이 좋다. 이전까지의 교육과정에서는 국어 지식을 이해하고 국어 자료를 탐구하는 능력을 강조하였다면, 2015 개정 교육과정에서는 다양한 자료를 통해 언어 운용 원리로서의 문법을 기능적 차원에서 탐구하고 이를 언어생활 개선에 활용하는 역량을 함양하는 것을 강조하고 있다.

이제 구체적인 평가 요소 선정 방법을 확인해 보자. 다음은 2015 개정 국어과 교육과정 중 고등학교 선택 과목 〈언어와 매체〉의 성취기준에서 '언어'

TIP
독서 과목에서 어휘의 사전적 의미나 문맥적 의미 등을 묻는 문법 문항이 출제되기도 한다.

주의점
'언어와 인간'이나 '담화'의 경우 내용적 측면에서 문제화할 만한 요소가 많지 않고, 〈보기〉에 들어가는 짧은 자료를 제시하는 것만으로 정답을 확정하기 어려운 측면이 있어 대학수학능력시험의 출제에서 배제되고 있는 분위기이다.
'담화'는 화법 과목과의 구분이 모호할 수 있어 출제 빈도가 높지 않으나, 정답 확정이 가능하다면 균형성 측면에서 출제할 필요가 있다.

에 해당하는 부분을 발췌한 것이다.

(1) 언어와 매체의 본질
[12언매01-01] 인간의 삶과 관련하여 언어의 특성을 이해한다.
[12언매01-02] 국어의 특성과 세계 속에서의 국어의 위상을 이해한다.
[12언매01-03] 의사소통의 매개체로서 매체의 유형과 특성을 이해한다.
[12언매01-04] 현대 사회의 소통 현상과 관련하여 매체 언어의 특성을 이해한다.

(2) 국어의 탐구와 활용
[12언매02-01] 실제 국어생활을 바탕으로 음운의 체계와 변동에 대해 탐구한다.
[12언매02-02] 실제 국어생활을 바탕으로 품사에 따른 개별 단어의 특성을 탐구한다.
[12언매02-03] 단어의 짜임과 새말의 형성 과정을 탐구하고 이를 국어생활에 활용한다.
[12언매02-04] 단어의 의미 관계를 탐구하고 적절한 어휘 사용에 활용한다.
[12언매02-05] 문장의 짜임에 대해 탐구하고 정확하면서도 상황에 맞는 문장을 사용한다.
[12언매02-06] 문법 요소들의 개념과 표현 효과를 탐구하고 실제 국어생활에 활용한다.
[12언매02-07] 담화의 개념과 특성을 탐구하고 적절하고 효과적인 국어생활을 한다.
[12언매02-08] 시대 변화에 따른 국어 자료의 차이에 대해 살피고 각각의 자료에 나타나는 언어적 특성을 이해한다.
[12언매02-09] 다양한 사회에서의 국어 자료의 차이를 이해하고 상황에 맞게 국어 자료를 생산한다.
[12언매02-10] 다양한 갈래에 따른 국어 자료의 특성을 이해하고 적절하게 국어 자료를 생산한다.
[12언매02-11] 다양한 국어 자료를 통해 국어 규범을 이해하고 정확성, 적절성, 창의성을 갖춘 국어생활을 한다.

(3) 언어와 매체에 관한 태도
[12언매04-01] 자신의 국어생활에 대해 성찰하고 문제점을 개선하려는 태도를 지닌다.
[12언매04-02] 자신의 매체 언어생활에 대해 성찰하고 문제점을 개선하려는 태도를 지닌다.
[12언매04-03] 현대 사회에서 언어와 매체 언어의 가치를 이해하고 언어문화와 매체 문화의 발전에 참여하는 태도를 지닌다.

이 교육과정을 토대로 중세·현대 국어 복합 세트 2문항과 단독 3문항으로 총 5문항을 설계할 경우, 대학수학능력시험에서는 [12언매02-01]의 '음운', [12언매02-02]와 [12언매02-03]의 '단어', [12언매02-05]와 [12언매02-06]의 '문장', [12언매02-08]의 '국어 자료의 다양성'을 평가 요소로 선정하여 성취기준을 조합하는 것이 일반적이다. 다만 중세·현대 국어 복합 세트의 영역을 '음운', '단어', '문장' 중에서 어떤 것으로 설계할지에 따라 성취기준의 조합이 달라질 수 있다. 예를 들어 세트 문항 중 하나를 '단어'에서 출제한다면 현대 국어 단독 문항은 '단어'에서 출제하지 않고, [12언매02-11]의 '국어생활'을 선정하여 국어 어문 규범을 묻거나 사전 읽기 문항을 출제하는 것이 균형성 측면에서 바람직하다. 또는 세트 문항을 현대 국어 2문항으로 구성할 수도 있다. 가령 '음운'과 '단어'로 복합 세트를 구성한다면, 단독 문항의 평가 요소를 각각 '문장', '국어 자료의 다양성', '국어생활'로 선정하여 평가 요소가 중복되지 않게 문항을 설계할 수 있다. 물론 '국어생활' 대신에 [12언매02-07]의 '담화'를 출제할 수도 있다.

  내용 요소 및 성취기준의 선정과 조합이 완료되면 각 문항으로 측정하고자 하는 기능을 배분해야 한다. 기능을 배분할 때는 가능한 한 사고의 흐름에 맞추도록 한다. 즉, 전반부에 나오는 문항은 '문제 발견하기, 맥락 이해·활용하기, 자료 수집·분석하기, 자료 활용하기, 지식 구성하기, 지식 적용하기, 내용 구성하기' 위주로, 후반부에 나오는 문항은 '표현·전달하기, 비평하기, 성찰하기, 소통하기, 점검·조정하기' 위주로 기능을 배분하는 것이 좋다. 문항에 따라 두 가지 이상의 기능을 동시에 측정하도록 설계할 수도 있다.

02 지문 및 〈보기〉 구성의 과정과 방법

문법 과목의 문항은 제시 방식에 따라 크게 지문을 활용한 세트 문항과 〈보기〉를 활용한 단독 문항으로 구분된다. 먼저, 지문을 활용한 세트 문항은 독서 과목의 세트 문항 구성과 유사하다. 지문을 활용하면 중세 국어 문법 영역에서 옛말이나 중세 국어 지식을 요구하는 개념어를 문항에 그대로 노출하는 것에 대한 부담을 덜 수 있다. 그렇기에 최근 대학수학능력시험의 중세·현대 국어 복합 세트에서 지문을 많이 활용하는 추세이다. 〈보기〉를 활용한 단독 문항은 주로 현대 국어 문법 문항으로 출제된다. 이때 〈보기〉는 주로 국어의 구조와 기능을 분석적으로 이해하고 국어를 통합적으로 구사할 수 있는 문법적 사고력을 평가하는 보조 장치로 활용된다. 지문 및 〈보기〉를 구성하기 위해서는 타당한 자료를 수집한 후, 평가 요소에 맞추어 자료를 선별 및 윤문하는 과정을 거쳐야 한다.

1) 평가 자료 수집

평가 자료 수집이란 내용 요소 및 성취기준을 토대로 타당한 제재를 선정하고 자료를 수집하는 과정을 말한다. 타당한 제재란 문항을 구현했을 때 선택지의 정합성을 뒷받침해 줄 수 있는 구체적인 근거가 드러나 있는 자료를 말한다. 문법 과목의 경우 특정 자료가 검인정 교과서에 실려 있다고 하더라도 출판사에 따라 다르게 기술되어 있는 경우도 많고, 학자마다 의견이 달라 논란이 되는 내용도 있다. 그렇기 때문에 타당성을 따지지 않고 자료를 사용하면 무답이나 복답 시비가 생길 가능성이 많다. 따라서 다른 과목에 비해 타당성이 있는 평가 자료를 수집하는 것이 중요하다.

다음 예시를 통해 평가 자료의 타당성을 판단하는 것이 왜 중요한지 확인해 보자. 이 예시에서는 [12언매02-01]의 '음운'을 중심으로 자료 수집·분석하기 기능을 평가하기 위해 '음절의 끝소리 규칙'에 대한 평가 자료를 수집하였다.

[자료 1]

음절의 끝소리 규칙	• 음절의 끝소리가 'ㄱ, ㄴ, ㄷ, ㄹ, ㅁ, ㅂ, ㅇ' 중 하나로 변하여 발음되는 현상 ※ 중화(中和)라고도 함. 예 낟, 낫, 낮, 낯, 낱→[낟] • 겹받침의 발음도 이 원칙을 따른다. 예 값→[갑], 흙→[흑]

[자료 2]

우리말은 음절 말에서 'ㄱ, ㄴ, ㄷ, ㄹ, ㅁ, ㅂ, ㅇ'의 7개 자음만 발음될 수 있다. 따라서 음절 말에 이 외의 자음이 올 때는 이 7개 자음 중 하나로 바뀌어서 발음된다. 이를 음절의 끝소리 규칙이라고 하며, 다음과 같이 정리할 수 있다.

> • 부엌[부억], 밖[박]　• 빗[빋], 빚[빋], 밭[받], 히읗[히은]　• 잎[입]

한편 음절 말의 두 자음 중 하나가 탈락하고 하나만 소리 나는 현상을 자음군 단순화라고 한다. 두 자음 중 하나가 탈락할 때, 앞엣것이 탈락하기도 하고 뒤엣것이 탈락하기도 한다.

> • 흙[흑], 맑다[막따], 삶[삼:]　• 몫[목], 값[갑], 앉고[안꼬]

[자료 1]과 [자료 2]는 공통적으로 '음절의 끝소리 규칙'을 다루고 있으나 상이한 관점을 취하고 있다. 겹받침의 발음에 대해 [자료 1]에서는 '값', '흙'이 각각 [갑], [흑]으로 발음되는 현상을 '음절의 끝소리 규칙'(교체)으로 설명한다. 반면, [자료 2]에서는 이를 '음절의 끝소리 규칙'이 아닌 '자음군 단순화'(탈락)로 설명하고 있다. 동일한 현상에 대해 다른 음운 변동 규칙으로 설명하고 있는 것이다. 만약 [자료 1]을 기준으로 '음절의 끝소리 규칙'에 대한

문항을 출제한다면, [자료 2]를 근거로 한 복답이나 무답 주장이 제기될 수 있다. 그러므로 문법 과목에서 평가 자료를 선정할 때는 교과서마다 다르게 기술되어 있는 내용은 아닌지, 학자마다 이견이 있는 내용은 아닌지 등 평가 자료의 타당성을 판단해야 한다.

2) 지문 및 〈보기〉 구성

문법 과목에서는 교과서마다 기술이 다르고, 학자 간에 이견이 있는 경우가 허다하다. 학교 문법과 학문 문법의 차이도 있고, 학교 문법 내에서도 합의를 이루지 못한 내용도 많다. 이러한 내용을 평가 요소에서 모두 배제하면 문법 과목에서 출제할 수 있는 내용이 매우 제한된다.

이러한 문제는 어떻게 해결할 수 있을까? 그 해결 방안 중 하나가 지문이나 〈보기〉를 활용하는 것이다. 먼저, 지문이나 〈보기〉가 없는 문법 문항을 살펴보자.

---

1. '음절의 끝소리 규칙'이 일어나는 예로 적절하지 <u>않은</u> 것은?

    ① 낮[낟]   ② 값[갑]   ③ 흙[흑]   ④ 입[입]   ⑤ 밭[받]

TIP
1번과 같은 문항을 소위 '돌직구 문항'이라고 하는데, 학교 내신 시험에서는 성취 기준에 따라 이러한 문항을 출제하기도 한다.

위의 문항에서 [자료 1]의 관점을 취한다면 정답은 ④번이 된다. [자료 1]에서는 음절 말에 'ㄱ, ㄴ, ㄷ, ㄹ, ㅁ, ㅂ, ㅇ' 외의 자음이 올 때 이 7개 자음 중 하나로 바뀌어서 발음되는 음운 변동 현상을 음절의 끝소리 규칙이라 정의했기 때문이다. 하지만 [자료 2]의 관점을 취한다면 ②번, ③번, ④번이 모두 정답이 될 수 있다. [자료 2]에 따르면 ②번과 ③번은 음절의 끝소리 규칙이 아닌, 음절 말의 두 자음 중 하나가 탈락하고 하나만 소리 나는 현상인 자음군 단순화가 적용되었다고 볼 수 있기 때문이다. 복답 시비를 막기 위해 다음과 같이 〈보기〉를 추가하고 발문을 한정하는 방향으로 문항을 수정할 수 있다.

1. 〈보기〉의 설명을 근거로 할 때, '음절의 끝소리 규칙'이 일어나는 예로 적절하지 <u>않은</u> 것은?

> ─────── 〈 보기 〉 ───────
>
> 우리말은 음절 말에서 'ㄱ, ㄴ, ㄷ, ㄹ, ㅁ, ㅂ, ㅇ'의 7개 자음만 발음될
> 수 있다. 따라서 음절 말에 이 외의 홑자음이나 쌍자음이 올 때는 이 7개
> 자음 중 하나로 바뀌어서 발음된다. 이를 '음절의 끝소리 규칙'이라고 한
> 다. 한편 음절 말의 겹자음 중 하나가 탈락하고 하나만 소리 나는 현상을
> '자음군 단순화'라고 한다. 두 자음 중 하나가 탈락할 때, 앞엣것이 탈락하
> 기도 하고 뒤엣것이 탈락하기도 한다.

① 낮[낟]　　② 값[갑]　　③ 흙[흑]　　✓④ 입[입]　　⑤ 밭[받]

─────────────────────────────

이와 같이 〈보기〉를 추가하여 문항을 수정하면 정답을 ④번으로 확정할 수 있다. 이처럼 문법 과목의 문항을 설계할 때 지문 및 〈보기〉 구성은 문항의 정합성을 높여 주는 중요한 역할을 한다. 그렇다면 지문이나 〈보기〉는 어떻게 구성할 수 있을까?

문법 과목의 지문은 대개 독서 과목 지문의 설명문과 유사한 형식으로 구성된다. 그러나 대학수학능력시험의 경우 독서 과목에서는 네 문항 내외를 출제하기 위해 지문을 2,000자 내외로 구성하지만, 문법 과목에서는 하나의 지문으로 두 문항 이상 출제하지 않기 때문에 1,200자 내외로 구성하는 것이 일반적이다. 한편, 지문보다 분량이 적은 〈보기〉는 대체로 500자 내외로 구성된다.

간혹 지문이 대화 형식으로 구성되기도 하는데, 이러한 경우 복합 구성으로 제시되는 경우가 많다. 즉, 대화 형식만으로 구성하기보다는 '〈자료〉'와 같은 기호를 활용하여 문법 지식에 관한 내용을 드러내는 설명문을 추가하는 것이다. 다음은 복합 구성으로 제시된 지문으로, '대화-자료-대화'로 내용을 전개한 예이다.

TIP

지문이나 〈보기〉를 구성할 때 참고하는 자료는 학계에서 인정받는 전공 도서나 교과서를 활용하는 것이 타당성을 확보하기에 좋다. 다만 앞서 언급했듯 한 가지 자료만 보고 문항을 설계하면 오류가 발생할 수 있으므로 반드시 다양한 자료를 수집하여 내용을 비교해 보아야 한다.

〈대화 1〉

A : '(길이) 좁다'와 '(이웃을) 돕다'는 어간의 끝이 'ㅂ'으로 같잖아? 그런데 '좁다'는 '좁고', '좁아'로 활용하고 '돕다'는 '돕고', '도와'로 활용하여, 모음으로 시작하는 어미 앞에서의 활용형이 달라.

B : 그러고 보니 '(신을) 벗다'와 '(노를) 젓다'도 어간의 끝이 'ㅅ'으로 같은데, '벗다'는 '벗어'로 활용하고 '젓다'는 '저어'로 활용해서, 모음으로 시작하는 어미 앞에서의 활용형이 달라.

A : 그렇구나. 어간의 끝이 같은데도 왜 이렇게 다르게 활용하는 걸까? 우리 한번 같이 자료를 찾아보고 답을 알아볼래?

〈자료〉

현대 국어 '좁다'와 '돕다'의 15세기 중엽의 국어에서의 활용형을 보면, '좁다'는 '좁고', '조바'처럼 자음과 모음으로 시작하는 어미 앞 모두에서 어간이 '좁-'으로 나타난다. 그러나 '돕다'는 자음으로 시작하는 어미 앞에서는 '돕고'처럼 어간이 '돕-'으로, 모음으로 시작하는 어미 앞에서는 '도바'처럼 어간이 '돌-'으로 나타난다. (중략)

다음으로 'ㅿ'은 16세기 중엽에 '아ᅀ〉아ᅌ', '저서〉저어'에서와 같이 사라졌으며, 음절 끝에서는 이전과 다름없이 'ㅅ'으로 나타났다. 이런 변화를 겪은 말 중에 '셔울', '도오시니', '아ᅌ'는 18~19세기를 거쳐 '서울', '도우시니', '아우'로 바뀌어 오늘날에 이르렀다.

〈대화 2〉

A : 자료를 보니 'ㅸ', 'ㅿ'이 사라지면서 '도바'가 '도와'로, '저서'가 '저어'로 활용형이 바뀌었네.

B : 그럼 '(고기를) 굽다'가 '구워'로 활용하고, '(밥을) 짓다'가 '지어'로 활용하는 것도 같은 거겠네!

A : 맞아. 그래서 현대 국어에서는 '굽다'하고 '짓다'가 불규칙 활용을 하게 된 거야.

2017학년도 대학수학능력시험 6월 모의평가 11~12번

03 자주 활용되는 문항 유형

최근 문법 교육은 '살아 있는 문법', 즉 문법의 본질을 이해하고 탐구하며 실제 의사소통에서 활용할 수 있는 문법적 사고력을 강조하고 있다. 문법 과목의 문항 개발에도 이러한 패러다임 변화가 반영되어 지식이 아닌 사고력을 측정하기 위한 문항이 주로 출제되고 있다. 사고력을 측정하기 위해서는 지식을 도출하는 과정에 대한 비판 및 추리 능력, 새로운 상황에 대처하는 능력 등을 평가하는 문항이 설계되어야 한다. 문법 문항 유형의 대표적인 예로는 자료의 탐구 유형, 탐구 과정의 추론 유형, 적용 및 응용 유형이 있다.

1) 자료의 탐구

자료의 탐구 유형은 예시 자료를 제시한 다음, 문법 지식을 그 자료에 적용하여 도출한 결론이 적절한지를 묻는 유형이다. 문법 문항에서 활용되는 대표적인 유형으로, 선택지에 문법 지식을 그대로 드러낼 수 있기 때문에 출제자 입장에서 문항을 개발하기 쉬운 유형에 해당한다.

2020학년도 대학수학능력시험

13. 〈보기〉의 [A]에 들어갈 말로 적절한 것은?

┌─────────── 〈 보기 〉 ───────────┐

선생님 : 음절은 발음할 수 있는 최소의 언어 단위인데, 음절의 유형은 크게 분류하면 '① 모음, ② 자음+모음, ③ 모음+자음, ④ 자음+모음+자음'이 있어요. 예를 들면 '꽃[꼳]'은 ④, '잎[입]'은 ③에 속하지요. 그런데 복합어 '꽃잎'은 음운 변동이 일어나 [꼰닙]으로 발음돼요. 이때 [닙]은 ④에 해당되며 음운의 첨가로 음절 유형이 바뀐 것이지요.

이제 아래 단어들을 탐구해 봅시다.

┌──────────────────────────────┐
│ 밥상(밥+상), 집일(집+일), 의복함(의복+함), │
│ 국물(국+물), 화살(활+살) │
└──────────────────────────────┘

학생 :	[A]
선생님 :	네, 맞아요.

① '밥상[밥쌍]'에서의 [쌍]은 첨가의 결과이고, 음절 유형이 단일어인 '상[상]'과 달라졌어요.

② '집일[짐닐]'에서의 [닐]은 교체의 결과이고, 음절 유형이 단일어인 '일[일]'과 달라졌어요.

③ '의복함[의보캄]'에서의 [캄]은 축약의 결과이고, 음절 유형이 단일어인 '함[함]'과 달라졌어요.

✓④ '국물[궁물]'에서의 [궁]은 교체의 결과이고, 음절 유형이 단일어인 '국[국]'과 같아요.

⑤ '화살[화살]'에서의 [화]는 탈락의 결과이고, 음절 유형이 단일어인 '활[활]'과 같아요.

제시된 사례는 [12언매02-01]의 '음운 변동', [12언매02-03]의 '단어의 짜임'과 관련된 성취기준을 중심으로 하여 출제된 문항으로, 선생님이 제시한 자료를 탐구하여 음운 변동과 음절 유형에 대한 결론을 바르게 도출한 선택지를 고르도록 설계되었다. 이 문항의 평가 요소는 '음운 변동'과 '단어의 짜임'으로, 교체, 탈락, 축약, 첨가, 복합어와 단일어에 대한 문법 지식을 예시 자료에 적용할 수 있는지 평가하는 것이 목적이다. 자료의 탐구 유형에서는 위 문항에서처럼 탐구 자료 다섯 개를 제시하고 선택지에서 각각의 자료를 하나씩 풀이하는 방식으로 선택지를 구성하는 것이 일반적인데, 탐구 자료를 다섯 개 미만으로 제시하고 하나의 선택지에서 예시 자료 여러 개를 묶어 풀이하는 방식으로 구성하기도 한다.

2) 탐구 과정의 추론

탐구 과정의 추론 유형은 문법 지식을 탐구하는 과정을 주고, 그 과정 중 한 부분을 빈칸으로 두어 빈칸에 들어갈 말을 추론하도록 하는 유형이다. 문법 탐구 학습은 대개 '탐구 목표 설정-가설 설정-자료 분석-탐구 결과 도출-일반화'의 과정을 거치는데, 주로 '가설 설정'이나 '탐구 결과 도출' 부분을 비워 두고 이를 추론하게 하는 문항을 출제하는 경우가 많다.

15. (가)에 들어갈 내용으로 적절하지 <u>않은</u> 것은?

탐구 목표	실제 담화를 분석하여, 화자와 청자가 누구인지에 따라 동일한 인물이 다르게 표현될 수 있음을 이해한다.
탐구 자료	[은미의 고모가 은미 집을 찾아온 상황] 할머니 : 어서 와라. ㉠ 김 서방도 잘 지내지? 고　모 : 네, 엄마. ㉡ 그이도 잘 지내요. 언니, 그동안 잘 지내셨어요? 엄　마 : 네, ㉢ 아가씨. 배고프실 텐데 과일 좀 드세요. 고　모 : 고마워요. 언니. 은미야, 공부하느라 힘들지? 은　미 : 아니에요, ㉣ 고모. 고모부는 같이 안 오셨어요? 고　모 : 응, ㉤ 고모부는 다른 약속이 있어서 못 왔어.
탐구 결과	(가)

① ㉠과 ㉡을 보면, 화자와 청자가 맞바뀌어 동일한 인물이 다르게 표현되고 있다.

✓② ㉠과 ㉢을 보면, 청자는 같지만 화자가 달라 동일한 인물이 다르게 표현되고 있다.

③ ㉠과 ㉤을 보면, 화자도 다르고 청자도 달라 동일한 인물이 다르게 표현되고 있다.

④ ㉡과 ㉤을 보면, 화자는 같지만 청자가 달라 동일한 인물이 다르게 표현되고 있다.

⑤ ㉢과 ㉣을 보면, 화자가 달라 동일한 청자가 다르게 표현되고 있다.

제시된 사례는 [12언매02-07]의 '담화'와 관련된 성취기준을 중심으로 하여 출제된 문항이다. 탐구 과정 중 '탐구 결과'를 비워 놓고 실제 담화 자료인 '탐구 자료'에 대한 해석을 바르게 한 것을 추론하도록 설계되었다. 화자와 청자가 누구인지에 따라 동일한 인물이 다르게 표현될 수 있음을 이해하는 것이 평가 요소라 할 수 있다. '탐구 결과'에 ㉠~㉢에 대한 탐구 결과를 채워 놓은 뒤 '탐구 목표' 부분을 비워 놓고 이를 묻는 문항으로 재설계할 수도 있다. 이처럼 탐구 과정만 명확하게 구현된다면 평가하고자 하는 내용을 언제든 바꿀 수 있다는 장점이 있는 유형이다.

3) 적용 및 응용

적용 및 응용 유형은 '〈보기〉'와 같은 장치를 활용하여 문법 지식을 정보로 주고, 그 문법 지식이 적용되는 사례로 적절한 선택지를 찾는 유형이다. 문법 과목의 경우 국어 교과의 다른 과목에 비해 개념어가 노출되는 경우가 많기 때문에, 그 개념어를 풀어 설명해 주고 그에 해당하는 사례를 묻는 문항이 출제되기도 한다.

2017학년도 대학수학능력시험 6월 모의평가

15. 〈보기〉의 ㉠에 해당하는 예로 적절한 것은?

> ───── 〈 보기 〉 ─────
>
> 　합성어는 어근과 어근이 결합하여 형성되는데, 어근들의 결합 방식에 따라 다음과 같이 둘로 나눌 수 있다.
>
> ○ 통사적 합성어 : 어근들의 결합 방식이 일반적인 문장 구성 방식과 같은 합성어
> ○ ㉠비통사적 합성어 : 어근들의 결합 방식이 일반적인 문장 구성 방식과 다른 합성어

　✓① 아이들이 <u>뛰노는</u> 소리가 밖에서 들렸다.
　② 서로 <u>몰라볼</u> 정도로 세월이 많이 흘렀다.
　③ 저마다의 <u>타고난</u> 소질을 계발하는 것이 중요하다.
　④ <u>지난달</u>부터 공부를 열심히 했더니 자신감이 생겼다.
　⑤ 망치질을 자주 하다 보니 손바닥에 <u>굳은살</u>이 박였다.

제시된 사례는 [12언매02-03]의 '단어의 형성'에 대한 성취기준을 평가 요소로 삼아 출제한 문항이다. 어근들의 결합 방식에 따른 합성어의 분류 중 '비통사적 합성어'에 대한 사례를 찾도록 설계되었다. 이 문항을 풀기 위해서는 합성어를 어근과 어근으로 분석할 수 있어야 하고, '일반적인 문장 구성 방식'이 무엇인지 알고 있어야 한다. 이 유형에서는 〈보기〉에 제시된 개념이 정합성을 가지도록 정리해 주고, 평가가 교육적 목적에서 이루어지는 것인 만큼 선택지의 사례를 해당 개념에 대해 대표성을 가지는 것으로 구성해야 한다.

04 문항 설계의 과정과 정교화 I*

주의점
문법 문항 설계에서 출제자는 문항 간, 선택지 간의 간섭이 없도록 하는 것과 문항에 적합한 문법 용어를 사용하는 것을 항상 유념해야 한다. 이는 평가의 신뢰성이나 타당성에 직결되는 사항이기 때문이다. 이를 고려하지 않으면 평가 요소를 제대로 측정할 수 없으며, 심지어 문항에 오류가 발생할 수도 있다.

이 절에서는 [12언매02-01] '실제 국어생활을 바탕으로 음운의 체계와 변동에 대해 탐구한다.'라는 성취기준과 관련된 문항을 설계하는 과정을 살펴보고자 한다.

1) 문항의 설계

출제자는 '음운의 변동'을 평가 요소로 하여 문항을 출제하기로 하고 다음과 같이 초안을 구성하였으며, 정답은 ⑤번으로 설정하였다.

문항 초안

1. 〈보기〉의 ㉠~㉣에 대한 설명으로 적절하지 <u>않은</u> 것은?

〈 보기 〉

㉠ 맑+네 → [망네]
㉡ 낮+일 → [난닐]
㉢ 꽃+말 → [꼰말]
㉣ 긁+고 → [글꼬]

① ㉠: 음운 변동 중 자음군 단순화가 일어났다.
② ㉠: 인접하는 자음과 조음 방법이 같아진 음운 변동이 있다.
③ ㉡: 자음이 교체된 음운 변동이 있다.
④ ㉢: 음절 끝에 올 수 있는 자음이 제한되어 있기 때문에 일어난 음운 변동이 있다.
✓⑤ ㉣: 음운 변동 중 자음 축약이 일어났다.

---

* 2017학년도 대학수학능력시험 6월 모의평가 13번 문항을 사례로 제시하였다.

2) 문항의 정교화

이 문항은 음운의 변동이 일어나는 사례를 〈보기〉에 제시한 후 각 사례에서 일어나는 음운의 변동을 바르게 해석할 수 있는지를 묻는 문항으로, 평가 요소 선정이나 자료 수집에는 문제가 없다. 그러나 선택지의 조합이 어색하고, '자음군 단순화'나 '자음 축약'과 같은 개념어가 선택지에 과도하게 사용되고 있으며, 문항 풀이가 비교적 단순하여 문항을 정교화할 필요가 있다.

우선 살펴봐야 할 것은 〈보기〉에 제시된 사례 ㉠~㉣과 다섯 개의 선택지가 일대일로 연결되지 않는다는 점이다. 〈보기〉의 사례는 네 가지인데, 선택지에 이를 하나씩 가져와 설명하다 보니 다른 사례와 달리 ㉠만 두 개의 선택지에서 언급되었다. 이럴 때는 두 개씩 엮을 수 있는 내용 요소를 찾아 선택지를 구성함으로써 문제를 해결할 수 있다.

문항 초안에서 선택지 ②번은 ㉠에 대해 '인접하는 자음과 조음 방법이 같아진 음운 변동이 있다.'라고 서술하고 있는데, 이는 ㉠뿐만 아니라 ㉢에도 적용될 수 있는 내용이다. 선택지 ④번의 '음절 끝에 올 수 있는 자음이 제한되어 있기 때문에 일어난 음운 변동이 있다.'라는 설명 또한 ㉢뿐 아니라 ㉡에도 적용될 수 있다. 이를 고려하여 선택지 ②는 '㉠, ㉢', 선택지 ④는 '㉡, ㉢'으로 묶어서 제시하면, 하나의 사례만 선택지 두 개에서 언급되는 상황을 피할 수 있다.

한편 문법 문항의 선택지에서 개념어를 그대로 사용하는 것은 되도록 지양하는 편이 좋다. 문학 문항에서 '역설적 표현', '반어적 어조' 등을 선택지에 노출하여 활용하듯, 문법 문항에서도 교육과정에 제시된 개념어를 그대로 활용할 때가 있다. 그러나 지식을 평가하는 문항을 배제한다는 차원에서는 가능한 한 풀어서 설명해 주는 것이 바람직하다. 이 문항에서는 선택지 ①번의 '자음군 단순화'를 풀어 "음절 끝에 둘 이상의 자음이 오지 못하기 때문에 일어난 음운 변동이 있다."로, 선택지 ⑤번의 '자음 축약'은 "자음이 축약된 음운 변동이 있다." 정도로 선택지를 수정하여 제시하는 것이 좋다.

TIP

물론 〈보기〉의 사례를 다섯 가지로 맞추어 주는 것이 가장 바람직하다. 하지만 문항을 설계하다 보면 선택지 간 간섭 등의 문제로 인해 그렇게 하지 못할 때가 있다.

1. 〈보기〉의 ㉠~㉢에 대한 설명으로 적절하지 <u>않은</u> 것은?

〈 보기 〉

㉠ 맑+네 → [망네]

㉡ 낮+일 → [난닐]

㉢ 꽃+말 → [꼰말]

㉣ 긁+고 → [글꼬]

① ㉠: 음절 끝에 둘 이상의 자음이 오지 못하기 때문에 일어난 음운 변동이 있다.

② ㉠, ㉢: 인접하는 자음과 조음 방법이 같아진 음운 변동이 있다.

③ ㉡: 자음이 교체된 음운 변동이 있다.

④ ㉡, ㉢: 음절 끝에 올 수 있는 자음이 제한되어 있기 때문에 일어난 음운 변동이 있다.

✓ ⑤ ㉣: 자음이 축약된 음운 변동이 있다.

이 정도의 문항 정교화만으로도 문항이 성립하는 데는 지장이 없다. 다만 현재 상태로는 문항 풀이가 단순하여 학생들의 문법적 사고력을 측정하기에는 부족한 측면이 있다. 즉, 문항의 난도가 낮아 변별력이 떨어지는 것이다. 이러한 경우 선택지에 사례를 추가하는 방법으로 난도를 높일 수 있다. 각 선택지의 설명에 해당하는 사례를 선택지에서 추가로 언급하여 정답의 판단 지점을 늘리는 것이다.

위의 1차 수정안을 예로 들어 보자. 선택지 ①번에서 ㉠만을 해석하여 설명의 정오를 판단하는 것이 아니라, "'값+도→[갑또]'에서처럼"과 같은 내용을 선택지에 추가하여 이 내용의 적절성도 함께 판단하도록 할 수 있다. 선택지 ②번에는 "'입+니→[임니]'에서처럼", 선택지 ③번에는 "'물+약→[물략]'에서처럼", 선택지 ④번에는 "'팥+죽→[판쭉]'에서처럼", 선택지 ⑤번에는 "'잃+지→[일치]'에서처럼"을 추가할 수 있을 것이다. 이처럼 〈보기〉의 사례 외에 다른 사례에 대해서도 제시된 설명을 적용할 수 있는지를 판단하도록 선택지를 구성하면, 하나의 선택지에서 두 가지 내용을 판단해야 하기 때문에 난도가 높아진다.

이러한 정교화 과정을 거쳐 최종적으로 만들어진 문항은 다음과 같다.

문항 2차 수정안

1. 〈보기〉의 ㉠~㉣에 대한 설명으로 적절하지 <u>않은</u> 것은?

─────── 〈 보기 〉 ───────

㉠ 맑+네 → [망네]
㉡ 낮+일 → [난닐]
㉢ 꽃+말 → [꼰말]
㉣ 긁+고 → [글꼬]

① ㉠: '값+도 → [갑또]'에서처럼 음절 끝에 둘 이상의 자음이 오지 못하기 때문에 일어난 음운 변동이 있다.
② ㉠, ㉢: '입+니 → [임니]'에서처럼 인접하는 자음과 조음 방법이 같아진 음운 변동이 있다.
③ ㉡: '물+약 → [물략]'에서처럼 자음이 교체된 음운 변동이 있다.
④ ㉡, ㉢: '팥+죽 → [팓쭉]'에서처럼 음절 끝에 올 수 있는 자음이 제한되어 있기 때문에 일어난 음운 변동이 있다.
✓⑤ ㉣: '잃+지 → [일치]'에서처럼 자음이 축약된 음운 변동이 있다.

---

05 문항 설계의 과정과 정교화 II*

이번에는 [12언매02-03] '단어의 짜임과 새말의 형성 과정을 탐구하고 이를 국어생활에 활용한다.'와 [12언매02-08] '시대 변화에 따른 국어 자료의 차이에 대해 살피고 각각의 자료에 나타나는 언어적 특성을 이해한다.'라는 성취기준과 관련하여 지문과 문항을 구성하는 과정을 살펴보고자 한다.

1) 지문의 작성과 정교화

출제자는 '단어의 형성', '미지칭의 인칭 대명사'를 평가 요소로 하여 문항을 출제하기로 하고 먼저 지문 초안을 구성하였다.

지문 초안

1 어근이 용언 어간이나 체언일 때, 그 뒤에 결합한 파생 접사는 어미나 조사와 혼동될 수도 있다. 파생 접사는 주로 새로운 단어를 만들지만, 어미는 용언 어간과 결합해 용언이 문장 성분이 될 수 있도록 해 준다. 그리고 조사는 체언과 결합해 체언이 문장 성분임을 나타내 줄 뿐 새로운 단어를 만들지는 않는다. 이 점에서 어미와 조사는 파생 접사와 분명하게 구별된다.

2 이러한 일반적인 상황과는 달리, 용언 어간에 어미가 결합한 형태나, 체언에 조사가 결합한 형태가 시간이 지나면서 새로운 단어가 된 경우도 있다. 용언의 활용형이 역사적으로 굳어져 새로운 단어가 된 경우나 체언에 조사가 결합한 형태가 역사적으로 굳어져 새로운 단어가 된 경우가 그 예이다.

3 또 다른 경우로 미지칭의 인칭 대명사에, 의문문을 만드는 보조사 '고/구'가 결합한 형태가 굳어져 새로운 인칭 대명사가 된 경우를 들 수 있다. 중세 국어에서 보조사 '고/구'는 문장에 '엇던', '므슴', '어느' 등과 같은 의문사가 있을 때, 체언 또는 의문사 그 자체에 결합해 의문문을 만들었다. 이와 같은 방식의 의문문 구성은 근대 국어를 거쳐 현대 국어의 일부 방언에까지 지속되고 있다.

---

* 2018학년도 대학수학능력시험 11~12번 문항을 사례로 제시하였다.

우선 지문은 1, 2문단에서 '단어의 형성'과 관련된 문항을, 3문단에서 '미지칭의 인칭 대명사'와 관련된 문항을 출제하기 위해 구성한 것으로, 복합 문항을 만들기에 적절하다. 다만 서두가 "어근이 용언 어간이나 체언일 때, 그 뒤에 결합한 파생 접사는 어미나 조사와 혼동될 수도 있다."라는 문장으로 시작하고 있어, '단어의 형성'이 주제라는 것이 명확하게 드러나지 않는다. 따라서 서두에 국어의 단어 형성에 관해 설명하는 문장을 추가해 글의 완결성을 높였다.

TIP

이와 같이 형식 문단을 중심으로 정답의 지점이 나오는 부분을 구분해 두면 문항간, 선택지 간의 간섭을 줄일 수 있다.

> **지문 1문단 수정안**
>
> **1** 국어의 단어들은 어근과 어근이 결합해 만들어지기도 하고 어근과 파생 접사가 결합해 만들어지기도 한다. 어근과 파생 접사가 결합한 단어는 파생 접사가 어근의 앞에 결합한 것도 있고, 파생 접사가 어근의 뒤에 결합한 것도 있다. 어근이 용언 어간이나 체언일 때, 그 뒤에 결합한 파생 접사는 어미나 조사와 혼동될 수도 있다. 그러나 파생 접사는 주로 새로운 단어를 만든다는 점에서 차이가 있다. 이에 비해 어미는 용언 어간과 결합해 용언이 문장 성분이 될 수 있도록 해 주고, 조사는 체언과 결합해 체언이 문장 성분임을 나타내 줄 뿐 새로운 단어를 만들지는 않는다. 이 점에서 어미와 조사는 파생 접사와 분명하게 구별된다.

이와 같이 국어의 단어가 형성되는 원리를 언급하는 서두를 넣으면 지문의 의미가 더욱 잘 드러난다.

2, 3문단의 경우 단어의 형성과 관련한 여러 경우를 언급하고 있는데, 구체적인 예를 제시하지 않아 글을 이해하기 어렵다. 용언의 활용형이 역사적으로 굳어진 경우, 체언에 조사가 결합한 형태가 역사적으로 굳어진 경우, 미지칭의 인칭 대명사에 의문문을 만드는 보조사 '고/구'가 결합한 형태가 굳어져 새로운 인칭 대명사가 된 경우를 설명하고 있으나 대표적인 예가 제시되어 있지 않다. 따라서 이를 추가로 기술해 주어 글의 가독성을 높였다.

2 이러한 일반적인 상황과는 달리, 용언 어간에 어미가 결합한 형태나, 체언에 조사가 결합한 형태가 시간이 지나면서 새로운 단어가 된 경우도 있다. 먼저 용언의 활용형이 역사적으로 굳어져 새로운 단어가 된 예가 있다. 부사 '하지만'은 '하다'의 어간에 어미 '-지만'이 결합했던 것이었는데, 시간이 지나면서 굳어져 새로운 단어가 되었다. 다음으로 체언에 조사가 결합한 형태가 역사적으로 굳어져 새로운 단어가 된 예도 있다. 명사 '아기'에 호격 조사 '아'가 결합했던 형태인 '아가'가 시간이 지나면서 새로운 단어가 되었다.

3 또 다른 예로 미지칭의 인칭 대명사에, 의문문을 만드는 보조사 '고/구'가 결합한 형태가 굳어져 새로운 인칭 대명사가 된 경우를 들 수 있다. '이ᄂᆞᆫ 엇던 사ᄅᆞᆷ고(이는 어떤 사람인가?)'에서 볼 수 있듯이 중세 국어에서 보조사 '고/구'는 문장에 '엇던', '므슴', '어느' 등과 같은 의문사가 있을 때, 체언 또는 의문사 그 자체에 결합해 의문문을 만들었다. 이와 같은 방식의 의문문 구성은 근대 국어를 거쳐 현대 국어의 일부 방언에까지 지속되고 있다.

이렇게 지문의 구성을 확정했다고 하더라도 지문의 내용을 수정하지 못하는 것은 아니다. 문항을 설계하다 보면 정보가 더 필요하여 추가해야 할 내용이 생기기도 하고, 반대로 문항에서 활용하지 않은 정보여서 삭제해야 할 내용이 생기기도 한다. 이러한 점을 염두에 두고 구체적인 문항 작성에 들어가야 한다.

2) 문항의 설계와 정교화

다음은 앞에서 수정한 지문 수정안에 단어가 형성되는 다섯 가지 경우에 밑줄을 그어 ㉠~㉤을 표시하고 3문단 전체를 [A]로 묶은 것이다. 이를 바탕으로 1번 문항은 '자료의 탐구' 유형, 2번 문항은 '탐구 과정의 추론' 유형을 구현하였다.

1 국어의 단어들은 ㉠어근과 어근이 결합해 만들어지기도 하고 어근과 파생 접사가 결합해 만들어지기도 한다. 어근과 파생 접사가 결합한 단어는 ㉡파생 접사가 어근의 앞에 결합한 것도 있고, ㉢파생 접사가 어근의 뒤에 결합한 것 도 있다. 어근이 용언 어간이나 체언일 때, 그 뒤에 결합한 파생 접사는 어미나 조사와 혼동될 수도 있다. 그러나 파생 접사는 주로 새로운 단어를 만든다는 점 에서 차이가 있다. 이에 비해 ㉣어미는 용언 어간과 결합해 용언이 문장 성분이 될 수 있도록 해 주고, ㉤조사는 체언과 결합해 체언이 문장 성분임을 나타내 줄 뿐 새로운 단어를 만들지는 않는다. 이 점에서 어미와 조사는 파생 접사와 분명하게 구별된다.

2 이러한 일반적인 상황과는 달리, 용언 어간에 어미가 결합한 형태나, 체언 에 조사가 결합한 형태가 시간이 지나면서 새로운 단어가 된 경우도 있다. 먼저 용언의 활용형이 역사적으로 굳어져 새로운 단어가 된 예가 있다. 부사 '하지만' 은 '하다'의 어간에 어미 '-지만'이 결합했던 것이었는데, 시간이 지나면서 굳어 져 새로운 단어가 되었다. 다음으로 체언에 조사가 결합한 형태가 역사적으로 굳어져 새로운 단어가 된 예도 있다. 명사 '아기'에 호격 조사 '아'가 결합했던 형 태인 '아가'가 시간이 지나면서 새로운 단어가 되었다.

[A]
3 또 다른 예로 미지칭의 인칭 대명사에, 의문문을 만드는 보조사 '고/ 구'가 결합한 형태가 굳어져 새로운 인칭 대명사가 된 경우를 들 수 있다. '이는 엇던 사롬고(이는 어떤 사람인가?)'에서 볼 수 있듯이 중세 국어에 서 보조사 '고/구'는 문장에 '엇던', '므슴', '어느' 등과 같은 의문사가 있을 때, 체언 또는 의문사 그 자체에 결합해 의문문을 만들었다. 이와 같은 방 식의 의문문 구성은 근대 국어를 거쳐 현대 국어의 일부 방언에까지 지속 되고 있다.

수정한 지문을 토대로 작성한 1번 문항은 단어 형성 사례인 ㉠~㉤에 관 해 이해하는지를 묻는 문항으로 설계하였다.

1. ㉠~㉢에 해당하는 예를 찾아 이를 설명한 내용으로 적절하지 <u>않은</u> 것은?

   ① '아기장수'는 ㉠에 해당하는 예로, 어근 '아기'와 어근 '장수'가 결합했다.

   ② '맨손'은 ㉡에 해당하는 예로, 파생 접사 '맨-'이 어근 '손' 앞에 결합했다.

   ③ '쌓이다'의 어간은 ㉢에 해당하는 예로, 파생 접사 '-이-'가 어근 '쌓-' 뒤에 결합했다.

   ✓④ '깨뜨리다'는 ㉣에 해당하는 예로, 어미 '-리다'가 용언 어산 '깨뜨-'와 결합했다.

   ⑤ '모습이'는 ㉤에 해당하는 예로, 조사 '이'가 체언 '모습'과 결합했다.

위 문항의 선택지 ④번에서 언급된 ㉣은 '어미는 용언 어간과 결합'이다. 출제자는 정답 판단 지점을 '-뜨리-'가 강조의 뜻을 더하는 접미사임을 알고 있는지에 두었다. 우리말에는 '깨뜨다'라는 용언이 없기 때문에 이 선택지는 정합성 측면에서는 이상이 없다. 그러나 선택지 ①~⑤번에 제시된 예들을 보면 '아기장수', '맨손', '쌓이다', '깨뜨리다', '모습이'로, 그 위상이 저마다 다르기 때문에 어색한 느낌을 줄 수 있다. 이러한 경우에는 각 사례를 하나의 문장으로 묶어 제시하면 선택지에 활용된 사례의 위상이 다르다는 문제를 쉽게 해결할 수 있다. 다음 수정안에서 이를 확인해 보자.

1. 다음 문장에서 ㉠~㉤에 해당하는 예를 찾아 이를 설명한 내용으로 적절하지 <u>않은</u> 것은?

> 아기장수가 맨손으로 산 위에 쌓인 바위를 깨뜨리는 모습이 멋졌다.

   ① '아기장수가'의 '아기장수'는 ㉠에 해당하는 예로, 어근 '아기'와 어근 '장수'가 결합했다.

   ② '맨손으로'의 '맨손'은 ㉡에 해당하는 예로, 파생 접사 '맨-'이 어근 '손' 앞에 결합했다.

③ '쌓인'의 어간은 ⓒ에 해당하는 예로, 파생 접사 '-이-'가 어근 '쌓-' 뒤에 결합했다.

✓ ④ '깨뜨리는'은 ⓔ에 해당하는 예로, 어미 '-리는'이 용언 어간 '깨뜨-'와 결합했다.

⑤ '모습이'는 ⓜ에 해당하는 예로, 조사 '이'가 체언 '모습'과 결합했다.

다음 2번 문항은 지문의 3문단을 토대로 '미지칭의 인칭 대명사'에 대해 묻는 문항으로 구성하였다. 〈보기〉를 탐구하여 도출할 수 있는 내용을 바르게 판단할 수 있는지를 묻고 있다.

2번 문항 초안

2. [A]를 바탕으로 〈보기〉를 탐구한 내용으로 가장 적절한 것은?

─── 〈 보기 〉 ───

(가) 중세 국어 : 15세기 국어

• 누를 니르더뇨   • 네 스승이 누고   • 느믄 누구

(나) 근대 국어

• 이 벗은 누고고   • 져 흔 벗은 누구고

(다) 현대 국어

• 누구를 찾으세요?   • 누구에게 말했어요?

① (가)에서 미지칭의 인칭 대명사의 형태는 '누', '누고', '누구'이다.

② (나)에서 미지칭의 인칭 대명사의 형태는 '누', '누구'이다.

✓ ③ (다)에서 미지칭의 인칭 대명사의 형태는 '누구'이다.

④ (가)에서 (나)로의 변화를 보니, '누', '누구'는 체언과 보조사가 결합한 형태였다가 새로운 단어가 되었다.

⑤ (나)에서 (다)로의 변화를 보니, 현대 국어에서는 미지칭의 인칭 대명사로 '누고'만이 쓰이고 있다.

2번 문항 초안 역시 정답을 도출하는 데는 이상이 없다. 다만 정답을 판단

하는 지점이 현대 국어에 있기 때문에, 중세 국어와 관련된 성취기준인 [12 언매02-08] '시대 변화에 따른 국어 자료의 차이에 대해 살피고 각각의 자료에 나타나는 언어적 특성을 이해한다.'를 평가하는 데 아쉬움이 있다. 또한 정답의 지점이 쉬워 난도가 낮다. 문제 설계에 들인 공에 비해 문항의 함량이 부족하다고 할 수 있는데, 이를 극복하기 위해서는 현재와 같은 최선답형이 아닌 정답형 문항으로 설계하는 방법을 생각해 볼 수 있다. 또한 탐구형 문항으로 설계되어 있는 만큼, 〈보기〉에 생략되어 있는 탐구 목표와 탐구 결과를 보여 주어 문항의 완결성을 높이는 것이 바람직하다. 다음은 이러한 요소들을 고려하여 문항을 수정한 것이다.

2번 문항 수정안

2. [A]를 바탕으로 〈보기〉의 '자료'를 탐구한 '탐구 내용'으로 적절하지 <u>않은</u> 것은?

〈 보기 〉

[탐구 목표]

현대 국어의 인칭 대명사 '누구'의 형성에 대해 이해한다.

[자료]

(가) 중세 국어 : 15세기 국어

• 누를 니르더뇨 (누구를 이르던가?)

• 네 스승이 누고 (네 스승이 누구인가?)

• 느믄 누구 (남은 누구인가?)

(나) 근대 국어

• 이 벗은 누고고 (이 벗은 누구인가?)

• 져 흔 벗은 누구고 (저 한 벗은 누구인가?)

(다) 현대 국어

• 누구를 찾으세요?

• 누구에게 말했어요?

[탐구 내용]

✓ ① (가)에서 미지칭의 인칭 대명사의 형태는 '누', '누고', '누구'이다.

② (나)에서 미지칭의 인칭 대명사의 형태는 '누고', '누구'이다.

③ (다)에서 미지칭의 인칭 대명사의 형태는 '누구'이다.

④ (가)에서 (나)로의 변화를 보니, '누고', '누구'는 체언과 보조사가 결합한 형태였다가 새로운 단어가 되었다.

⑤ (나)에서 (다)로의 변화를 보니, 현대 국어에서는 미지칭의 인칭 대명사로 '누고'는 쓰이지 않고 '누구'만이 쓰이고 있다.

선택지 ②번, ④번, ⑤번의 내용을 약간만 바꾸었는데도 최선답형 문항에서 정답형 문항으로 바뀌었고, 정답이 ③번에서 ①번으로 바뀌면서 난도도 이전보다 높아졌다. 그리고 눈여겨볼 곳은 〈보기〉에서 중세 국어와 근대 국어의 표기에 현대어 풀이를 했다는 점이다. 이 문항의 평가 요소는 시대에 따른 '미지칭의 인칭 대명사'의 변화이다. 따라서 문항을 풀이할 때 중세 국어나 근대 국어로 표기된 문장이나 단어를 해석할 수 있는지에 따라 정오를 판별하게 해서는 안 된다. 그리하여 〈보기〉 중 (가), (나)의 국어 자료에 현대어 풀이를 병기한 것이다. 이처럼 중세 국어나 근대 국어 표기를 자료로 제시할 때는 현대어 풀이를 병기해야 문항의 완성도를 높일 수 있다.

TIP

2번 문항이 단독 문항이라면 완성도가 다소 떨어진다고 볼 수 있다. 문항에서 '미지칭의 인칭 대명사'라는 개념어를 그대로 쓸 수 있었던 것은 지문이 이 개념어에 대해 설명했기 때문이다. 그러므로 만약 이 평가 요소를 단독 문항으로 구성하려면 〈보기〉에 지문의 [A]에 해당하는 내용을 소략하여 보여 주는 것이 좋다.

■ **문항 초안**

다음은 아직 수정 작업을 거치지 않은 초안 형태의 복합 구성 문항 세트이다. 앞에서 설명했던 문항 설계 및 구성 방법을 활용하여 각각의 성취기준에 맞게 문항을 검토하고 수정해 보자.

[1~2] 다음 글을 읽고 물음에 답하시오.

> 현대 국어에서 '-(으)ㅁ'이나 '-이'가 결합된 단어들 중에 형태는 같으나 품사가 다른 경우가 있다. 이는 용언에 결합하는 명사 파생 접미사 '-(으)ㅁ'과 명사형 전성 어미 '-(으)ㅁ'의 형태가 같고, 명사 파생 접미사 '-이'와 부사 파생 접미사 '-이'의 형태가 같기 때문이다.
>
> 이들의 품사를 구별하기 위해서는 각 단어의 다음과 같은 문법적 특징을 고려해야 한다. 명사는 서술격 조사가 결합하는 경우를 제외하고는 서술어로 쓰일 수 없고, 관형어의 수식을 받는다. 반면 ㉠ 동사나 형용사는 명사형이라 하더라도 문장에서 서술어로 쓰이고, 부사어의 수식을 받는다. 그리고 부사는 격조사와 결합할 수 없고 다른 부사어나 서술어 등을 수식한다.
>
> 한편 이들 '-(으)ㅁ'과 '-이'가 중세 국어에서는 그 쓰임에 따라 형태가 다르기 때문에 일반적으로 그 형태만으로 품사를 구별할 수 있다. 현대 국어의 두 가지 '-(으)ㅁ'은 중세 국어의 명사 파생 접미사 '-(ᄋᆞ/으)ㅁ'과 명사형 전성 어미 '-옴/움'에 각각 대응한다. 이러한 구별은 '흔 거름 나ᅀᅡ 거룸(한 걸음 나아가도록 걸음)'에서 확인된다. '걷-'과 달리, 마지막 음절의 모음이 양성 모음인 어근이나 용언 어간에는 '-(ᄋᆞ)ㅁ'과 '-옴'이 각각 결합한다.
>
> 앞서 말한 현대 국어의 두 가지 '-이' 역시 중세 국어의 명사 파생 접미사 '-이/의'와 부사 파생 접미사 '-이'에 각각 대응한다. 이러한 구별은 '나못 노픠(나무의 높이)'와 '노피 ᄂᆞᄂᆞᆫ 져비(높이 나는 제비)'에서 확인된다. '높-'과 달리, 마지막 음절의 모음이 음성 모음인 어근에는 명사 파생 접미사 '-의'가 결합한다. 그런데 부사 파생 접미사는 '-이' 하나여서 '-이'가 결합한다.

▸▸ 1번, 2번 문항을 수정하면서 지문의 내용도 함께 수정해 보자.

1. 윗글을 이해한 내용으로 적절하지 <u>않은</u> 것을 고르시오.

　① '됴ᄒᆞᆫ 여름 여루미(좋은 열매 열림이)'에서 '여름'과 '여룸'의 품사가 다르겠군.

② '거름'은 파생 명사이고 '거룸'은 동사의 명사형이겠군.

③ 중세 국어 '높–'에는 '–움'이 아니고 '–옴'이 결합하겠군.

✓ ④ '노픠'는 파생 부사이고 '노피'는 파생 명사이겠군.

⑤ '곧다', '굳다'가 부사 파생 접미사와 결합할 때, 그 형태가 달라지지 않겠군.

▶▶ 성취기준 [12언매02–08] '시대 변화에 따른 국어 자료의 차이에 대해 살피고 각각의 자료에 나타나는 언어적 특성을 이해한다.' 중 '중세 국어와 현대 국어의 차이'를 고려하여 수정해 보자.

2. 윗글을 참고할 때, 밑줄 친 부분이 ㉠에 해당하는 예로 적절한 것을 고르시오.

① ┌ 많이 앎이 항상 미덕인 것은 아니다.
　└ 그의 목소리는 격한 슬픔으로 떨렸다.

② ┌ 멸치 볶음은 맛도 좋고 건강에도 좋다.
　└ 오빠는 몹시 기쁨에도 내색을 안 했다.

③ ┌ 요즘은 상품을 큰 묶음으로 파는 가게가 많다.
　└ 장애인들이 군무를 춤과 동시에 조명이 켜졌다.

✓ ④ ┌ 스님은 어려운 이웃을 도움으로써 보람을 느꼈다.
　└ 나는 그를 온전히 믿음에도 그 일은 맡기고 싶지 않다.

⑤ ┌ 아이가 울음 섞인 목소리로 빨리 오라고 소리쳤다.
　└ 수술 뒤 친구가 밝게 웃음을 보니 나도 마음이 놓였다.

▶▶ 성취기준 [12언매02–03] '단어의 짜임과 새말의 형성 과정을 탐구하고 이를 국어생활에 활용한다.' 중 '단어의 짜임'을 고려하여 수정해 보자.

[1~2] 다음 글을 읽고 물음에 답하시오.

현대 국어에서 '−(으)ㅁ'이나 '−이'가 결합된 단어들 중에 형태는 같으나 품사가 다른 경우가 있다. 예를 들어 명사 '걸음'과 동사의 명사형 '걸음', 명사 '높이'와 부사 '높이'가 그러하다. 이는 용언에 결합하는 명사 파생 접미사 '−(으)ㅁ'과 명사형 전성 어미 '−(으)ㅁ'의 형태가 같고, '높다' 등의 일부 형용사에 결합하는 명사 파생 접미사 '−이'와 부사 파생 접미사 '−이'의 형태가 같기 때문이다.

[A] ┌ 이들의 품사를 구별하기 위해서는 각 단어의 다음과 같은 문법적 특징을 고려해야 한다. 명사는 서술격 조사가 결합하는 경우를 제외하고는 서술어로 쓰일 수 없고, 관형어의 수식을 받는다. 반면 ㉠ <u>동사나 형용사는 명사형이라 하더라도 문장이나 절에서 서술어로 쓰이고, 부사어의 수식을 받는다.</u> 그리고 부사는 격조사와 결합할 수 없고 다른 부사나 서술어 등을 수식한다.

한편 이들 '−(으)ㅁ'과 '−이'가 중세 국어에서는 그 쓰임에 따라 형태가 다르기 때문에 일반적으로 그 형태만으로 품사를 구별할 수 있다. 현대 국어의 두 가지 '−(으)ㅁ'은 중세 국어의 명사 파생 접미사 '−(ㅇ/으)ㅁ'과 명사형 전성 어미 '−옴/움'에 각각 대응한다. 이러한 구별은 '흔 거름 나소 거룸(한 걸음 나아가도록 걸음)'에서 확인된다. '걷−'과 달리, 마지막 음절의 모음이 양성 모음인 어근이나 용언 어간에는 모음조화에 따라 '−(ㅇ)ㅁ'과 '−옴'이 각각 결합한다.

앞서 말한 현대 국어의 두 가지 '−이' 역시 중세 국어의 명사 파생 접미사 '−익/의'와 부사 파생 접미사 '−이'에 각각 대응한다. 이러한 구별은 '나못 노픽(나무의 높이)'와 '노피 ᄂᆞᆫ 져비(높이 나는 제비)'에서 확인된다. '높−'과 달리, 마지막 음절의 모음이 음성 모음인 어근에는 모음조화에 따라 명사 파생 접미사 '−의'가 결합한다. 그런데 부사 파생 접미사는 '−이' 하나여서 모음조화에 상관없이 '−이'가 결합한다.

초안에서 내용을 추가하거나 고친 부분은 음영으로 표시하였다. 각 문단별로 수정한 이유는 다음과 같다.

_{1문단} 문법 과목의 경우 문법 지식만 나열하기보다는 관련된 사례를 제시해 주는 것이 바람직하다.

_{2문단} 문장에서만 쓰이는 것이 아니라 절에서도 쓰이므로 정합성을 위해 이를 밝혀 주어야 한다.

_{3문단, 4문단} 마지막 음절의 모음이 양성 모음이냐 음성 모음이냐에 따라 다른 파생 접미사 또는 어미가 결합하는 것은 모음조화에 의한 것이다. 결과만 제시하지 않고 이를 구체적으로 지문에 밝혀 주는 것이 필요하다.

1. 윗글을 바탕으로 추론한 내용 중 적절하지 <u>않은</u> 것은?

① '됴흔 여름 여루미(좋은 열매 열림이)'에서 '여름'과 '여룸'의 형태를 보니, 이 둘의 품사가 다르겠군.

② '거름'과 '거룸'의 형태를 보니, '거름'은 파생 명사이고 '거룸'은 동사의 명사형이겠군.

③ '거룸'과 '노픠'의 모음조화 양상을 보니, 중세 국어 '높–'에는 '–움'이 아니고 '–옴'이 결합하겠군.

✓ ④ '노픠'와 '노피'의 형태를 보니, '노픠'는 파생 부사이고 '노피'는 파생 명사이겠군.

⑤ 중세 국어의 형용사 '곧다', '굳다'가 부사 파생 접미사 '–이'와 결합할 때, 그 형태가 모음조화에 따라 달라지지 않겠군.

<small>발문</small> 선택지의 내용을 볼 때, 글의 내용을 이해하는 것이라기보다는 추론을 필요로 하는 것이기 때문에 발문에서 추론 문항임을 밝혀 주었다.

<small>선택지 ①~④번</small> '~을(를) 보니'와 같이 추론의 근거를 구체적으로 밝혀 문제의 정합성을 높여 주었다.

<small>선택지 ⑤번</small> '곧다', '굳다'의 경우 중세 국어의 형용사임을 밝히지 않으면 복답 시비에 걸릴 여지가 있다. 현대 국어에 '곧다', '굳다'의 형태가 그대로 쓰이고 있기 때문이다. 또 부사 파생 접미사의 종류는 '–이'이외에도 다양하다. 선택지에서 종류를 특정해 주지 않으면 정합성에 문제가 생길 수 있어 이를 밝혀 주었다. 마지막으로 단순히 형태가 달라지지 않는다고 기술하는 것은 중의적으로 읽힐 수 있다. '모음조화에 따라'라는 말을 넣음으로써 중의성을 해소하였다.

2. [A]를 참고할 때, 밑줄 친 부분이 ㉠에 해당하는 예로만 묶인 것은?

① ┌ 많이 <u>앎</u>이 항상 미덕인 것은 아니다.
　└ 그의 목소리는 격한 <u>슬픔</u>으로 떨렸다.

② ┌ 멸치 <u>볶음</u>은 맛도 좋고 건강에도 좋다.
　└ 오빠는 몹시 <u>기쁨</u>에도 내색을 안 했다.

③ ┌ 요즘은 상품을 큰 <u>묶음</u>으로 파는 가게가 많다.
　└ 무용수들이 군무를 <u>춤</u>과 동시에 조명이 켜졌다.

✓ ④ ┌ 어려운 이웃을 <u>도움</u>으로써 보람을 찾는 이도 있다.
　└ 나는 그를 온전히 <u>믿음</u>에도 그 일은 맡기고 싶지 않다.

⑤ ┌ 아이가 <u>울음</u> 섞인 목소리로 빨리 오라고 소리쳤다.
　└ 수술 뒤 친구가 밝게 <u>웃음</u>을 보니 나도 마음이 놓였다.

<small>발문</small> 지문에서 해당 문항의 평가 요소와 관련 있는 부분만 [A]로 지정하여 중점적으로 읽어야 할 부분을 초점화하였고 발문에 이를 반영하였다. 그리고 이 문항의 선택지는 하나의 선택지에 정답 판별 요소

가 두 개씩 짝지어져 있는 형태이기 때문에 기존 발문의 '예로'를 '예로만'으로 한정하여 불필요한 논란을 없앴다.

선택지 ③,④번 '장애인', '스님'과 같이 특정 장애, 특정 종교 등을 언급하는 말은 오해의 소지가 생길 수 있으므로 사용하지 않는 편이 좋다. '무용수', '찾는 이'와 같이 특정 성향이 드러나 있지 않은 말로 수정하였다.

5

화법 과목의
평가 문항 개발

화법 과목의 평가 문항 개발은 크게 담화 구성 단계와 문항 구성 단계로 나뉜다. 담화 구성 단계는 평가 요소에 따라 화제를 정하고 관련 자료를 수집한 후, 이를 바탕으로 특정한 유형의 담화를 구성하는 과정을 말한다. 문항 구성 단계는 교육과정의 성취기준과 내용 요소에 따라 문항을 설계하고, 이를 바탕으로 실제 문항들을 작성하는 과정을 말한다.

화법 과목은 대개 하나의 담화를 바탕으로 복수의 문항을 제시하는 방식을 취한다. 담화라는 제재는 다양한 요소를 포함하고 있어서 평가 요소로 선정할 수 있는 성취기준이 비교적 많기 때문이다. 즉, 담화를 통해 화자, 청자, 메시지, 상황의 요소는 물론 담화의 생산(내용 생성하기, 내용 조직하기, 자료·매체 활용하기, 표현·전달하기 등)과 수용(내용 확인하기, 추론하기, 평가·감상하기 등)의 과정에서 학생에게 요구되는 지식, 기능, 태도 등을 폭넓게 문항으로 구성할 수 있기에 화법 과목에서는 하나의 담화에 복수의 문항을 제시하는 경우가 많다.

담화를 제시할 때는 해당 담화가 생산되고 소통되는 맥락(목적, 청자 및 독자, 담화 양식 및 장르 등)을 구체적으로 제시해야 한다. 그래야 말하기 전략 등의 적절성과 타당성을 평가할 수 있고, 문항에 대한 불필요한 오해를 줄일 수 있기 때문이다. 즉, 담화의 상황과 맥락을 명료하게 설정해야만 이후 문항을 구안할 때 용이하게 진행할 수 있다.

01 화법 과목의 평가 요소 선정

평가 문항 개발 과정의 첫 번째 단계는 교육과정을 중심으로 '본질(지식)', '원리(기능)', '태도'에서 적절하게 성취기준들을 선택하고 조합하는 것이다. 교육과정에서 성취기준을 선택할 때는 항목 간 관련성과 균형성은 물론, 담화의 실제적 측면 등을 함께 고려해야 한다. 가령, 교육과정 중 '본질'에서만 내용 요소 및 성취기준을 모두 선택할 경우 '원리' 측면이 간과될 수 있고, '원리' 중에서도 내용 생성하기, 조직하기 등의 담화 생산 측면만 선택할 경우 내용 확인하기, 추론하기 등의 담화 수용 측면이 간과될 수 있다. 또한 화법 과목의 목적 중 하나가 학생의 의사소통 역량을 함양하는 것이기 때문에 실제 언어생활에 필요한 지식, 기능, 태도에 중점을 두어야 한다. 이처럼 성취기준을 선택하고 조합함에 있어 관련성과 균형성, 담화의 실제적 측면을 고려하는 것은 평가 문항 개발에 있어 중요한 의미를 갖는다.

이제 평가 요소를 선정하는 구체적인 방법을 확인해 보자. 아래는 2015 개정 국어과 교육과정 중 고등학교 선택 과목 〈화법과 작문〉의 성취기준에서 '화법'에 해당하는 부분을 발췌한 것이다.

(1) 화법과 작문의 본질
[12화작01-01] 사회적 의사소통 행위로서 화법과 작문의 특성을 이해한다.
[12화작01-02] 화법과 작문 활동이 자아 성장과 공동체 발전에 기여함을 이해한다.
[12화작01-03] 화법과 작문 활동에서 맥락을 고려하는 일이 중요함을 이해한다.

(2) 화법의 원리
[12화작02-01] 대화 방식에 영향을 미치는 자아를 인식하고 관계 형성에 적절한 방법으로 자기를 표현한다.
[12화작02-02] 갈등 상황에서 자신의 생각, 감정이나 바라는 바를 진술하게 표현한다.
[12화작02-03] 상대측 입론과 반론의 논리적 타당성에 대해 반대 신문하며 토론한다.
[12화작02-04] 협상 절차에 따라 상황에 맞는 전략을 사용하여 문제를 해결한다.
[12화작02-05] 면접에서의 답변 전략을 이해하고 질문의 의도를 파악하여 효과적으로 답변한다.

[12화작02-06] 청자의 특성에 맞게 내용을 구성하여 발표한다.

[12화작02-07] 화자의 공신력을 이해하고 적절한 설득 전략을 사용하여 연설한다.

[12화작02-08] 부탁, 요청, 거절, 사과, 감사의 말을 상황에 맞게 효과적으로 한다.

[12화작02-09] 상황에 맞는 언어적·준언어적·비언어적 표현 전략을 사용하여 말한다.

(4) 화법과 작문의 태도

[12화작04-01] 화법과 작문의 사회적 책임을 인식하고 의사소통 윤리를 준수하는 태도를 지닌다.

[12화작04-02] 화법과 작문의 가치를 이해하고 진심을 담아 의사소통하는 태도를 지닌다.

[12화작04-03] 언어 공동체의 담화 및 작문 관습을 이해하고, 건전한 화법과 작문의 문화 발전에 기여하는 태도를 지닌다.

교육과정을 토대로 네 개의 문항을 설계한다면, 본질에서는 [12화작01-03]의 '맥락 고려', 원리에서는 [12화작02-06]의 '내용 구성'과 [12화작02-09]의 '표현 전략', 태도에서는 [12화작04-01]의 '의사소통 윤리' 등을 평가 요소로 선택할 수 있다. 선택한 성취기준, 특히 [12화작02-06]을 고려하면 담화 유형으로는 '발표'가 적절하다. 이때 성취기준들이 자칫 담화 생산의 측면에만 치우칠 수 있기 때문에, '표현 전략'이나 '의사소통의 윤리' 등의 성취기준을 반영할 때는 청자의 입장에서 담화를 수용(내용 확인 혹은 평가)하는 것을 중심으로 담화 및 문항을 구안할 필요가 있다. 그래야 말하기(담화의 생산)와 듣기(담화의 수용)를 모두 다루는, 화법의 본질에 부합하는 문항 설계가 될 수 있기 때문이다. 이처럼 화법 문항에는 되도록 담화의 생산과 수용의 측면을 모두 포함하는 것이 바람직하다.

이 외에도 [12화작01-01]의 '화법의 특성', [12화작02-03]의 '논리적 타당성', [12화작02-07]의 '설득 전략', [12화작04-01]의 '화법의 사회적 책임' 등을 평가 요소로 선택한다면 설득을 목적으로 하는 '토론'이 담화 유형으로 적합할 것이다. 그리고 담화의 생산 측면에서는 '화법의 특성'과 '설득 전략'을, 담화의 수용 측면에서는 '논리적 타당성'과 '화법의 사회적 책임'을 택한다면 말하기와 듣기를 모두 평가하는 문항 설계가 가능하다.

02 담화 구성의 과정과 방법

담화 구성이란 성취기준 및 담화 유형을 토대로 적합한 제재를 선정하고 자료들을 수집하여 실제 담화를 구안하는 과정을 말한다. 여기에서 적합한 제재란 성취기준 및 담화의 유형과 그에 따른 특성을 반영할 수 있는 내용을 의미한다. 예를 들어 [12화작01-03]의 '맥락 고려', [12화작02-06]의 '내용 구성', [12화작02-09]의 '표현 전략'이라는 성취기준을 중심으로 '발표'라는 담화 유형을 선택했다면, 화자와 청자가 모두 학생임을 전제로 하여 그들이 다룰 수 있는 수준에서 내용을 구성하고 표현 전략과 발표 맥락 등이 잘 드러나는 방식으로 담화를 구안해야 한다.

또 다른 예로 [12화작01-01]의 '화법의 특성', [12화작02-03]의 '논리적 타당성', [12화작02-07]의 '설득 전략', [12화작04-01]의 '화법의 사회적 책임'이라는 성취기준을 중심으로 '토론'이라는 담화 유형을 선택했다고 생각해 보자. 이 경우에는 찬성/반대의 의견 대립이 분명한 제재를 선정하여 주장과 근거('설득 전략')를 갖추고 반론 및 재반론('논리적 타당성')이 있는 담화를 구안하되 사회자('화법의 특성')의 역할이나 주장의 성격('사회적 책임') 등이 포함되도록 하는 것이 바람직하다. 각각의 담화 유형에는 고유한 특성이 존재하는데, 성취기준이나 담화 유형을 선택할 때 이러한 특성을 염두에 두어야 한다.

담화 유형을 중심으로 담화를 구성하는 방법에 대해 더 자세히 살펴보자. [표 4-1]은 화법 교육과정에 제시된 대표적인 담화 유형이다.

학교 시험에서는 대개 교과서의 지문을 그대로 사용한다. 하지만 분량이나 지면의 한계 등으로 인해 시험 상황에서 지문을 온전히 옮길 수 없는 경우도 많다. 이때 특정한 담화 유형을 만들기 위해 교과서의 다른 지문을 활용하는 방법도 가능하다. 가령, 독서 교과서 혹은 국어 교과서의 다른 부분에 있는 지문을 발표나 강연으로 각색하여 평가에서 활용하는 것이다. 혹은 신문이나 잡지 등에 수록된 내용을 평가 맥락에 따라 적절히 활용하는 방법도 있다. 희토류를 화제로 한 교과서의 설명문 혹은 신문 기사가 있다고 가정해

주의점
담화를 구성할 때는 성취기준은 물론, 각각의 담화 유형이 가진 특성이 잘 반영되도록 해야 한다. 학생의 발표가 지나치게 전문적인 내용을 다룬다면 그것은 학생 수준을 벗어나는 것이기 때문에 자연스러운 담화라 보기 어렵다. 마찬가지로 전문가에 의해 이뤄지는 강연이 지극히 상식적인 수준의 내용을 다룬다면 그것 또한 강연의 특성을 온전히 반영하지 못한 것이다.

TIP
화법이나 작문 등의 과목에서 지문을 구성할 때는 처음부터 완성된 형태로 작성하려고 하기보다는 내용의 정확성만 담보하는 수준에서 초안 형식으로 작성하는 것이 좋다. 이후 문항을 정교화하면서 문항과 지문을 함께 수정하는 것이 지문과 문항의 완성도를 함께 높일 수 있는 방법이다.

[표 4-1] 2015 개정 국어과 교육과정의 대표적 담화 유형

유형	설명
발표	대체로 화자와 청자가 모두 학생임을 전제로 정보성 있는 제재에 관해 소개하는 목적으로 이루어지는 담화
강연	특정 분야의 전문가가 일반인 혹은 학생 청중을 대상으로 정보성 있는 제재에 대해 소개하는 목적으로 이루어지는 담화
대담	특정 분야의 전문가와 사회자가 일반인을 대상으로 정보성 있는 제재에 대해 대화로 풀어가는 담화
토의	공통된 문제에 대해 사회자의 진행에 따라 참여자들이 최선의 해결책을 협의하는 담화
토론	쟁점이 분명한 사안에 대해 사회자의 진행에 따라 주장과 근거를 중심으로 입론과 반론, 재반론 등의 방식으로 논쟁하는 담화
협상	이익과 관련하여 갈등이 있는 대상을 중심으로 이해 관련자들이 모여서 합의에 이르기 위해 대안들을 조정하는 담화
대화	학생-학생, 부모-학생, 선생님-학생 등 다양한 관계에서 요청, 조언, 격려 등 여러 소재를 대상으로 이루어지는 담화
면접	응시자의 자격과 자질을 판단하기 위해 면접관이 질문하고 응시자가 답변하는 방식의 담화

보자. 이를 토대로 '발표'를 구안한다면, 화자와 청자가 모두 학생이기에 TV 나 LED 등 학생들이 쉽게 접할 수 있는 화제로 시작하고, 그것이 현대 사회 에서 갖는 경제성과 가치 등을 개략적인 수준에서 언급할 수 있을 것이다. 반 면 동일한 제재로 '강연'을 구안한다면, 강연자의 전문성을 보여 줄 수 있는 논문이나 통계 등의 자료를 좀 더 많이 포함시키고 미래 사회의 변화상을 제 시함으로써 강연자의 통찰과 식견을 드러낼 수 있을 것이다. 이처럼 동일한 제재라 할지라도 담화의 유형에 따라 다루는 대상이나 수준, 방식 등에 차이 가 있기 때문에 담화를 구성할 때는 반드시 해당 유형의 특성에 부합하도록 내용을 구안해야 한다.

03 자주 활용되는 문항 유형

화법 과목의 기반이 되는 주요한 지식이나 기능 등은 교육과정이 개편되어도 변하지 않고 성취기준 및 내용 요소로 등장하는 경우가 많다. 대표적인 예로 말하기와 듣기 전략, 담화 참여자(화자 및 청자)의 역할과 반응, 특정 담화의 전형적인 내용 요소, 비언어적·준언어적 표현 등이 있다. 다음은 이와 관련된 문항 유형들이다.

TIP
이러한 성취기준 및 내용 요소들은 주로 내용보다는 형식, 그리고 기능 및 전략 등과 관련이 있다. 언어라는 수단을 활용해 의사소통이 이루어지는 한, 이들은 현재는 물론 미래에도 공통적으로 화법에서 중요한 부분을 차지할 것이다. 그렇기에 유사한 내용 요소나 성취기준 등이 교육과정에 반복적으로 등장하고, 이에 따라 평가 문항에서도 유사한 유형이 거듭 제시되고 있다.

1) 듣기 전략

2015학년도 대학수학능력시험 6월 모의평가

2. 〈보기〉는 위 발표를 들으며 학생들이 한 생각이다. 〈보기〉에 드러난 학생들의 듣기 전략을 파악한 것으로 적절하지 않은 것은?

〈 보기 〉

○ 학생 1 : 요즘 독서 토론이 제대로 이루어지지 않는 건 사실이지. 논제와 관련 없는 얘기로 토론을 방해하는 애들도 있고…….

○ 학생 2 : 부장은 독서 토론을 활성화하기 위해 독서 토론 노트에 대해 연구를 많이 한 것 같군.

○ 학생 3 : 지난 시간 학교 행사 때문에 설문 조사 참여율이 낮았는데 전체 의견을 다시 들어 보면 결과가 달라질 수도 있지 않을까?

○ 학생 4 : 독서 토론 노트는 좋은 점만 있을까? 단점도 있을 텐데…….

○ 학생 5 : 부장 말대로 독서 토론 노트를 쓰면 토론에 적극적으로 참여할 수 있을 것 같아. 오늘 당장 써 봐야지.

① 학생 1은 발표의 동기에 공감하며 들었다.

② 학생 2는 발표자의 준비 상황을 추리하며 들었다.

③ 학생 3은 발표에 활용한 자료가 믿을 만한지 점검하며 들었다.

④ 학생 4는 발표자의 주장과 그 근기기 편향된 것은 아닌지 평가하며 들었다.

⑤ 학생 5는 발표자가 결론을 이끌어 내는 과정이 합리적인지 판단하며 들었다.

주의점
청자의 반응에는 '내용 확인'도 포함되어 있다. 다만, 단순 정보 조회로 문항을 설계할 경우, 독서 과목과 유사한 문항이 될 수 있기에 추가적인 문항 설계가 요구된다. 이와 관련해서는 '04 문항 설계의 과정과 정교화'에서 구체적으로 다루도록 하겠다.

제시된 사례는 듣기와 관련하여 청자의 반응을 공감, 추론, 평가의 측면에서 구분하여 각각을 확인하도록 구안한 문항이다. 선택지 ①번은 공감, ②번은 추론을 확인하고 있으며, ③번은 평가 중 신뢰성, ④번은 공정성, ⑤번은 타당성을 확인하는 선택지이다. 이러한 사례 외에도 내용 확인의 측면에서 담화의 특정 부분에 대한 정보 조회를 중심으로 문항을 구안할 수도 있다. 이처럼 듣기 전략과 관련된 문항은 내용 확인에서부터 평가에 이르기까지 청자의 다양한 반응을 중심으로 문항을 실계할 수 있다.

2) 말하기 전략

1. 위 강연자의 말하기 방식으로 가장 적절한 것은?

① 청중과 공유했던 경험을 직접 제시하여 강연의 목적을 밝히고 있다.

② 청중이 강연 내용을 신뢰할 수 있도록 객관적인 통계 자료를 활용하고 있다.

③ 청중에게 구체적인 사례를 제시하고 이를 분석하면서 강연의 중심 내용을 설명하고 있다.

④ 청중이 희망하는 직업들의 특징을 서로 대비함으로써 강연 내용의 활용 가치를 강조하고 있다.

⑤ 청중이 던진 질문에 답변을 함으로써 강연 내용에 대한 청중의 궁금증을 해소해 주고 있다.

TIP
전략을 평가하는 문항은, 단순히 전략이 있는가 없는가를 확인하는 문항이 되어서는 안 된다. 화법에서의 전략은 실제 언어생활에서 학생이 그러한 전략을 사용할 수 있거나, 전략의 적절성 등을 판단할 수 있도록 하는 것이 중요하기 때문이다. 따라서 문항에서도 왜 이러한 전략이 사용되었는지, 그것이 과연 적절한지 등을 중심으로 문항을 구성하는 것이 좋다. 이에 선택지를 "전문가의 견해를 인용하고 있다."보다는 "논거에 대한 신뢰성을 높이기 위해 전문가의 견해를 인용하고 있다."등의 방식으로 작성하는 것이 적절하다. 즉, '의도+표현'과 같은 형식을 사용하는 것이다.

듣기 전략이 청자와 관련된 대표적인 문항 유형이라면, 말하기 전략은 화자와 관련된 대표적인 문항 유형이다. 말하기 전략이란 의미를 전달함에 있어 특정한 의도를 가지고 이루어지는 표현 행위이다. 위의 사례는 선택지에 경험 활용(①번), 통계 자료 활용(②번), 사례 제시(③번), 다른 대상과의 비교·대조(④번), 질문과 답변(⑤번) 등 여러 가지 말하기 전략을 제시하고, 각 전략에 대한 화자의 의도를 진술하고 있다. 이처럼 말하기 방식 및 전략에 관한 문항은 표현 방식에 대한 이해와 그것에 반영된 화자의 의도를 파악하는 것을 중심으로 문항이 설계된다. 제시된 담화에 어떠한 말하기 전략이 사용되었는지만이 아니라, 해당 전략의 의도와 목적이 무엇인지까지 파악하도록 해야 성취기준에 부합하는 문항이라고 할 수 있다.

3) 담화의 전형적인 내용 요소

2017학년도 대학수학능력시험 6월 모의평가

5. 위 토의의 흐름으로 볼 때, [C]의 의의를 가장 잘 설명한 것은?

① 토의에서 결정된 사항을 이행하기 위한 세부 계획을 결정하였다.
② 예상되는 문제점의 보완을 전제로 특정 방안을 실행하는 데에 합의하였다.
③ 최적화된 결과를 도출하기 위해 제삼의 방안을 절충안으로 결정하였다.
④ 소수 의견 존중을 전제로 특정 방안을 유연하게 실행하는 데에 합의하였다.
⑤ 오류 가능성을 줄이기 위해 특정 방안에 대한 전문가의 의견을 구하는 데에 합의하였다.

제시된 사례는 특정 담화의 전형적인 내용 요소에 대한 이해를 평가하고 있다. 토의나 토론, 강연 등의 공적 담화들은 각각 특정한 내용 요소들을 가지고 있다. 예를 들면 토의에는 합의점을 찾기 위한 과정이, 토론에는 쟁점에 대한 주장과 근거가, 강연에는 대상에 대한 전문가적 지식과 식견 등이 담겨 있어야 한다. 또한 강연의 시작 부분에서는 인사말과 화제 소개가, 토론의 시작 부분에서는 문제 제기 등이, 강연이나 발표의 끝 부분에서는 내용 정리, 전망, 당부 등이 제시되는 경우가 많다. 따라서 화법 과목에서는 제시된 담화의 특정 부분이 해당 담화 유형의 내용 요소 중 어느 것에 해당하는지, 혹은 담화의 빈 곳에 들어갈 내용으로 흐름상 적절한 것은 무엇인지 등을 판단하는 문항이 자주 출제된다.

주의점
담화 유형들은 저마다 관습적인 특징이 있다. 예컨대 발표나 강연의 경우 서두에 화제를 소개하고 마무리에서 주요 내용을 요약·정리한다. 이는 청자를 배려한 관행임과 동시에, 표현 전략이기도 하다. 이와 같은 각 담화 유형의 특징은 문항 설계에 따라 담화 맥락이나 표현 전략 등으로 다양하게 활용할 수 있다.

04 문항 설계의 과정과 정교화*

주의점
각각의 성취기준을 중심으로 문항을 설계할 때 담화의 특정 부분에서만 집중적으로 문항이 제시되면 문항 간 간섭 및 선택지 중복 등의 문제가 발생할 수 있다. 따라서 각 문항이 묻는 지점이 겹치지 않도록 담화의 내용을 고르게 안배해야 한다.

화법 과목의 문항을 설계할 때는 선택한 성취기준 및 내용 요소들을 담화 안에 균형 있게 배치하여 문항 간 간섭이 없도록 하는 것이 중요하다. 문항은 어떤 성취기준을 어떻게 조합하느냐에 따라 다양하게 설계할 수 있다. 여기에서는 '정보 전달' 목적의 담화를 예시로 살펴보고자 한다.

1) 담화 및 문항의 설계

아래에 제시된 담화 초안을 토대로 성취기준 [12화작01-03] '화법과 작문 활동에서 맥락을 고려하는 일이 중요함을 이해한다.', [12화작02-06] '청자의 특성에 맞게 내용을 구성하여 발표한다.', [12화작02-09] '상황에 맞는 언어적·준언어적·비언어적 표현 전략을 사용하여 말한다.'에 부합하는 문항을 설계하는 과정을 확인해 보자.

담화 초안

여러분, '희토류'에 대해 들어 본 적이 있으신가요? 네. 그러시군요. 희토류는 우리 생활 속에서 쉽게 접할 수 있는 제품들에 널리 사용되고 있습니다. 하지만 희토류에 대해 잘 알지 못하는 분들이 많은 것 같아 이번 시간에는 희토류가 무엇이고 어떻게 쓰이는지 등에 대해 알려 드리고자 합니다.

원소에 대해서는 잘 아시죠? 잘 아시는군요. 희토류는 원소 주기율표에서 원자 번호 57부터 71까지의 원소와 그 외의 2개 원소를 합친 17개의 원소를 가리킵니다. 희토류는 다른 물질과 함께 화합물을 형성하여 다양한 산업 분야에서 주요 소재로 널리 활용되고 있습니다. 이제 희토류에 대해 이해되셨을 겁니다. 그럼 다음으로, 희토류의 실제 활용 사례입니다. (영상을 보여 주며) 희토류 중 하나인 이트륨이 활용된 사례입니다. 이 희토류를 포함한 화합물은 LED나 TV 스크린 등에 발광 재료로 쓰이는데 이 경우에 발광 효율이 높아 에너지 절약 효과를 가져올 수 있습니다. 다음은 역시 희토류 중의 하나인 네오디뮴이 활용된

---

* 2016학년도 대학수학능력시험(A형) 3~5번 문항을 사례로 제시하였다.

사례입니다. 이 희토류를 포함한 화합물 중에서 강한 자성을 갖는 것은 하이브리드 자동차나 전기 자동차의 모터용 자석에 널리 사용됩니다.

최근에는 첨단 산업 분야에서 희토류에 대한 수요가 늘면서 희토류의 생산량이 증가하고 있습니다. (표를 제시하며) 여기를 보시면 2010년의 전 세계 희토류 생산량은 약 13만 톤이었는데요. 1986년부터 2010년까지 25년 동안 희토류 생산량이 꾸준히 증가했다는 것을 알 수 있습니다. 최근 한 전문가의 연구에 따르면, 2050년에는 전 세계 희토류 수요량이 약 80만 톤에 이를 것이라고 합니다. 그런데 희토류는 특정 광석에만 존재하며, 광석에서 분리하여 정제하기가 매우 까다롭다고 합니다. 이러한 이유로 최근 여러 국가에서는 희토류의 생산 확대를 위한 기술을 적극적으로 개발하고 있습니다.

지금까지 희토류에 대한 여러분의 이해를 돕기 위해 희토류의 개념과 산업 분야에서의 활용 사례 등을 중심으로 발표를 하였습니다. 앞서 말씀드린 바와 같이 희토류는 여러 산업 분야에 걸쳐 주요 소재로 활용되고 있습니다. 이에 제 발표를 통해 여러분이 희토류에 대해 잘 이해하셨길 바랍니다. 더불어 생활 속에서 희토류가 실제로 얼마나 다양하게 활용되고 있는지 관심을 갖고 찾아보셨으면 합니다. 이상으로 발표를 마치겠습니다. 감사합니다.

[12화작02-06]의 성취기준은 '청자의 특성에 맞게 내용을 구성'하는 것이기에 청자가 언급되고 그들이 어떤 행동이나 태도를 갖도록 촉구하는 부분("지금까지 희토류에 대한 ~ 이상으로 발표를 마치겠습니다. 감사합니다.")이 있는 마지막 문단이 평가 문항을 설계하는 데 적합하다. 편의상 이 문단을 [가]라고 하자.

[가] ⎡ 지금까지 희토류에 대한 여러분의 이해를 돕기 위해 희토류의 개념과 산업 분야에서의 활용 사례 등을 중심으로 발표를 하였습니다. 앞서 말씀드린 바와 같이 희토류는 여러 산업 분야에 걸쳐 주요 소재로 활용되고 있습니다. 제 발표를 통해 여러분이 희토류에 대해 잘 이해하셨길 바랍니다. 더불어 생활 속에서 희토류가 실제로 얼마나 다양하게 활용되고 있는지 관심을 갖고 찾아보셨으면 합니다. 이상으로 발표를 마치겠습니다. 감사합니다.

[가]에서 청자의 특성과 관련된 부분은 "지금까지 ~ 하였습니다."(청자이해를 위한 내용 정리), "더불어 ~ 합니다."(청자의 관심 촉구)이다. 이를 토대로 1번 문항을 설계하면, 우선 선택지로 활용할 수 있는 정보가 두 개이기 때문에 부정형 문항보다는 긍정형 문항으로 구안하는 것이 낫다. 그에 따라 발문은 "다음 중 [가]에 대한 설명으로 가장 적절한 것은?"으로 한다.

발문을 작성한 뒤에는 선택지를 구성한다. 선택지는 정답을 먼저 결정한 뒤 오답을 구안하는 것이 효율적이다. 그래야 난도를 조절하거나 특정 선택지로 정답 번호가 쏠리는 현상을 방지할 수 있기 때문이다. 앞에서 발문을 설계한 1번 문항을 예로 들면, 먼저 정답 선택지를 "청자의 이해를 돕기 위해 강연 내용을 정리하고 있다." 혹은 "화제에 대한 청자의 관심을 촉구하고 있다."로 정한다. 이후 그와 무관한 것으로 오답지를 구성하면 다음과 같이 문항 초안을 작성할 수 있다.

1번 문항 초안

1. [가]에 대한 설명으로 가장 적절한 것은?

  ① 청자의 요구 사항을 고려하여 화제의 효율성을 부각하고 있다.

  ② 청자의 연령을 고려하여 다양한 비유를 사용해 이해를 돕고 있다.

  ③ 청자의 관심사를 고려하여 다양한 사례를 들어 화제를 설명하고 있다.

✓ ④ 청자의 이해 수준을 고려하여 강연 내용을 정리하면서 마무리하고 있다.

  ⑤ 청자의 진로 분야를 고려하여 화제와 관련된 특정 분야를 강조하고 있다.

이 과정까지 진행한 문항은 초안 상태로, 아직 여러 문제점이 있다. 먼저, 현재 담화에서는 선택지에 언급된 청자의 요구, 연령, 관심사, 이해 수준 등이 명확하게 확인되지 않는다. 따라서 선택지를 폭넓게 해석하면 정답으로 간주할 가능성도 있다. 가령, 선택지 ③번의 경우 모든 발표, 강연 등은 기본적으로 청자의 관심사를 고려한다고 볼 수 있으며, '다양한' 사례는 그 기준이 모호하기 때문에 정답에 대한 불필요한 오해를 낳을 수 있다. 마찬가지로 ⑤번 또한 청자가 명시적으로 드러나지 않는 한, 진로 분야를 고려하지 않았

다고 단정할 수 없다. 따라서 정오답을 명확히 하기 위해서는 지문에 판단의 단서를 제공하는 것이 바람직하다. 지금은 선택지 앞부분의 정보가 불명확하여 결국 선택지 뒷부분의 정보에 따라 정답이 결정된다는 한계가 있다. 그러므로 이후 정교화 단계를 거쳐 담화와 문항을 모두 수정해야만 불필요한 논란을 없애고 적정 난도를 유지하는 좋은 문항이 될 수 있다.

다음으로, [12화작02-09]의 '표현 전략'을 중심으로 2번 문항을 설계해보자. 이 성취기준을 반영한 문항을 설계하려면 우선 발표 전체에서 표현 전략이 잘 드러나는 부분을 찾아야 한다. 화법에서는 화자의 의도가 중요하기 때문에 이를 명확히 드러내기 위해 의문형이나 청유형 발화를 취하는 경우가 많고, 때때로 청중의 반응이나 화자의 의도 등을 간접적으로 보여 주기 위해 비언어·준언어적 표현을 사용하는 경우도 있다. 다시 말해, 발화에 담긴 화자의 특정한 의도를 명료화하기 위해 의문형이나 청유형을 주로 사용하며, 여기에 대한 청중의 반응을 함께 제시하기도 한다는 것이 화법 과목의 표현 전략이다. 담화 초안에서 이런 부분이 비교적 잘 나타난 곳은 강연의 앞부분이다.

주의점
화법에서 '전략'이란 화자가 특정한 의도를 가지고 이루어지는 행위를 말한다. 작문 전략이 주로 수사법을 다루고 있다면, 화법 전략에는 수사법은 물론 비언어·준언어적인 표현도 포함되기에 이 점을 유의해야 한다.

여러분, '희토류'에 대해 들어 본 적이 있으신가요? 네. 그러시군요. 희토류는 우리 생활 속에서 쉽게 접할 수 있는 제품들에 널리 사용되고 있습니다. 하지만 희토류에 대해 잘 알지 못하는 분들이 많은 것 같아 이번 시간에는 희토류가 무엇이고 어떻게 쓰이는지 등에 대해 알려 드리고자 합니다.

원소에 대해서는 잘 아시죠? 잘 아시는군요. 희토류는 원소 주기율표에서 원자 번호 57부터 71까지의 원소와 그 외의 2개 원소를 합친 17개의 원소를 가리킵니다. 희토류는 다른 물질과 함께 화합물을 형성하여 다양한 산업 분야에서 주요 소재로 널리 활용되고 있습니다. 이제 희토류에 대해 이해되셨을 겁니다. 그럼 다음으로, 희토류의 실제 활용 사례입니다. (영상을 보여 주며) …

최근에는 첨단 산업 분야에서 희토류에 대한 수요가 늘면서 희토류의 생산량이 증가하고 있습니다. (표를 제시하며) 여기를 보시면 … 최근 한 전문가의 연구에 따르면, 2050년에는 전 세계 희토류 수요량이 약 80만 톤에 이를 것이라고 합니다. …

밑줄 친 문장을 보면 화자의 질문이 있고, 이에 대한 청자의 반응이 있다. 이 중에는 영상, 표 등의 매체 자료를 제시하는 부분이 있기 때문에, 이 자료들을 사용한 의도나 목적 등도 간접적으로 확인할 수 있어 선정한 성취기준을 반영한 문항을 설계하기에 적합하다.

또한 관련된 정보가 다섯 가지이기 때문에 부정형 문항으로 설계할 수 있다. 다만, 필요한 정보들이 특정 부분에 몰려 있지 않고 담화 전반에 흩어져 있기에 [가] 등으로 묶기에는 어려움이 있다. 따라서 발문은 "발표에 사용된 표현 전략으로 적절하지 <u>않은</u> 것은?"으로 한다.

선택지는 위에 제시된 다섯 가지 정보를 활용해서 구성할 수 있다. 이때 선택지의 순서를 '길이순'으로 할 것인지, '정보의 출현순'으로 할 것인지를 정해야 한다. 대체로 난도를 높이고자 할 때 전자를 선택하고, 반대의 경우 후자를 선택한다.

2번 문항 초안

2. 발표에 사용된 표현 전략으로 적절하지 <u>않은</u> 것은?

    ① 청중에게 질문을 하고 있다.
    ② 전문가의 설명을 인용하고 있다.
  ✓ ③ 발표 대상의 장단점을 비교하고 있다.
    ④ 발표 대상의 활용 사례를 제시하고 있다.
    ⑤ 영상이나 표 등의 시각 자료를 활용하고 있다.

2번 문항 초안의 경우 정답은 비교적 명확하지만 문항 자체의 완성도는 낮은 편이다. 단순 정보의 조회만으로 정답을 확정할 수 있기 때문에 학생들의 역량을 평가하는 최근의 경향을 고려할 때 그리 좋은 문항이라고 할 수 없다. 따라서 이후 정교화 과정을 통해 문항의 완성도를 높여야 한다.

마지막으로 [12화작01-03]의 '화법의 맥락 고려'를 중심으로 3번 문항을 구안해 보자. 이를 위해서는 우선 다양한 화법의 맥락 중에서 무엇을 선택할 것인가를 결정해야 한다. 일반적으로 화법의 맥락에는 담화가 이루어지고 있는 상황, 담화의 목적, 청자 등 다양한 요소들이 있다. 여기에서 중요한 점은 앞에서 설계한 문항들이 담화의 여러 지점에서 정보를 추출했기 때문에, 이와 겹치지 않으면서도 이 문항의 성취기준인 '화법의 맥락'에 부합하는 부분을 담화에서 찾아야 한다는 것이다. 즉, 답지 간섭이나 문항 간섭 등을 피하기 위해 다른 문항들과 내용 요소가 겹치지 않은 부분 중에서 화법의 맥락에 부합하는 부분을 추출해야 한다.

현재 제시된 담화에서는 화제('희토류')에 관한 주요 정보들이 문항에 활용되지 않았다. 따라서 이 정보들을 바탕으로 문항을 설계할 수 있는데, 다음은 정보의 출현순으로 선택지를 구성한 문항 초안이다.

3번 문항 초안

3. 다음 중 '희토류'에 대한 설명으로 적절하지 <u>않은</u> 것은?

   ① 이트륨를 포함한 화합물은 LED나 TV 스크린 등에 발광 재료로 쓰인다.
   ② 네오디뮴을 포함한 화합물은 강한 자성을 갖고 있다.
   ③ 1986년부터 25년 동안 희토류 생산량은 꾸준히 증가하여 왔다.
   ④ 희토류는 광석에서 분리하여 정제하기가 매우 까다롭다.
   ✓ ⑤ 희토류 생산 확대를 위한 기술은 일부 국가에서만 개발하고 있다.

이러한 문항은 얼핏 보면 담화의 수용 중 '내용 확인'에 해당한다고 볼 수 있지만, 화법 과목이라기보다는 독서 과목에 가까운 문항 유형이다. 즉, 화법의 특성이 잘 드러나지 않은 문항으로, 정교화 과정을 거쳐 화법 과목 문항답게 수정할 필요가 있다. 그러나 내용의 정확성을 유지하기 위해 관련된 정보들은 가급적 손대지 않고 문항의 형태만 정교화하는 방식으로 수정하는 편이 적절하다.

2) 담화 및 문항의 정교화

앞서 [12화작02-06] '청자의 특성에 맞게 내용을 구성하여 발표한다.'에 따라 담화와 1번 문항을 구안하였다. 하지만 제시된 담화에서는 '청자의 특성'

주의점
간혹 문항을 수정하는 과정에서 담화의 주요 정보까지 훼손하는 경우가 있다. 그러나 주요 정보들은 가능한 그대로 유지하는 것이 바람직하다.

이 명료하지 않다. 따라서 [가]에서 청자의 특성을 좀 더 부각하기 위해 청자의 연령, 배경 지식, 장래 희망 등의 사항을 추가적으로 제시해 보자. 이렇게 하면 평가 요소가 더욱 명료해지고 문항을 설계하는 데도 용이하다. 아래는 이러한 점을 고려하여 성취기준에 부합하도록 지문 [가]를 수정한 것이다.

[가]
　　지금까지 희토류에 대한 **여러분**의 이해를 돕기 위해 희토류의 개념과 산업 분야에서의 활용 사례 등을 중심으로 발표를 하였습니다. 앞서 말씀드린 바와 같이 희토류는 여러 산업 분야에 걸쳐 **주요 소재로 활용되고 있습니다.** 제 발표를 통해 **여러분**이 희토류에 대해 잘 이해하셨길 바랍니다. 더불어 생활 속에서 희토류가 실제로 얼마나 다양하게 활용되고 있는지 관심을 갖고 찾아보셨으면 합니다. 이상으로 발표를 마치겠습니다. 감사합니다.

↓

[가]
　　지금까지 희토류에 대한 **학생 여러분**의 이해를 돕기 위해 희토류의 개념과 산업 분야에서의 활용 사례 등을 중심으로 발표를 하였습니다. 앞서 말씀드린 바와 같이 희토류는 여러 산업 분야에 걸쳐 **주요 소재로 활용되고 있어서 '산업의 비타민'이라고 불립니다.** 제 발표를 통해 **학생 여러분**이 희토류에 대해 잘 이해하셨길 바랍니다. 더불어 생활 속에서 희토류가 실제로 얼마나 다양하게 활용되고 있는지 관심을 갖고 찾아보며, **희토류 관련 분야에서 일하는 것이 장래 희망으로 포함되었으면 좋겠습니다.** 이상으로 발표를 마치겠습니다. 감사합니다.

주의점
선택지를 만드는 단계에서, 담화의 내용과 관련 없이 일반적인 내용으로만 선택지를 구안하는 실수를 하는 경우가 많다. 담화를 읽지 않고 선택지만 확인하고도 진위 여부를 판단할 수 있도록 선택지를 구안해서는 안 된다는 점을 명심해야 한다. 국어과 평가 문항은 반드시 지문 및 담화와 밀접하게 연관되어야 한다. 따라서 모든 선택지의 진위 여부는 지문 및 담화를 통해서 확인할 수 있어야 좋은 문항이라고 할 수 있다.

　　대상을 '여러분'에서 '학생 여러분'으로 수정하면 청자의 성격과 특징이 더욱 분명해진다. 따라서 담화의 일부 내용을 학생 청자 수준으로 조정하고, 청자의 흥미와 진로 등을 고려하여 '장래 희망' 등을 추가할 수 있다. 이렇게 수정된 담화를 바탕으로 청자의 특성과 관련된 사항들을 추출하면 다음과 같다.

- 희토류에 대한 학생들의 관심이 높아지기를 바라고 있다.
- 학생들의 이해를 돕기 위해 희토류의 역할을 비유적으로 표현하고 있다.
- 발표 내용이 학생들의 진로에 영향을 끼치기를 바라고 있다.

위와 같이 담화에서 추출한 세 개의 정보를 토대로 1번 문항을 구성하는 방법에는 두 가지가 있다. 첫 번째는 앞서 언급했던 긍정형 문항으로 '가장 적절한 것'을 선택하도록 설계하는 것이다. 두 번째로 세 가지 정보를 모두 활용하여 합답형 문항을 만들 수 있다. 이 경우 〈보기〉를 사용하여 각각을 ㉠, ㉡, ㉢으로 하고, 발문을 "〈보기〉의 내용 중 [가]에 반영한 것만을 있는 대로 고른 것은?"으로 한다.

1번 문항 1차 수정안

1. 〈보기〉의 내용 중 [가]에 반영한 것만을 있는 대로 고른 것은?

─── 〈 보기 〉 ───

㉠ 희토류에 대한 학생들의 관심이 높아지기를 바라고 있다.
㉡ 학생들의 이해를 돕기 위해 희토류의 역할을 비유적으로 표현하고 있다.
㉢ 발표 내용이 학생들의 진로에 영향을 끼치기를 바라고 있다.

① ㉠ ② ㉠, ㉡ ③ ㉡, ㉢ ④ ㉠, ㉢ ✓⑤ ㉠, ㉡, ㉢

위의 1차 수정안은 세 개의 정보를 모두 활용해서 5지선다형을 만드는 방식으로, 이렇게 구성하면 세 개의 정보로도 5지선다형을 구성할 수 있다. 하지만 이러한 합답형 문항의 경우 실제적으로 묻는 정보는 세 가지이기 때문에 ①번처럼 기형적인 선택지가 출현하게 된다. 또한 선택지 ①번은 유인가가 부족하기 때문에 문항의 난도에도 영향을 미친다. 따라서 문항의 완성도를 고려하여 추가적인 설계가 필요하다.

담화의 [가] 부분은 발표를 마무리하는 단계이다. 따라서 여기에는 발표

TIP
문항의 난도는 확인해야 할 지점들이 많아질수록 높아진다. 따라서 각 선택지에 확인 지점을 하나 설정하는 것보다는 두 가지 이상으로 설정하는 것이 난도를 높이는 방법이다.

내용을 요약하여 청자에게 주요 사항들을 환기시키는 발언이 포함되어 있다. 이를 활용하면, 담화 구성의 일반적인 사항과 청자를 고려한 내용 생성 등을 결합하여 선택지를 새롭게 구안할 수 있다. 이렇듯 선택지에 포함할 내용들을 확장시키면 더욱 완성도 있는 문항을 설계할 수 있다. 또한 [가]의 일부 내용을 담고 있으면서 틀린 진술도 함께 포함된 선택지를 제시하고 부정형 문항으로 설계한다면 문항의 난도도 높일 수 있다. 이를 반영한 1번 문항 수정안은 다음과 같다.

1번 문항 2차 수정안

1. [가]에 대한 설명으로 적절하지 <u>않은</u> 것은?

　① 희토류에 대한 학생들의 관심이 높아지기를 바라고 있다.
　② 발표 내용이 학생들의 진로에 영향을 끼치기를 바라고 있다.
　③ 학생들의 이해를 돕기 위해 희토류의 역할을 비유적으로 표현하고 있다.
　④ 발표 내용을 요약하여 학생들로 하여금 주요 내용을 환기시키고 있다.
✓⑤ 희토류로 인해 학생들의 삶에 긍정적인 변화가 나타날 것임을 예측하고 있다.

다음으로 [12화작02-09]의 '표현 전략'에 관한 2번 문항을 수정해 보자. 이 문항도 전략의 특성을 잘 드러내기 위해서는 화자의 다양한 표현과 함께 이에 대한 청자의 반응을 담화에 제시할 필요가 있다. 이는 전략의 의도뿐만 아니라 그 효과까지 드러낸 것으로, 불필요한 정답 시비를 줄이고 답을 명료화하는 방안이기도 한다.

　여러분, '희토류'에 대해 들어 본 적이 있으신가요? 네, 그러시군요. 희토류는 우리 생활 속에서 쉽게 접할 수 있는 제품들에 널리 사용되고 있습니다. 하지만 희토류에 대해 잘 알지 못하는 분들이 많은 것 같아 이번 시간에는 희토류가 무엇이고 어떻게 쓰이는지 등에 대해 알려 드리고자 합니다.

원소에 대해서는 잘 아시죠? 잘 아시는군요. 희토류는 원소 주기율표에서 원자 번호 57부터 71까지의 원소와 그 외의 2개 원소를 합친 17개의 원소를 가리킵니다. 희토류는 다른 물질과 함께 화합물을 형성하여 다양한 산업 분야에서 주요 소재로 널리 활용되고 있습니다. 이제 희토류에 대해 이해되셨을 겁니다. 그럼 다음으로, 희토류의 실제 활용 사례입니다. (영상을 보여 주며) …

최근에는 첨단 산업 분야에서 희토류에 대한 수요가 늘면서 희토류의 생산량이 증가하고 있습니다. (표를 제시하며) 여기를 보시면 … 최근 한 전문가의 연구에 따르면, 2050년에는 전 세계 희토류 수요량이 약 80만 톤에 이를 것이라고 합니다. …

↓

여러분, '희토류'에 대해 들어 본 적이 있으면 손 한번 들어 보세요. (손을 든 사람이 아무도 없음을 확인하고) 네. 그러시군요. 희토류는 우리 생활 속에서 쉽게 접할 수 있는 제품들에 널리 사용되고 있습니다. 하지만 희토류에 대해 잘 알지 못하는 분들이 많은 것 같아 이번 시간에는 희토류가 무엇이고 어떻게 쓰이는지 등에 대해 알려 드리고자 합니다.

원소에 대해서는 잘 아시죠? (그렇다는 대답을 듣고) 잘 아시는군요. 희토류는 원소 주기율표에서 원자 번호 57부터 71까지의 원소와 그 외의 2개 원소를 합친 17개의 원소를 가리킵니다. 희토류는 다른 물질과 함께 화합물을 형성하여 다양한 산업 분야에서 주요 소재로 널리 활용되고 있습니다. 이제 희토류에 대해 이해되셨나요? (그렇다는 대답을 듣고) 그럼 다음으로, 희토류의 실제 활용 사례를 함께 살펴보죠. (영상을 보여 주며) …

최근에는 첨단 산업 분야에서 희토류에 대한 수요가 늘면서 희토류의 생산량이 증가하고 있습니다. (표를 제시하며) 여기를 보시면 … 최근 한 전문가의 연구에 따르면, 2050년에는 전 세계 희토류 수요량이 약 80만 톤에 이를 것이라고 합니다. …

담화를 위와 같이 수정할 경우 의문형의 발화와 이에 대한 청중의 반응이 함께 제시되어 '표현 전략'이 명료해진다. 청유형의 발화도 "(영상을 보여 주며)"와 같은 비언어적 행위와 함께 제시되어 발화의 의도를 명확히 파악할 수 있다. 이러한 점을 반영하여 선택지를 '의도+표현'의 형태, 즉 '…하기 위해[의도] ~하고 있다[표현].'와 같은 형식으로 수정하면 의도와 표현을 모두 물을 수 있다. 또한 두 요소 간의 적절성도 평가할 수 있기 때문에 보다 완성도 높은 평가 문항이 된다. 이를 반영하여 수정한 2번 문항은 다음과 같다.

2번 문항 수정안

2. 발표에 사용한 표현 전략에 대한 설명으로 적절하지 <u>않은</u> 것은?

① 발표의 목적을 설명하기 위해 청중에게 특정 행동을 요구하고 있다.
② 발표 내용에 대한 청중의 이해를 돕기 위해 시각 자료를 활용하고 있다.
③ 발표 내용에 대한 신뢰도를 높이기 위해 전문가의 설명을 직접 인용하고 있다.
④ 발표 내용에 대한 청중의 이해 여부를 확인하기 위해 청중에게 질문을 하고 있다.
✓⑤ 발표 대상의 유용성과 한계를 인식시키기 위해 발표 대상의 장단점을 비교하고 있다.

TIP

'전략'이라는 표현은 특정 행위가 목적성과 의도성을 강하게 내포할 때 사용한다. 이에 비해 상대적으로 그것이 약한 경우에는 '말하기 방식'이라는 표현을 사용한다. 물론 경우에 따라서는 말하기 방식이 전략을 포함하기도 하기에, 최근에는 '전략'보다는 '말하기 방식'이라는 표현을 더 많이 사용한다. 아래는 말하기 방식과 관련하여 자주 언급되는 선택지들이다.

• 질문을 통해 상대방의 의도를 확인하고 있다.
• 상대방의 질문에 대해 해결 방안을 제시해 주고 있다.
• 상대방의 의견에 대해 의문을 제기하고 있다.
• 상대방의 발언 내용을 요약하며 대화를 진행하고 있다.
• 이해하지 못한 내용에 대해 설명을 요청하고 있다.

선택지를 구안할 때는 담화의 내용을 포함해야만 문항의 완성도가 높아진다. 2번 문항 수정안의 선택지들은 모두 '…하기 위해[의도] ~하고 있다[표현].'의 문장 구조를 취하고 있다. 이는 전략의 본질인 특정 행위와 여기에 담긴 의도를 모두 묻고, 그 진위 여부를 담화를 통해 확인하도록 하기 위함이다. 이렇듯 담화의 내용을 포함하여 선택지를 구성하면, 담화에 대한 이해를 바탕으로 표현 전략에 대한 해석까지 물을 수 있어 더욱 완성도 높은 문항이 된다.

다음으로, [12화작01-03]의 '화법의 맥락 고려'를 중심으로 설계한 3번 문항을 수정해 보자. 앞서 제시된 문항 초안은 화제와 관련된 여러 정보들을 활용하여 담화의 수용(내용 확인) 측면에서 구안하였다. 이때 문항이 독서 과목에 가깝다는 문제점이 발견되었다.

화법 과목의 문항을 설계할 때 자주 보이는 실수 중 하나가 바로 '담화'의 본질인 화자와 청자의 상호작용을 간과한 채 정보를 나열하는 방식으로 문항을 설계하는 것이다. 이는 독서 과목에서 주로 사용하는 방식으로, 화법의 본질과는 다소 거리가 있다. 따라서 제시된 정보는 유지하면서 화자와 청자의 상호작용이 드러날 수 있도록 문항의 형태를 재구성할 필요가 있다. 이를 위해 '질문하기', '메모하기' 등의 방법을 활용하여 청자가 주요 정보를 확인, 요약 또는 추론하게 하는 방식을 택하는 경우가 많다. 여기에서는 '메모하기'를 활용해 문항을 수정하는 방안을 사례로 제시한다.

3번 문항 수정안

3. 다음은 발표를 들은 **청중이 '희토류'에 대해 설명하는 글을 쓰기 위해 작성한 메모이다.** 발표 내용을 고려할 때, 적절하지 <u>않은</u> 것은?

○ 이트륨을 포함한 화합물을 사용한 TV 스크린 제품 → 에너지 절약 효과가 있음 ·· ⓐ
○ 하이브리드 자동차나 전기 자동차의 모터용 자석에 포함되는 화합물 → 강한 자성을 갖는 네오디뮴을 포함한 화합물·············· ⓑ
○ 전 세계 희토류 생산량 예측 → 2010년을 기준으로 이후 25년간 증가할 것으로 예상 ·· ⓒ
○ 희토류 개발의 난점 → 광석에서 희토류를 분리하여 정제할 때··· ⓓ
○ 2050년 전 세계 희토류 수용량 예측 → 약 80만 톤 ··············· ⓔ

① ⓐ   ② ⓑ   ✓③ ⓒ   ④ ⓓ   ⑤ ⓔ

이처럼 메모하기를 활용하면, 청자가 발표 내용을 요약하고 정리하는 등의 능동적 과정을 선택지로 구안할 수 있다. 위의 3번 문항 수정안처럼 담화에서 특정 정보를 확인하는 부분과 그에 대한 청자의 반응을 보여 주고 둘 사이의 관련성이나 적절성을 담화의 맥락을 통해 확인하도록 구안하면 성취 기준에 부합하는 문항을 실계할 수 있다.

주의점
문항에서 활용할 수 있는 메모의 유형은 다음과 같다.
1. 내용 중심의 메모
2. 생각과 느낌 중심의 메모

이 중 '내용 중심'은 사실적 이해를 물을 수 있는 반면, '생각과 느낌 중심'은 청자의 주관적인 견해나 판단이 개입될 여지가 있기 때문에 〈보기〉 등의 추가적인 단서를 제공하지 않는다면 자칫 선택지에 대한 정오 판단이 불명확할 수 있다.

다음은 아직 수정 작업을 거치지 않은 초안 형태의 문항이다. 앞에서 설명했던 문항의 설계 및 정교화 방법을 활용하여 각각의 성취기준에 맞게 문항을 검토하고 수정해 보자.

■ 문항 초안

[1~3] 다음은 '자기통제력'에 대한 강연의 일부이다. 물음에 답하시오.

여러분, 무언가 이루고 싶다는 목표 의식이나 성취 욕구 등을 가져 본 적 있으신가요? 생각이 금방 떠오르지 않는 모양입니다. 그럼 이번 시험에서는 좀 더 좋은 성적을 받고 싶다, 아니면 이번 수행 과제는 열심히 조사해서 친구들로부터 인정을 받고 싶다는 등의 생각을 해 본 적은 있었을 겁니다. 이처럼 우리는 생각보다 성취하고자 하는 많은 크고 작은 목표들을 가지며 살아가고 있습니다. 그럼 어떤 사람들이 자신이 정한 목표에 좀 더 쉽게 다가갈까요?

이에 대한 해답을 보여 주는 실험이 하나 있습니다. 혹시 '마시멜로 실험'이라고 들어 보셨나요? 1960년대에 미국의 스탠퍼드 대학교에서는 '마시멜로 실험'이라는 것을 실시합니다. 실험의 내용은 비교적 간단합니다. 실험자는 피실험자인 네 살 아동의 앞에 마시멜로를 놓고 이렇게 말한 다음 방을 나갔습니다. "15분만 기다리면 마시멜로를 하나 더 줄게. 못 참겠으면 먹어도 되지만 그때는 벨을 울려 주렴."

아이들이 참을성을 발휘한 시간은 평균 2분 정도였습니다. 아이들 중에는 벨을 누르기도 전에 냅다 먹어 버린 아이도 있었다고 합니다. 그러나 25%의 아이들은 끝까지 참아 내 마시멜로를 하나 더 먹을 수 있었습니다.

흥미로운 사실은 이후 12년이 지나서 당시 실험에 참가했던 아이들을 추적 조사한 결과입니다. 1분 이내에 벨을 울렸던 아이들은 학교와 가정에서 자주 짜증을 부리는 등 문제를 안고 있을 확률이 높았습니다. 반면 15분간 기다렸던 아이들은 30초밖에 기다리지 못했던 아이보다 미국 대학 진학 시험 점수가 평균 210점이나 높았다고 합니다. 욕망이 향하는 대로 행동하지 않고 참을 수 있는 힘, 즉 감정이나 욕망을 조절할 수 있는 자기통제력을 키워 나가면 미래의 성공으로 이어질 가능성이 커질 수 있음을 보여 준 것이죠.

여러분들도 누군가의 말에 기분이 언짢아지거나 욱해진 경험이 있으시죠? 누구나 감정이나 욕망의 영향에서 자유롭지 않습니다. 전문가들의 연구 결과에 따르면 뇌의 구조를 감정계와 사고계로 분류할 때, 감정계에서 느낀 것을 즉시 실행하지 않은 채, 틈을 두고 사고계로 옮긴 뒤 행동해야 한다고 합니다. 즉 본능이 이끄는 대로 행동하지 말고 항상 감정계와 사고계의 사이에서 한 박자 쉬도록 의식적으로 노력하면 목표를 달성하는 데 훨씬 도움이 된다는 것이지요.

　우리도 앞으로 우리가 세운 목표에 좀 더 다가가기 위해 자기통제력을 높여 보면 어떨까요? 이것으로 제 강연을 마치겠습니다. 감사합니다.

▸▸ 성취기준 [12화작02-09] '상황에 맞는 언어적·준언어적·비언어적 표현 전략을 사용하여 말한다.'를 고려하여 비언어·준언어적 요소를 추가하고, [12화작02-06] '청자의 특성에 맞게 내용을 구성하여 발표한다.'를 고려하여 예상독자와 관련된 내용들을 보완하여 담화를 수정해 보자.

1. 위 강연에 활용된 말하기 전략으로 가장 적절한 것은?

　　① 청중의 반응을 살피고 있다.

　　② 말한 내용을 요약하고 있다.

　　③ 청중의 질문에 답을 하고 있다.

　　④ 자신의 경험을 사례로 들고 있다.

　✓ ⑤ 대상을 다른 소재에 빗대어 설명하고 있다.

▸▸ 성취기준 [12화작02-09] '상황에 맞는 언어적·준언어적·비언어적 표현 전략을 사용하여 말한다.' 중 '표현 전략'을 고려하여, 표현과 목적 및 의도가 잘 드러나도록 지문과 선택지를 수정해 보자.

2. 강연 내용에 대한 설명으로 적절하지 <u>않은</u> 것은?

　　① '마시멜로 실험'에 대해 소개하고 있다.

　　② 어려운 개념을 예를 들어 설명하고 있다.

　✓ ③ '감정계'와 '사고계'의 특징을 비교하고 있다.

　　④ '자기통제력'을 높이는 것에 대해 권유하고 있다.

　　⑤ 구체적인 수치를 들어 '자기통제력'의 효과를 드러내고 있다.

▸▸ 성취기준 [12화작02-06] '청자의 특성에 맞게 내용을 구성하여 발표한다.' 중 '청중' 관련 사항과 담화의 생산 측면을 고려하여 발문, 선택지, 지문을 모두 수정해 보자.

3. 〈보기〉는 강연을 준비하기 위해 수집했던 '마시멜로 실험'에 대한 자료의 일부이다. 이를 활용하여 강연 내용을 보완했다고 할 때 청중이 보일 수 있는 반응으로 가장 적절한 것은?

───── 〈 보기 〉 ─────

1960년대에 미국의 스탠퍼드 대학교에서 실시한 '마시멜로 실험' 외에 또 다른 '마시멜로 실험'이 있습니다. 첫 번째 마시멜로 실험이 있고 약 20년 뒤에 워터 미쉘은 비슷한 실험을 합니다. 그러나 두 번째 실험에서는 마시멜로에 뚜껑을 덮어 주고 기다려 보도록 하였습니다. 결과는 뚜껑이 없이 기다렸던 경우보다 뚜껑을 덮었을 때에 아이들이 두 배 정도 더 많이 참을 수 있었다고 합니다. 고작 뚜껑 하나 덮었을 뿐인데 아이들은 훨씬 더 잘 참을 수 있었다는 것입니다.

① 자기통제력과 학력과의 상관관계에 대해 좀 더 알아보고 싶어.

② 자기통제력은 선천적으로 결정되기 때문에 자기통제력을 향상시키는 것은 쉽지 않겠어.

③ 마시멜로를 하나 더 먹기로 목표를 세운 네 살 아이들이 나름대로의 전략을 세웠다는 것이 흥미롭군.

✓ ④ 자기통제력을 높이기 위해서는 자신의 노력도 필요하지만 주변의 환경적인 요인도 중요한 역할을 하겠군.

⑤ 감정계에서 느낀 것을 즉시 실행하지 않은 채 틈을 두고 사고계로 옮길 수 있는 방법이 무엇인지 설명해 주면 좋겠어.

▸▸ 현재 이 문항의 발문은 불분명한 상태이다. 이에 성취기준 [12화작02-07] '화자의 공신력을 이해하고 적절한 설득 전략을 사용하여 연설한다.' 중 '화자의 공신력', '설득 전략'을 고려하여 발문, 선택지, 지문을 모두 수정해 보자.

[1~3] 다음은 강연의 일부이다. 물음에 답하시오.

여러분, 무언가 이루고 싶다는 목표 의식이나 성취 욕구 등을 가져 본 적 있으신가요? (청중의 반응을 살피며) 생각이 금방 떠오르지 않는 모양입니다. 그럼 학교에서 쉽게 접할 수 있는 예를 들어서 설명해 보겠습니다. 이번 시험에서는 좀 더 좋은 성적을 받고 싶다, 아니면 이번 수행 과제는 열심히 조사해서 친구들로부터 인정을 받고 싶다는 등의 생각을 해 본 적은 있었을 겁니다. 이처럼 우리는 생각보다 성취하고자 하는 많은 크고 작은 목표들을 가지며 살아가고 있습니다. 그럼 어떤 사람들이 자신이 정한 목표에 좀 더 쉽게 다가갈까요?

이에 대한 해답을 보여 주는 실험이 하나 있습니다. 혹시 '마시멜로 실험'이라고 들어 보셨나요? (청중의 반응을 살피며) 아마 들어 보지 못한 분들이 많을 것입니다. 자세히 설명해 보겠습니다. 1960년대에 미국의 스탠퍼드 대학교에서는 '마시멜로 실험'이라는 것을 실시합니다. 실험의 내용은 비교적 간단합니다. 실험자는 피실험자인 네 살 아동의 앞에 마시멜로를 놓고 이렇게 말한 다음 방을 나갔습니다. "15분만 기다리면 마시멜로를 하나 더 줄게. 못 참겠으면 먹어도 되지만 그때는 벨을 울려 주렴."

과연 아이들은 어떤 행동을 보였을까요? (청중의 반응을 살피며) 아, 바로 먹어 버렸을 거라고요? 아이들이 참을성을 발휘한 시간은 평균 2분 정도였습니다. 아이들 중에는 벨을 누르기도 전에 냅다 먹어 버린 아이도 있었다고 합니다. 그러나 25%의 아이들은 끝까지 참아 내 마시멜로를 하나 더 먹을 수 있었습니다. 마시멜로를 하나 더 먹기로 목표를 세운 아이들은 나름대로 전략을 세웠습니다. 뒤로 돌아서서 마시멜로를 보지 않으려고 하거나 자신의 늘어진 머리카락을 만지작거리는 데 전념하기도 했으며 마시멜로를 인형 삼아 가지고 논 아이도 있었습니다.

흥미로운 사실은 이후 12년이 지나서 당시 실험에 참가했던 아이들을 추적 조사한 결과입니다. 1분 이내에 벨을 울렸던 아이들은 학교와 가정에서 자주 짜증을 부리는 등 문제를 안고 있을 확률이 높았습니다. 반면 15분간 기다렸던 아이들은 30초밖에 기다리지 못했던 아이보다 미국 대학 진학 시험 점수가 평균 210점이나 높았다고 합니다. 욕망이 향하는 대로 행동하지 않고 참을 수 있는 힘, 즉 감정이나 욕망을 조절할 수 있는 자기통제력을 키워 나가면 미래의 성공으로 이어질 가능성이 커질 수 있음을 보여 준 것이죠.

여러분들도 누군가의 말에 기분이 언짢아지거나 욱해진 경험이 있으시죠? (청중의 반응을 살피며) 이번에는 그렇다는 대답이 많이 들리네요. 맞습니다. 누구나 감정이나 욕망의 영향에서 자유롭지 않습니다. 전문가들의 연구 결과에 따르면 뇌의 구조를 감정계와 사고계로 분류할 때, 감성계에서 느낀 것을 즉시 실행하지 않은 채, 틈을 두고 사고계로 옮긴 뒤 행동해야 한다고 합니다.

즉 본능이 이끄는 대로 행동하지 말고 항상 감정계와 사고계의 사이에서 한 박자 쉬도록 의식적으로 노력하면 목표를 달성하는 데 훨씬 도움이 된다는 것이지요.

우리도 앞으로 우리가 세운 목표에 좀 더 다가가기 위해 자기통제력을 높여 보면 어떨까요? 이것으로 제 강연을 마치겠습니다. 감사합니다.

1. 위 강연에 활용된 말하기 전략으로 가장 적절한 것은?

✓ ① 청중의 반응을 살피면서 강연의 내용을 조정하고 있다.
② 실험과 관련된 다양한 사례를 제시하여 청중의 이해를 돕고 있다.
③ 청중의 질문에 답을 함으로써 청중의 궁금증을 해소하고 있다.
④ 대상과 관련된 자신의 경험을 사례로 들어 청중의 흥미를 유발하고 있다.
⑤ 강연 대상을 친숙한 소재에 빗대어 표현하여 대상의 개념을 설명하고 있다.

> 선택지 ①번 담화에 "(청중의 반응을 살피며) ~ 학교에서 쉽게 접할 수 있는 예를 들어서 설명해 보겠습니다."를 추가하였고, 그에 따라 선택지도 표현과 의도를 중심으로 성취기준에 부합하도록 수정하였다.
> 선택지 ②번 의도를 추가하여 성취기준에 부합하는 선택지로 수정하였다.
> 선택지 ③번 담화에 "과연 아이들은 어떤 행동을 보였을까요? (청중의 반응을 살피며) 아, 바로 먹어 버렸을 거라고요?"를 추가하여 청중과의 상호작용이 드러나도록 하며, 선택지에 이 부분을 활용하여 오답의 매력도를 높였다.
> 선택지 ④번 효과를 추가하여 성취기준에 부합하는 선택지로 수정하였다.
> 선택지 ⑤번 의도를 추가하여 성취기준에 부합하는 선택지로 수정하였다.

2. 다음은 위 강연을 위해 사전에 준비한 강연 계획이다. 강연 내용에 반영되지 <u>않은</u> 것은?

> ○ 예상 청중 : 고등학교 2학년 학급 친구들
> ○ 사전 지식
>   – 심리학과 관련된 '마시멜로 실험'에 대해서는 잘 알지 못할 수 있으므로 자세하게 설명해 줘야겠어. ·· ①
>   – 개념을 설명할 때는 이해하기 쉽도록 예를 들어 설명해 줘야겠어. ················· ②
> ○ 관심사 및 특징
>   – 학교생활에 관심이 많을 테니 '감정계'와 '사고계'에 대해 설명할 때에도 학교생활과 관련된 예를 소개해야겠어. ·· ✓ ③

– 고등학생들은 성인에 비해 이성적 판단보다는 감정에 치우쳐 결정을 하는 경우도 많을 테니 '자기통제력'을 높여 보는 것에 대해 제안해 봐야겠어. .... ④
– 요즘 학업과 관련된 내용에 관심이 많을 테니 미국 대학 진학 시험 결과의 구체적 수치까지 밝혀 '자기통제력'의 효과를 부각해야겠어. .... ⑤

발문·강연 계획 기존 발문은 독서 과목에서 주로 사용하는 것으로 화법 과목에는 적절하지 않다. 따라서 화법의 '청중 분석'에 해당하는 강연 계획을 제시하고 발문에 이를 드러내었다. 이렇듯 문항에 계획하기, 메모하기, 질문하기 등의 전략을 적용하는 것이 화법의 성취기준을 고려할 때 더 바람직하다. 강연 계획에 예상 청중을 명시하면서 담화의 내용도 예상독자에 맞게 일부 수정하였다.

선택지 ①번 담화에 "(청중의 반응을 살피며) 아마 들어 보지 못한 분들이 많을 것입니다. 자세히 설명해 보겠습니다."와 "마시멜로를 하나 더 먹기로~ 인형 삼아 가지고 논 아이도 있었습니다."를 추가하여 정오 판단의 단서를 명확히 하였다.

선택지 ②~⑤번 청중 분석에 부합하도록 선택지 내용을 수정하였다.

3. 〈보기〉는 위 강연을 들은 학생이 '마시멜로 실험'에 대해 추가적으로 수집한 자료의 일부이다. 이를 바탕으로 강연 내용에 대해 평가한 것으로 가장 적절한 것은?

〈 보기 〉

1960년대에 미국의 스탠퍼드 대학교에서 실시한 '마시멜로 실험' 외에 또 다른 '마시멜로 실험'이 있습니다. 첫 번째 마시멜로 실험이 있고 약 20년 뒤에 월터 미셸은 비슷한 실험을 합니다. 그러나 두 번째 실험에서는 마시멜로에 뚜껑을 덮어 주고 기다려 보도록 하였습니다. 결과는 뚜껑이 없이 기다렸던 경우보다 뚜껑을 덮었을 때에 아이들이 두 배 정도 더 많이 참을 수 있었다고 합니다. 고작 뚜껑 하나 덮었을 뿐인데 아이들은 훨씬 더 잘 참을 수 있었다는 것입니다.

① 자기통제력과 학력과는 상관관계에 대한 강연의 내용은 신뢰하기 어렵군.
② 자기통제력은 선천적으로 결정되기 때문에 자기통제력을 향상시킬 수 있다는 말은 타당하지 않군.
③ 마시멜로를 하나 더 먹기로 목표를 세운 네 살 아이들이 나름대로의 전략을 세웠다는 것이 정확한 사실이군.
✓ ④ 자기통제력을 높이기 위해서는 자신의 노력도 필요하지만 주변의 환경적인 요인도 중요하다는 사실을 간과하고 있군.

⑤ 감정계에서 느낀 것을 즉시 실행하지 않은 채 틈을 두고 사고계로 옮길 수 있는 방법에 대해 정확한 정보를 제시하고 있군.

발문 기존 문항은 '강연 전' 상황을 가정한 것으로 2번 문항의 설정과 중복된다. 따라서 발문의 상황을 '강연 후'로 바꾸었고, 성취기준 역시 '평가하기'로 수정하였다.

선택지 ①번 평가의 주요 요소 중 '신뢰성'이 드러나도록 선택지를 수정하였다.

선택지 ②, ④번 평가의 주요 요소 중 '타당성'이 드러나도록 선택지를 수정하였다.

선택지 ③, ⑤번 평가의 주요 요소 중 '정확성'이 드러나도록 선택지를 수정하였다.

6

작문 과목의
평가 문항 개발

작문 과목의 평가 문항 개발은 화법 과목과 공통된 부분이 많다. 교육과정을 보면 〈화법과 작문〉이라는 교과명으로 두 과목이 묶여 있으며 유사한 성취기준을 공유하고 있다. 이는 화법과 작문이 공통적으로 '수사학'에 많은 영향을 받았기 때문이다. 하지만 화법이 담화의 생산(말하기)과 수용(듣기)의 측면을 모두 고려하는 반면, 작문은 글의 생산에 중점을 둔다는 점에서 차이가 있다. 따라서 작문 과목의 문항 개발은 산출해야 하는 글을 중심으로 작문 상황(목적, 예상독자, 장르), 작문 수행의 과정(계획하기-내용 생성하기-내용 조직하기-표현하기-고쳐쓰기) 등에 유의해야 한다.

작문 과목의 문항 개발은 크게 특정한 작문 상황에서 이루어지는 작문 수행의 과정 혹은 초안 형태의 글을 구성하는 단계와 이를 토대로 문항을 구성하는 단계로 나누어진다. 작문에서는 글(지문)을 제시하지 않더라도, 브레인스토밍을 활용하여 내용 생성 능력을 평가하는 문항이나 개요를 제시하고 조직 능력을 평가하는 문항 등을 구안할 수 있다.

물론 한 편의 글이나 일련의 작문 수행 과정 전체를 제시한 뒤, 복수의 문항으로 구안하는 것도 가능하다. 다만 작문 수행 과정을 각각 제시하여 개별적인 문항으로 설계하는 방식은 2014학년도 이전의 수능에서 사용하였으며, 그 이후부터는 한 편의 글이나 일련의 작문 수행 과정을 연속적으로 제시하고 이를 토대로 복수의 문항을 구성하는 방식을 주로 사용하고 있음에 유의해야 한다. 이는 개별적인 전략이나 기능보다는 한 편의 글을 완성하는 과정에서의 다양한 작문 능력을 평가하고자 한 것이다.

01 작문 과목의 평가 요소 선정

작문 과목에서도 평가 문항 개발의 첫 번째 단계는 교육과정을 중심으로 '본질(지식)', '원리(기능)', '태도'에서 적절하게 성취기준들을 선택하고 조합하여 그에 적합한 장르를 선정하는 것이다. 교육과정에서 성취기준을 선택할 때는 항목 간 관련성, 균형성 등을 고려하여 본질, 원리, 태도 영역에서 균형적으로 선택하고, 한 편의 글에 내용 요소들이 모두 포함될 수 있도록 구안해야 한다.

평가 요소를 선정하는 구체적인 방법을 확인해 보자. 아래는 2015 개정 국어과 교육과정 중 고등학교 선택 과목 〈화법과 작문〉의 성취기준에서 '작문'에 해당하는 부분을 발췌한 것이다.

(1) 화법과 작문의 본질
[12화작01-01] 사회적 의사소통 행위로서 화법과 작문의 특성을 이해한다.
[12화작01-02] 화법과 작문 활동이 자아 성장과 공동체 발전에 기여함을 이해한다.
[12화작01-03] 화법과 작문 활동에서 맥락을 고려하는 일이 중요함을 이해한다.

(2) 작문의 원리
[12화작03-01] 가치 있는 정보를 선별하고 조직하여 정보를 전달하는 글을 쓴다.
[12화작03-02] 작문 맥락을 고려하여 자기를 소개하는 글을 쓴다.
[12화작03-03] 탐구 과제를 조사하여 절차와 결과가 잘 드러나게 보고하는 글을 쓴다.
[12화작03-04] 타당한 논거를 수집하고 적절한 설득 전략을 활용하여 설득하는 글을 쓴다.
[12화작03-05] 시사적인 현안이나 쟁점에 대해 자신의 관점을 수립하여 비평하는 글을 쓴다.
[12화작03-06] 현안을 분석하여 쟁점을 파악하고 해결 방안을 담은 건의하는 글을 쓴다.
[12화작03-07] 작문 맥락을 고려하여 친교의 내용을 표현하는 글을 쓴다.
[12화작03-08] 대상에 대한 생각이나 느낌을 바탕으로 하여 정서를 진솔하게 표현하는 글을 쓴다.
[12화작03-09] 일상의 체험을 기록하는 습관을 바탕으로 자신의 삶을 성찰하는 글을 쓴다.

앞서 화법에서는 발표와 강연을 중심으로 문항을 설계하는 과정을 다루었다. 이 담화들은 '정보 전달'에 해당하는데, 작문도 화법과 마찬가지로 정보 전달을 중심으로 고려하면 [12화작01-01], [12화작03-01], [12화작03-03], [12화작04-03] 등의 성취기준을 조합하여 구성할 수 있다. 하지만 정보 전달은 화법에서 이미 논의하였기에 작문에서는 '설득'을 중심으로 문항 설계의 과정을 살펴보고자 한다.

우선 위 교육과정에서 설득에 부합하는 성취기준들을 선택한다. 본질에서는 [12화작01-02]의 '공동체 발전에 기여', [12화작01-03]의 '맥락 고려' 등을, 원리에서는 [12화작03-04]의 '논거 수집', [12화작03-04]의 '설득 전략', [12화작03-06]의 '쟁점 파악 및 해결 방안' 등을, 태도에서는 [12화작04-01]의 '의사소통 윤리', [12화작04-03]의 '작문 관습' 등을 선택할 수 있다. 이러한 성취기준(특히 [12화작03-04])을 종합적으로 고려할 때 장르는 '논설문'이 적합하지만, 해결 방안에 초점을 두면([12화작03-06]) '건의문'을 선택할 수도 있다.

02 글(초안) 혹은 작문의 과정 구성 단계

1) 작문 과목 지문의 특성

화법에서는 주로 담화 생산과 담화 수용 모두를 문항으로 설계할 수 있다. 하지만 작문에서는 글의 생산 측면을 중심으로 한다는 것에 유의해야 한다. 따라서 작문의 특성을 반영하여 글(초안) 대신 글을 생산하기 위해 필자가 수행하는 일련의 작문 과정을 중심으로 문항을 설계하기도 한다. 이때 분절적이고 개별적인 과정보다는, 작문의 맥락을 고려하여 한 편의 글을 산출해 가는 일련의 흐름을 반영한 문항을 설계해야 작문의 특성을 더 잘 반영할 수 있다. 다음은 두 가지 경우에 대한 예시 문항이다.

TIP

작문 문항에서의 '글'은 대부분 초안 형태로 제시되는 경우가 많다. 이는 초안 형태임을 가정할 때, 글에 대한 수정·보완이나 평가 등이 자연스럽기 때문이다. 초안이 아닌 완성된 글에서는 표현하기 및 고쳐쓰기 문항을 구안하는 데 제약이 따른다.

■ 개별적인 작문 기능을 다룬 문항의 예

2013학년도 대학수학능력시험

6. 〈보기〉에 착안하여 '조직의 화합'에 관한 글을 쓰려고 한다. 연상한 내용으로 적절하지 <u>않은</u> 것은?

〈 보기 〉

목재와 목재를 연결하는 기술에는 쇠못으로 결합하는 방법과 목재들을 서로 물리도록 깎아 결합하는 짜 맞춤 기법이 있다. ㉠쇠못으로 결합하는 방법은 쉽고 간단하지만 결합 부위가 오래 견디지 못하고 삐걱거리게 된다. 그에 비해 ㉡짜 맞춤 기법은 서로 모양을 맞추는 정교한 작업 때문에 많은 시간이 필요하다. 하지만 ㉢한 번 결합된 목재들은 분해가 불가능할 정도로 아주 튼튼하게 맞물린다. 이러한 짜 맞춤 기법에는 ㉣목재의 재질이나 만들고자 하는 제품의 종류(집, 가구 등)에 따라 '삼장부 짜임', '연귀촉 짜임'과 같은 다양한 기법이 있다. ㉤장인들의 아이디어와 땀이 배어 있는 짜 맞춤 기법을 통해 튼튼한 작품이 완성되는 것이다.

쇠못으로 결합하는 방법

짜 맞춤 기법

착안점	목재의 연결 ≒ 조직의 화합,
	쇠못 박기 ≒ 외부의 개입, 짜 맞춤 ≒ 내부의 합의

① ㉠: 외부의 개입에 의한 화합은 손쉽게 이루어지는 듯해도 오래 지속되지 못한다.

② ㉡: 내부의 합의는 구성원 간에 서로 견해를 주고받는 과정이 필요하기 때문에 많은 시간이 필요하다.

③ ㉢: 내부의 합의를 이루어 낸 조직이 강력한 결속력을 가질 수 있다.

④ ㉣: 조직의 특성에 따라 다양한 합의 방식이 있을 수 있다.

⑤ ㉤: 구성원 개개인의 능력이 향상되어야 조직이 강하게 결속될 수 있다.

■ 일련의 작문 과정을 다룬 문항의 예

2015학년도 대학수학능력시험(A형)

7. 다음은 [A]를 쓰는 과정에서 세운 글쓰기 계획과 그 계획을 점검·조정한 결과이다. [A]에 비추어 볼 때, ⓐ~ⓔ 중 가장 적절한 것은?

글쓰기 계획	점검 · 조정의 결과
환경 보전과 건강에 대한 소비자들의 관심을 중심으로 친환경 농산물 인증 표시 제도가 등장한 배경을 설명해야겠어.	독자들은 인증 표시 제도가 등장한 배경에는 관심이 없을 것이므로 등장 배경은 설명하지 않았다. ………………………… ⓐ
친환경 농산물 소비가 느는 것에 비해 공급이 부족하다는 설문 조사 결과를 제시하며 문제점을 거론해야겠어.	글의 목적을 고려할 때, 조사한 결과가 내용의 통일성을 해치므로 그 대신 인증 표시에 대한 소비자 인식을 문제점으로 거론했다. …… ⓑ

친환경 농산물 인증 표시의 종류와 분류 기준을 글의 화제로 제시해야겠어.	➡	인증 표시의 종류와 분류 기준은 글의 첫 문단에서 설명했으므로 인증 표시 제도 운영의 의의를 서술했다. ················· ⓒ
친환경 농산물 인증 표시의 종류를 설명하면서 그렇게 나누는 기준도 함께 설명해야겠어.	➡	인증 표시 제도의 신뢰성에 의문을 제기하는 경우가 있으므로 심사 통과의 어려움을 분류 기준과 함께 설명했다. ·············· ⓓ
친환경 농산물 인증 표시의 종류와 분류 기준을 바르게 아는 것의 의의를 제시하며 마무리해야겠어.	➡	인증 표시 제도의 한계와 문제점이 있으므로 이들을 해결하기 위한 방안 마련의 필요성을 제시하며 마무리했다. ·············· ⓔ

① ⓐ   ② ⓑ   ③ ⓒ   ④ ⓓ   ⑤ ⓔ

8. (나)의 ㉠~㉤을 고쳐 쓰기 위한 방안으로 적절하지 <u>않은</u> 것은?

① ㉠: 문장 성분의 호응을 고려하여 '부착될'로 고친다.
② ㉡: 피동 표현이 중복되었으므로 '나뉜다'로 고친다.
③ ㉢: 문장의 연결 관계가 어색하므로 '그런데'로 고친다.
④ ㉣: 조사의 사용이 잘못되었으므로 '기준의'로 고친다.
⑤ ㉤: 문맥상 부적절한 단어이므로 '실천하는'으로 고친다.

또한 작문 과목 문항의 글(초안)을 구성할 때는 장르의 특성을 고려해야 한다. 대체로 정보 전달을 목적으로 하는 경우에는 설명문, 보고문, 기사문 등이, 설득을 목적으로 하는 경우에는 논설문, 건의문, 비평문 등이, 정서 표현에는 감상문 등이 제시되는 경우가 많다. [표 5-1]은 교육과정에 제시된 대표적인 장르이다.

[표 5-1] 2015 개정 국어과 교육과정에서의 대표적 장르

장르	설명
설명문	읽는 이들이 특정 사항이나 정보 등에 대해 이해할 수 있도록 객관적이고 논리적으로 서술한 글
보고문	일련의 사건이나 사안 등에 대해 관련 내용이나 결과를 정리하여 알리는 글
기사문	특정 현안이나 사건, 사태 등에 대해 육하원칙에 따라 사실적으로 서술한 글
논설문	어떤 주제에 관히여 자기의 생각이나 주장을 체계적으로 밝혀 쓴 글
건의문	개인 또는 단체가 의견이나 희망 등을 특정 대상으로 하여금 수용하도록 요청하는 글
비평문	사안이나 사태의 옳고 그름, 가치 등을 분석하여 논하는 글
감상문	어떤 사물이나 현상 등을 보고 느낀 바를 중심으로 자유롭게 기술한 글
자기소개서	입학이나 취업 등을 위해 정해진 양식에 따라 자질과 소양, 능력 등을 기술한 글

2) 글(초안)의 구성

글(초안)을 구성하기 전에 가장 먼저 해야 할 것은 작문 상황을 구체화하는 것이다. 작문 상황이란 누가(필자), 어떤 의도로(글의 목적), 무엇에 대하여(글의 주제), 누구를 대상으로(예상독자) 글을 쓰려는 것인지를 의미한다. 대체로 평가 상황에서는 '실제성'을 고려하여 학생 필자를 상정한다. 이러한 학생 필자의 특성에 따라 학교나 가정, 지역사회에서 일어날 수 있는 일이 글의 화제가 된다. 그리고 이를 토대로 정보를 전달하거나 특정 주장을 설득하는 것 등이 글을 쓰는 목적이 되는 경우가 많다. 이렇게 설정한 작문 상황은 기사문, 보고문, 논설문, 건의문 등 실제 글을 작성하는 것으로 구체화된다. 다음은 지문의 일부로, 작문 상황이 잘 드러난 사례이다.

(가) 작문 상황 및 계획
○ 작문 상황 : 일회용품을 즐겨 쓰고 쉽게 버리는 등 값싸고 편리한 것을 추구하는 소비 생활이 가져오는 결과를 소비자들이 알고 소비 생활의 관점을 바꾸기를 촉구하는 글을 쓰려 한다.
○ 주제문 : 환경 친화를 우선시하는 소비 생활을 하자.

```
○ 개요
  I. 서론
  II. 현재의 소비 생활
              ⋮
```

작문 상황을 설정하면, 그에 적합한 화제 및 내용의 범위도 더욱 분명하게 제한할 수 있다. 가령, 학생 필자가 같은 학교 학생들을 대상으로 설득하는 글을 쓸 때와 관공서 담당자를 대상으로 설득하는 글을 쓸 때, 적합한 화제와 내용의 범위에는 매우 큰 차이가 있다. 이와 함께 글에서 활용할 수 있는 자료도 대상과 목적 등에 따라 달라지게 된다. 대개 자료는 독자의 이해를 돕기 위해 설득의 근거로써 제시되는데, 이러한 자료의 적절성 및 적합성은 작문 상황에 따라 결정되는 경우가 많다.

정리하면, 성취기준을 선정하고 조합한 후에는 이를 토대로 작문 상황을 구체적으로 설정하는 것이 중요하다. 필자, 목적, 예상독자, 장르 등 작문 상황이 명확해야 적합한 화제를 확정할 수 있고, 이에 따라 활용할 자료의 범위도 한정할 수 있기 때문이다. 예컨대 성취기준 [12화작01-03]의 '맥락 고려', [12화작03-04]의 '논거 수집', [12화작03-04]의 '설득 전략', [12화작04-03]의 '작문 관습'을 중심으로 '논설문'이라는 장르를 선택했다면, 필자와 예상독자, 화제 등 다른 작문 상황을 더욱 구체적으로 설정해야 한다. 대개 필자는 '학생'을 전제로 하지만, 예상독자의 경우에는 화제에 따라 학생, 선생님, 지역사회 주민, 지방자치단체 관계자 등 다양하게 설정할 수 있다.

3) 작문 기능 및 전략의 구체화

앞서 설명한 작문 상황을 명확히 해야 작문 과정에서의 기능도 적절하게 구체화할 수 있다. 화법 과목에서는 청자의 반응을 통해 전략의 의도나 효과성 등을 명시적으로 드러낼 수 있다. 그러나 작문 과목에서는 예상독자의 반응을 보여 주기 어렵기 때문에 작문 상황을 명료하게 설정함으로써 전략의 효과성과 적절성 등을 판단할 수 있는 단서를 제공해야 한다. '교내 동아리 활

TIP
자칫 독서 문항이 되지 않기 위해서는 화제를 충실히 담아내기보다는 의도적으로 특정 부분을 생략하거나 일부 부족한 부분을 드러내는 것으로 글을 구성할 수 있다. 즉, '자료 활용'을 통해 내용을 수정·보완하거나 '동료 평가' 등에서 활용할 수 있는 여지를 남기는 것이 작문의 특성을 보다 잘 반영한 구성이라 할 수 있다.

성화 방안'이라는 논제로 '논설문'을 구안하는 경우를 생각해 보자. 설득 전략으로 문제점과 해결 방안을 제시한다고 했을 때, 설득 대상인 예상독자가 학생이라면 학생의 참여도와 관심, 실천 가능성 등을 고려하여 이를 제시할 수 있다. 반면, 예상독자가 교사나 학교장일 경우에는 제도적 측면이나 지원 등에서 문제점을 분석하고 그에 따른 해결 방안을 제안할 수 있다. 이처럼 예상독자에 따라 주장과 이를 뒷받침하는 논거의 성격도 달라지며 설득 전략도 상이해진다.

작문 수행 과정에 따른 기능이나 전략을 구체화할 때에도 각 단계별로 사용 가능한 전략들을 파악하고 그중 어느 것이 평가 내용으로 적절한지 판단해야 한다. 예를 들어 '내용 생성하기'라면 브레인스토밍, 마인드맵(생각 그물) 등을, '표현하기'라면 수사법과 같은 표현 전략을 제시할 수 있다. 그러나 단순히 작문 과정에 부합하는 기능이나 전략을 직접적으로 드러내는 것을 넘어, 작문 과정이 일련의 연속적인 흐름임을 강조할 수 있도록 구체화하는 것이 좋다. 예를 들어 통계 자료나 신문 기사 등의 자료를 특정한 관점에서 해석하고, 이를 바탕으로 내용을 선별하여 활용하는 활동을 '내용 생성하기'로 제시할 수 있다. 마찬가지로, 글의 흐름과 목적에 부합하는 표현 전략을 찾아보는 문항을 구안하여 '표현하기'를 평가할 수도 있다.

이처럼 글(초안)에서 다루는 기능이나 전략을 구체화할 때는 앞서 설정한 작문 상황을 고려해야 한다. 그리고 각각의 기능과 전략을 개별적으로 제시하기보다는 한 편의 글을 생산하는 과정이 드러나도록 하는 것이 바람직하다.

03 자주 활용되는 문항 유형

화법 과목과 마찬가지로, 작문의 근간에 해당하는 지식이나 기능 등은 교육 과정이 개편되어도 변하지 않고 성취기준의 내용 요소로 등장하는 경우가 많다. 대표적인 예로는 계획하기, 표현하기, 고쳐쓰기, 자료 활용하기 등이 있다. 다음은 이와 관련된 작문 과목의 대표적인 문항 유형들이다.

TIP

대체로 이러한 성취기준들은 글의 내용보다는 작문 수행 과정에서의 기능이나 표현 전략, 글의 장르적 특성 등과 관련이 있다. 글을 통한 의사소통에서 중요한 요소들은 반드시 지도해야 할 교육 내용이기에 교육과정이 바뀌더라도 지속적으로 포함된다. 따라서 평가 문항 또한 유사한 유형이 반복해서 나타난다.

1) 계획하기

2014학년도 대학수학능력시험 예비 시행

[7~8] 다음은 교지에 '학생들의 기부 참여도, 어떻게 높일 것인가'에 대한 글을 쓰기 위한 계획이다. 물음에 답하시오.

글쓰기 계획

- 현상 : 우리 학교 학생들의 기부 참여도가 낮음.
- 문제의식 : 관심이 없어서일까, 방법을 몰라서일까?
- 조사 내용 : 기부에 대한 학생들의 인식, 학생들의 기부 참여 유형
- 조사 결과 : 기부 활동의 필요성과 당위성에 대한 학생들의 인식은 높음. 학생들이 참여하는 기부 유형은 두세 가지로 한정되어 있음.
- 결과 분석 : 인식과 참여의 괴리는 기부 유형에 대한 학생들의 정보 부족 때문임.
- 서술 방향 : 　　　　　　　　　㉠　　　　　　　　　

---

7. '글쓰기 계획'의 ㉠에 들어갈 내용으로 가장 적절한 것은?

① 다양한 기부 유형에 대한 정보를 충분히 제공하여, 학생들에게 기부의 필요성과 당위성을 인식시킨다.

② 기부에 대한 학생들의 무관심을 지적하고, 기부가 개인과 사회에 미치는 긍

정적 영향을 환기한다.

③ 학생들의 실제 기부 참여도가 낮은 것을 지적하고, 그 이유로 특정 기부 유형에 대한 개인적 선호를 제시한다.

④ 학생들이 생각은 있지만 기부에 적극적으로 참여하지 않는 현실을 지적하고, 의식과 실천의 합일을 촉구한다.

⑤ 기부 참여도가 낮은 것은 학생들이 다양한 기부 유형을 알지 못하기 때문임을 밝히고, 구체적인 참여 프로그램을 소개한다.

계획하기 문항은 대체로 글쓰기 계획에서 설정한 글의 의도와 목적을 '초고'에 어떻게 구현했는지, 혹은 이를 어떤 방식으로 수정하여 반영했는지 등을 확인하는 방식으로 설계된다. 즉, 계획과 초고 사이의 비교·대조를 통해 초고가 산출되기까지 다양한 방식으로 계획이 수정되거나 조정될 수 있음을 보여 주는 것이다. 이를 통해 작문이 역동적인 의미 구성의 과정임을 드러낼 수 있다. 따라서 계획하기 문항은 단순히 계획과 초고 간 내용 조회의 차원을 넘어, 이미 세운 계획이더라도 수정·보완하며 초고를 완성해 가는 일련의 과정에 초점을 두고 문항을 설계하는 것이 좋다.

2) 표현하기

2015학년도 대학수학능력시험 6월 모의평가

[9~10] 다음을 읽고 물음에 답하시오.

> **(가) 학생의 작문 과제 수행 일지**
>
> ○ 예상 독자 : 교지를 읽을 학교 친구들
>
> ○ 글감 선정 : 학교 친구들에게는 낯설 수 있으나 문화유산으로서 가치 있는 '잡상'이란 글감을 택하여 글을 써야겠다.
>
> ○ 글 쓰는 목적 : 잡상을 잘 모르는 학교 친구들에게 소개하여 잡상의 문화적 가치를 알려야겠다.
>
> ○ 자료 수집 : 잡상의 특징과 관련된 자료를 수집해야겠다.

○ 글의 구성과 표현 전략

정보의 특성을 고려하여 정의와 예시 등의 방법을 통해 잡상을 설명하고, 시간의 흐름에 따라 구성하기보다는 아래와 같이 글을 구성해야겠다.

─ 첫 번째 단락 : 잡상의 개념을 정의해야겠다.
─ 두 번째 단락 : 잡상의 다양한 형상을 예시하고 잡상을 지붕 위에 올리는 이유를 설명해야겠다.
└ 마지막 단락 : ㉠잡상의 가치를 제시하고, 문화유산에 대한 관심을 갖도록 요구하며 끝맺어야지. 전달의 효과를 높이기 위해 직유법을 활용해야겠다.

(나) 학생의 초고

궁궐을 자주 다녀 본 친구들도 궁궐 지붕 위에 있는 작은 조형물을 무엇이라 부르는지 잘 모를 것입니다. 이런 조형물들을 잡상이라 부르는데요. 잡상은 전통 문  화유산으로서 주로 궁궐 지붕 위에 올리는 장식물을 뜻합니다.

잡상은 건물 규모에 따라 다르지만, 보통 여러 개를 동시에 지붕 위에 올리는데 그 형상이 매우 다양합니다. 예를 들어 봉황이나 용, 해태와 같은 전설 속의 동물도 있고 서유기에 등장하는 손오공, 저팔계, 사오정처럼 친숙한 것도 있습니다. 지붕 위에 잡상을 올리는 이유는 잡상이 궁궐에 행운을 불러오고 화재로부터 궁궐을 보호해 준다는 믿음 때문이었습니다. 선조들이 집에 처용의 그림을 걸어 나쁜 것으로부터 가정을 보호하려 했던 것과 유사한 의미가 담겨 있습니다.

㉡

10. ㉠을 참고하여 (나)의 마지막 단락을 작성하고자 한다. ㉡에 들어갈 내용으로 가장 적절한 것은?

① 잡상은 길가의 들꽃처럼 우리 눈에 잘 띄지는 않지만, 궁궐의 안녕을 기원하는 선조들의 마음을 담은 소중한 문화유산입니다. 이런 문화유산에도 관심을 기울일 필요가 있습니다.

② 지금도 궁궐 지붕 위에는 잡상들이 열병식을 하듯이 일렬로 늘어서서 궁궐을 지키고 있습니다. 잡상에는 나라의 근간인 궁궐을 보호하고자 했던 선조들의 마음이 깃들어 있습니다.

③ 잡상들은 마치 지붕 위에서 궁궐 안의 이야기에 귀를 기울여 엿듣고 있는 것 같습니다. 잡상을 보고 있으면 그들이 간직하고 있는 궁궐의 비밀을 우리에게 전해 주는 것 같습니다.

④ 궁궐과 잡상은 큰 것과 작은 것이 조화를 이루어 아름다움을 보여 줍니다. 궁궐과 잡상은 우리 주변에서 쉽게 볼 수는 없지만, 조화의 정신을 보여 주는 문화유산으로서 가치가 높습니다.

⑤ 잡상은 고궁을 찾는 사람들을 언제나 반갑게 맞이합니다. 이러한 잡상에는 이웃을 사랑하는 선조들의 정신이 깃들어 있습니다. '온고지신'의 자세로 선조들의 가르침을 이어 가야겠습니다.

TIP

표현 전략은 수사법뿐만 아니라 통일성(내용 간의 자연스러운 연결 및 주제와의 관련성), 맥락(예상독자에 따른 효과적인 표현 방법) 등과도 관련이 있다. 따라서 다양한 요소들을 복합적으로 연결하여 문항을 구성하는 것이 바람직하다.

앞의 사례는 ㉠을 참고하여 ㉡에 적절한 내용을 찾게 함으로써, '표현 전략'(여기에서는 직유법)과 함께 글의 흐름을 고려하여 그에 적합한 내용을 선택하는 '통일성' 측면도 평가 대상으로 삼고 있다. 특정한 표현 방법(수사법)만으로 문항을 설계하면 비교적 단순한 형태가 되지만, 내용 요소도 함께 고려하면 의미적 연관성(통일성)도 평가할 수 있기 때문에 수준 높은 문항이 된다. 여기에 예상독자의 특성(관심사, 성향, 태도 등)을 제시하여 그에 적합한 표현 전략을 찾도록 하면, 맥락도 평가 대상이 되기 때문에 더욱 고차원적인 사고 능력을 측정할 수 있다.

3) 고쳐쓰기

2016학년도 대학수학능력시험 6월 모의평가(A형)

7. ⓐ~ⓔ를 고쳐 쓰기 위한 방안으로 적절하지 <u>않은</u> 것은?

① ⓐ: 문단 구성을 자연스럽게 하기 위해 이 부분에서 문단을 나누는 것이 좋겠어.

② ⓑ: 접속어의 사용이 부적절하므로 '그래서'로 고치는 것이 좋겠어.

③ ⓒ: 글의 흐름을 고려하여 바로 앞의 문장과 순서를 바꾸는 것이 좋겠어.

④ ⓓ: 어휘의 사용이 적절하지 않으므로 '사양하시며'로 바꾸는 것이 좋겠어.

⑤ ⓔ: 글의 통일성을 저해하므로 삭제하는 것이 좋겠어.

이 문항은 고쳐쓰기와 관련하여 가장 자주 사용되는 유형의 문항이다. 교육과정의 성취기준에서는 '통일성', '응집성' 등의 개념이 내용 요소로 제시되어 있고, 맞춤법이나 띄어쓰기와 같은 정서법도 중요한 평가 요소이기에 이를 중심으로 문항을 설계한 것이다. 문항의 형태는 전형적이지만 평가 지점을 어휘에서 문장, 문단, 글 수준까지 다양화하여 고쳐쓰기와 관련된 폭넓은 능력을 평가할 수 있도록 하였다.

주의점

고쳐쓰기 문항에서는 어휘 수준, 문장 수준, 문단 수준, 글 수준에서 고르게 선택지를 구성하는 것이 좋다. 그래야 고쳐쓰기 능력을 전반적으로 평가할 수 있기 때문이다.

4) 자료 활용하기

2015학년도 대학수학능력시험(B형)

7. 〈보기〉를 활용하여 〈조건〉에 따라 ㉠을 수정·보완한 것으로 가장 적절한 것은?

─── 〈 보기 〉 ───

(가) 국내 종자 기업의 종자 개발 기술력이 선진국 종자 기업의 기술력보다 크게 뒤떨어져 있음에도 품종 개발에 대한 투자 수준은 낮은 것으로 조사되었다. 외국의 최대 종자 기업의 경우, 연구 개발 투자액이 우리나라 종자 산업의 총 연구 개발 투자액보다 약 20배 이상 많았다.

(나) 특정 바이러스에 강한 새로운 콩 종자가 개발 보급되어 농가의 콩 수확량이 크게 늘면서 토종 종자가 밀려나고 전국의 콩 종자가 대부분 새로운 종자 한 가지로 대체되었다. 그런데 다른 바이러스가 확산되자 새 품종의 콩들이 치명적인 피해를 입으면서 전국에 콩 부족 사태가 발생했다.

─── 〈 조건 〉 ───

○ (가)로부터 핵심 내용을 도출하여 ㉠을 구체화할 것.

○ (나)에 드러난 현상에서 시사점을 찾아 ㉠에 추가할 것.

① 따라서 국내 종자 기업들이 해외 종자 기업과 대등하게 경쟁할 수 있으려면 기업들의 인식 변화가 필수적이다. 국내 종자 수요는 한계가 있으므로 해외 시장을 적극적으로 개척하면서 토종 종자의 고유성을 보존하는 데에도 노력해야 한다.

② 따라서 경쟁력 있는 종자 기업에 대한 집중적인 투자와 지원을 통해 연구 개발 분야의 선진화를 도모해야 한다. 다만 외래종을 도입하여 종자를 개발하면 다양한 병충해가 발생할 수 있으므로 가급적 토종 종자로 단일화하여 보급해야 한다.

③ 따라서 정책적 지원을 통해 종자 개발에 뛰어난 능력을 갖춘 기업을 육성하되 기업의 안정적인 자립을 위해 유통망을 구축해야 한다. 다만 특정 환경을 기반으로 개발된 종자는 예기치 못한 문제점이 발생할 수 있으므로 품종의 다양성을 유지해야 한다.

④ 따라서 종자 개발에 경쟁력 있는 종자 기업을 정책적으로 육성하되 연구 개발에 대한 투자와 지원을 강화해야 한다. 다만 개발된 종자의 장점만을 중시하여 종자를 획일화하는 것은 위험하므로 장기적 안목에서 다양한 종자의 개발과 확보에 노력해야 한다.

⑤ 따라서 해외 종자 기업과 대등하게 경쟁할 수 있는 우수한 종자 기업을 육성하기 위해 기업 지원 정책을 마련해야 한다. 다만 토종 종자를 연구하고 개발하는 분야에 지원하기보다는 외래 종자를 도입하고 활용하는 분야에 대한 투자와 지원을 확대해야 한다.

주의점
작문 과정에 따른 기능과 전략을 문항으로 구안할 때, 특정한 작문의 과정에 적합한 전략만을 생각하여 파편적인 작문 과정을 보여 주기 쉽다. 가령, 브레인스토밍만 제시하면 이는 내용 생성하기에만 적용될 뿐 그것이 이후 조직하기나 표현하기 등과 어떤 관련성이 있는지를 보여 주지는 못한다. 결국 단선적인 작문 과정만을 보여 주게 되는 것이다.
반면에 자료나 반론을 고려하여 글을 수정·보완하는 과정을 다루면, 표현하기, 고쳐쓰기 등을 복합적으로 고려할 수 있다. 동시에 작문의 회귀적인 특성도 함께 보여 줄 수 있다.

위 사례는 단순히 자료를 해석하는 것에 머무르지 않고, 이를 토대로 글을 수정·보완하는 것까지 평가 대상에 포함하고 있다. 이 유형의 문항을 주제에 적합한 자료를 찾도록 설계하면 비교적 단순한 형태가 된다. 그러나 제시된 사례와 같이 자료를 분석하고 특정한 관점에서 자료를 해석하여 이를 글에 활용하도록 하면 두 가지 이상의 요소를 복합적으로 평가할 수 있다. 나아가 문항에서 작문 과정의 역동적인 측면을 구현할 수 있도록 하였다.

04 문항 설계의 과정과 정교화

문항 설계에서는 먼저 작문 상황과 글(초안)을 고려하여 각각의 평가 요소들이 고루 배정될 수 있도록 유의하고 문항 간 간섭이 없도록 설계하는 것이 중요하다. 화법과 마찬가지로 작문 과목에서도 평가 지점들이 특정 부분에 집중되지 않도록 적절히 안배하며 문항의 순서를 정하는 것이 필요하다. 여기에서는 '설득' 목적의 글인 기고문을 예시로 살펴보고자 한다.

1) 문항의 설계

아래에 제시된 초안을 토대로 성취기준 [12화작01-03] '화법과 작문 활동에서 맥락을 고려하는 일이 중요함을 이해한다.'와 [12화작03-04] '타당한 논거를 수집하고 적절한 설득 전략을 활용하여 설득하는 글을 쓴다.'에 부합하는 문항을 설계하는 과정을 살펴보자. 다음과 같이 지문의 초안을 구성한 뒤, 대발문은 "다음은 신문 기고를 위한 글쓰기 계획과 글이다. 물음에 답하시오."로 작성하였다.

지문 초안

(가) 글쓰기 계획

○ 주제 : 해외에 있는 우리 문화재에 대해 관심을 갖자.

○ 개요

  I. 서론 : 해외에 있는 우리 문화재가 국내로 반환된 최근의 사례

  II. 본론 : 1. 해외에 있는 우리 문화재의 현황

          2. 해외에 있는 우리 문화재를 국내로 반환하기 어려운 이유

          3. 해외에 있는 우리 문화재에 대한 반환 노력의 필요성

  III. 결론 : 정리 및 마무리

(나) 초고

  최근 해외의 ○○ 미술관에서 소장 중이던 조선 덕종어보가 우리나라로 공식

반환되었다. 이번 일은 자발적 반환이라는 점에서 매우 긍정적으로 평가된다. 그러나 아직도 우리의 많은 문화재들은 여러 나라에 흩어져 환수되지 못하고 있다.

현재 해외에 있는 우리 문화재가 국내로 돌아온 현황은 좋은 편이 아니다. 이렇게 문화재 환수가 어려운 원인은 여러 가지 측면이 있다. 먼저, 상대국이 자발적으로 반환하려고 하지 않는다는 점을 들 수 있다. 다음으로는 해외에 있는 우리 문화재에 대해 국민들의 관심과 이해가 부족하다는 점을 들 수 있다.

따라서 해외에 있는 우리 문화재의 환수가 보다 활발히 진행되기 위해서는 이러한 문제에 대한 국민들의 이해와 관심이 필요하다. 여기에는 우리 학생들도 예외가 될 수 없다. 이러한 관심들이 계속될 때 문화재 환수는 보다 효과적으로 이루어질 수 있을 것이다.

[12화작01-03]의 '맥락 고려'는 글의 목적, 예상독자의 요구와 관심사, 장르 등의 내용 요소를 포함하고 있다. 따라서 맥락과 관련된 사항들을 초안에서 찾으면 대발문의 '신문 기고를 위한'이라는 언급과 지문 초안의 '(가) 글쓰기 계획'에 있는 '주제' 부분이 될 수 있다. 이를 토대로 문항을 구안하면, 발문은 "(가)에 대한 설명으로 가장 적절한 것은?"과 같이 긍정형으로 작성하고, 정답지는 '주제'의 문장을 그대로 옮기지 말고 쓰기 목적이 드러나도록 "필자는 화제에 대한 관심을 촉구하고 있다." 정도로 정할 수 있다.

1번 문항 초안

1. (가)에 대한 설명으로 가장 적절한 것은?

  ✓ ① 필사는 화제에 대한 관심을 촉구하고 있다.
     ② 필자는 화제가 지닌 가치를 강조하고 있다.
     ③ 필자는 예상독자와의 관계를 회복하고자 하는 목적을 드러내고 있다.
     ④ 필자는 예상독자에게 구어로 의미를 전달하려는 의도를 가지고 있다.
     ⑤ 필자는 예상독자의 호기심을 자극하여 화제에 대한 관심을 유발하고 있다.

이 문항 초안은 상당히 범박한 수준에서 구안되었다. 작문의 맥락이 불분명하고, 선택지로 활용할 수 있는 정보가 극히 제한적이기 때문이다. 따라

서 문항의 완성도를 높이기 위해서는 필자가 어떤 목적으로 글을 쓰는지, 예상독자는 누구인지, 장르는 무엇인지 등을 명료하게 해야 한다. 이렇게 좀 더 구체화된 작문의 맥락에 따라 글쓰기 계획도 일부 수정하면서 선택지로 활용할 수 있는 정보들을 추가해야 한다.

다음으로 [12화작03-04]의 '논거의 수집'은 주장을 뒷받침하는 일련의 '자료'(사실, 통계, 전문가 견해 등)와 관련이 있다. 지문 초안에서 관련된 사항들을 추출해 보면, (가)의 서론에 있는 "해외에 있는 우리 문화재가 국내로 반환된 최근의 사례"라는 부분과 (나)의 첫 문장인 "최근 해외의 ○○ 미술관에서 소장 중이던 조선 덕종어보가 우리나라로 공식 반환되었다."를 찾을 수 있다. 두 부분을 종합해도 사실 논거는 해외 문화재가 반환되었다는 사실 하나뿐이다. 다시 말해, 선택지로 활용할 수 있는 정보가 하나이기 때문에 발문을 "'초고'에 대한 설명으로 가장 적절한 것은?"과 같이 긍정형으로 작성할 수 있다. 정답지는 "화제와 관련된 최근의 사례를 제시하고 있다." 정도가 가능하다.

TIP

예상독자, 목적, 장르 등의 요소를 구체적으로 설정하면 글의 주제도 더욱 명료화할 수 있다. 주제가 명료하면 이를 뒷받침하는 내용 요소들도 제한할 수 있으며, 응집성이나 통일성 등의 측면도 문항으로 설계하기 쉬워진다. 그러므로 문항을 설계하기 전에, 작문 상황을 충분히 구체화하는 것이 좋다.

2번 문항 초안

2. (나)에 대한 설명으로 가장 적절한 것은?

① 전문가의 견해를 제시하고 있다.

② 다양한 통계 수치를 제시하고 있다.

✓ ③ 화제와 관련된 최근의 사례를 제시하고 있다.

④ 대상이 지닌 경제적 가치를 구체적으로 제시하고 있다.

⑤ 과거의 역사적인 사건과 관련된 인물과 상황을 제시하고 있다.

2번 문항 초안 역시 선택지가 단순하며 완성도가 떨어진다. 선택지로 활용할 수 있는 정보가 하나밖에 없고, 1번 문항과의 간섭을 피하기 위해 필자의 의도가 들어간 부분을 제외했기 때문이다. 따라서 (가)와 (나)에 관련된 '자료'를 추가하고, 1번 문항과의 간섭을 피하기 위한 추가적인 설계가 필요하다. 끝으로 지금의 선택지에서는 해석에 따라 일부 논란이 있는 부분들이

존재한다. 가령, '덕종어보'의 경우 '덕종'이라는 과거의 인물과 '덕종어보'가 외국으로 반출된 상황을 내포하고 있다고 할 때는 선택지 ⑤번도 정답이 될 수 있다. 따라서 이러한 불필요한 논란을 없애기 위해서도 추가적인 설계가 요구된다.

2) 문항의 정교화

앞서 구안한 지문과 문항의 초안을 도대로 성취기준에 부합하는 방향으로 더욱 정교화하는 과정을 살펴보고자 한다. 먼저 [12화작01-03]의 '맥락 고려'를 위해 대발문에 언급한 매체를 '학교 신문'으로 구체화하여, "다음은 학교 신문에 기고하기 위해 (가)와 같은 계획을 세우고, (나)를 작성하였다. 물음에 답하시오."로 작성한다. 그리고 예상독자를 '○○ 고등학교 학생'으로 초점화하여 제시하면, 지문에 고등학생에게 필요한 사항들을 추가할 수 있다.

다음으로, 선택지에 활용할 정보를 추가하기 위해 (가)의 본론 2와 3을 확장하기로 하자. 본론 2의 '국내로 반환하기 어려운 이유'를 현재 제시된 초고를 고려하여 '문화재 환수에 대한 정부의 소극적인 대처', '문화재 환수에 대한 국민의 무관심' 등으로 확장하여 내용을 보완하면, 본론 3도 반환 노력의 주체를 '정부'와 '국민'의 차원으로 구분하여 정보를 추가할 수 있다.

(가)를 수정했기 때문에 이에 맞춰 (나)도 검토하고 수정해야 한다. 먼저 (가)에서 예상독자를 ○○고등학교 학생들로 한정했기 때문에 이와 관련된 내용들을 반영하고, 정부의 소극적인 대처와 국민들의 무관심에 대한 사항도 추가하였다.

TIP
서론과 결론 부분은 그 성격상 내용을 일부 수정할 수는 있지만, 추가하기에는 다소 제약이 있다. 따라서 주제와 관련된 내용을 추가하는 데는 본론 부분이 용이하다.

지문 수정안

(가) 글쓰기 계획

ㅇ 주제 : 해외에 있는 우리 문화재를 환수하는 문제에 대해 관심을 갖자.
ㅇ 예상독자 : ○○고등학교 학생
ㅇ 개요
 I. 서론 : 해외에 있는 우리 문화재가 국내로 반환된 최근의 사례

(나) 초고

　최근 해외의 ○○미술관에서 소장 중이던 조선 덕종어보가 우리나라로 공식 반환되었다. 이번 일은 자발적 반환이라는 점에서 매우 긍정적으로 평가된다. 그러나 아직도 우리의 많은 문화재들은 여러 나라에 흩어져 환수되지 못하고 있다.

　현재 해외에 있는 우리 문화재가 국내로 돌아온 현황은 좋은 편이 아니다. 이렇게 문화재 환수가 어려운 원인은 여러 가지 측면이 있다. 먼저, 해외에 있는 우리 문화재에 대한 정부의 소극적인 대응을 들 수 있다. 상대국 입장에서는 자발적으로 문화재를 반환하려 하지 않는다. 이런 상황임에도 정부는 상대국을 설득하기 위한 적극적인 정책들을 펼치지 않고 있다. 다음으로 국민들 또한 해외에 있는 우리 문화재에 대해 무관심하다는 것을 들 수 있다. 많은 국민들이 주요 문화재가 해외에 있다는 사실에 대해 알지 못하며, 이는 ○○고등학교 학생들 또한 예외가 아니다.

　따라서 해외에 있는 우리 문화재에 대한 환수 작업이 활발히 진행되기 위해서는 정부의 보다 적극적인 대처가 필요하다. 또한 ○○고등학교 학생들은 비롯한 국민 모두가 문화재 환수 문제에 대한 중요성을 인식하고 관심을 가져야 한다. 이러한 노력들이 계속될 때 문화재 환수는 보다 효과적으로 이루어질 수 있을 것이다.

　(가)에 수정 및 추가되었던 사항들을 반영하여 (나)를 앞의 수정안과 같이 보완하면, 글쓰기 계획과 초고 사이의 관련성을 묻는 문항을 설계할 수 있다. 편의상 (가)에 있던 항목들에 기호를 붙여 보자.

○ 주제 : 해외에 있는 우리 문화재를 환수하는 문제에 대해 관심을
　　 갖자.
○ 예상독자 : ○○고등학교 학생 ……………………………………… ⓐ
○ 개요
　 I. 서론 : 해외에 있는 우리 문화재가 국내로 반환된 최근의 사례 ‥ ⓑ
　 II. 본론 : 1. 국내로 환수되지 못한 우리 문화재의 현황 ………… ⓒ
　　　　　 2. 문화재 환수에 대한 정부의 소극적인 대처 ………… ⓓ
　　　　　 3. 문화재 환수에 대한 국민의 무관심 ………………… ⓔ
　　　　　 4. 문화재 환수를 위한 정부의 적극적인 대처와 그에 대
　　　　　　 한 국민적 관심의 필요성 ………………………………… ⓕ
　 III. 결론 : 정리 및 마무리 ……………………………………………… ⓖ

이처럼 ⓐ부터 ⓖ까지 기호를 붙여 보면, 선택지로 활용할 수 있는 정보가 총 일곱 개라는 것을 확인할 수 있다. 그런데 한 문항에 필요한 선택지는 다섯 개이므로, 나머지 정보들은 다른 문항에 활용할 여지가 생긴다. 2번 문항의 평가 요소가 '논거 수집'이므로 이와 연관시킬 수 있는 부분을 제외하기로 하자. 예를 들어 ⓒ와 ⓔ를 제외한다면 ⓐ, ⓑ, ⓓ, ⓕ, ⓖ가 남는다.

이를 토대로 가장 평이하게 문항을 설계하는 방법은 (나)에 없는 내용을 (가)에 추가하는 것이다. 가령, '문화재 환수에 대한 외국의 대응 사례'를 (가)의 본론에 추가한다면 다음과 같이 문항을 설계할 수 있다.

1번 문항 1차 수정안

1. (가)의 글쓰기 계획 중 (나)에 반영되지 <u>않은</u> 것은?

　 ① 해외에 있는 우리 문화재가 국내로 반환된 최근의 사례
　 ② 문화재 환수에 대한 정부의 소극적인 대처
✓ ③ 문화재 환수에 대한 외국의 대응 사례

④ 문화재 환수를 위한 정부의 적극적인 대처 요구
⑤ 문화재 환수에 대한 국민적 관심 필요

하지만 이 경우 (가)의 글쓰기 계획을 보지 않고 (나)의 내용만 읽어도 답을 확정할 수 있다. 즉, 단순 정보 조회의 문항이 될 가능성이 높은 것이다. 따라서 계획하기와 초고 사이의 관련성을 높이고 좀 더 복합적인 사고 능력을 측정하기 위해서는 (가)와 (나)의 내용을 함께 묻는 것이 필요하다. 예를 들어 1차 수정안의 ①번 선택지 "해외에 있는 우리 문화재가 국내로 반환된 최근의 사례"를 "덕종어보 환수와 관련된 내용을 통해 서론을 구체화한다."라고 수정하면, 계획이 초고로 발전되는 과정을 선택지로 구안할 수 있다. 이처럼 초고의 내용을 확인하면서 그것이 계획과 어떤 관련성이 있는지도 함께 묻는 방향으로 선택지를 수정하면 문항의 완성도를 높일 수 있다.

TIP
대체로 두 과정 사이의 관련성을 묻는 유형의 선택지는 '…하여 ~한다.'의 형식을 보인다. 제시된 사례에서는 계획과 초고와의 관련성을 물었으나, 의도와 표현과의 관련성 등으로 선택지를 구안할 수도 있다.

1번 문항 2차 수정안

1. (가)의 글쓰기 계획을 바탕으로 (나)를 작성했다고 할 때, (나)에 반영되지 않은 것은?

　① 덕종어보 환수와 관련된 내용을 언급하여 '서론'을 구체화한다.
　② 해외 문화재 환수가 어려운 이유를 정부와 국민으로 나누어 제시하여 '본론'을 구체화한다.
　✓③ 문화재 반환에 관련된 외국의 대응 사례를 제시하여 '본론'을 구체화한다.
　④ 예상독자인 ○○고등학교 학생들의 태도 변화를 촉구하여 '본론'을 구체화한다.
　⑤ '본론'에서 제시한 해결책을 통해 해외 문화재의 효과적 환수가 가능함을 언급하여 '결론'을 구체화한다.

다음으로 [12화작03-04]의 '논거의 수집'과 관련된 문항의 설계 과정을 살펴보자. 앞의 2번 문항 초안은 하나의 정보만을 가지고 구안했기에 비교적 단순하고 완성도도 부족하였다. 또한 성취기준을 온전히 반영하지도 못했

주의점

하나의 문항이 완성되면 지문의 해당 부분과 여기에 관련된 문항은 모두 손을 대지 않는 것이 좋다. 다른 문항을 위해 섣불리 수정을 했다가 문항이 훼손되는 경우가 많기 때문이다. 따라서 처음 문항을 설계할 때부터 문항들 간의 관계를 고려해야 한다.

다. 따라서 일부 정보를 추가·수정할 필요가 있는데, 우선 앞에서 계획 및 초고가 수정되어 문항이 완성되었기 때문에 이 부분은 가급적 손대지 않고 다른 부분을 중심으로 내용을 수정하려 한다.

앞서 1번 문항을 수정할 때, 지문의 (가)에 있는 내용 중 본론 1(ⓒ)과 본론 3(ⓔ)을 제외하였다. 따라서 이 부분과 관련된 정보들로 문항을 설계하는 것이 용이하다. 다음은 ⓒ와 ⓔ의 내용을 뒷받침할 수 있는 자료들이다.

〈자료 1〉

해외 문화재 현황 및 환수 현황

(단위: 점)

	연도	소재국				계
		일본	미국	중국	기타	
해외에 있는 문화재 현황	2011	65,142	37,972	7,930	29,031	140,075
	2014	67,708	43,558	8,278	36,616	156,160
해외 문화재의 환수 현황	2011	6,313	1,295	0	2,137	9,745
	2014	6,408	1,399	0	2,139	9,946

※ 자료에 제시한 수치는 누적 통계임

〈자료 2〉

해외 문화재에 대한 인식 조사

(단위: %)

1. 안견이 그린 몽유도원도가 일본에 있다는 사실을 알고 있습니까?

	잘 알고 있다.	들어 본 적은 있다.	전혀 알지 못한다.
전 국민 대상	16	31	53
○○고등학교 학생 대상	4	18	78

2. 환수하지 못한 우리 문화재가 해외에 얼마나 있다고 생각하십니까?

	아주 많을 것이다.	많을 것이다.	조금 있을 것이다.	아주 조금 있을 것이다.
전 국민 대상	41	35	15	9
○○고등학교 학생 대상	25	34	30	11

이러한 자료들을 추가하면 선택지로 활용할 수 있는 정보도 증가하고, (나)의 내용도 더욱 완성도 있게 수정할 수 있다. 다만, 초고에 관련 자료의 내용을 모두 포함하면 문항을 만들었을 때 자칫 정보 조회 및 확인에 그칠 가능성이 있다. 그러므로 성취기준의 취지를 고려하여 자료를 해석하여 초고를 보완해 보도록 문항을 설계하는 것이 적합하다. 즉, 논거 수집을 위해 자료를 해석하고 이를 활용하는 일련의 과정을 종합적으로 평가할 수 있는 문항을 구안하는 것이다.

추가한 자료를 바탕으로 크게 '자료 해석의 타당성', '자료 활용의 적절성'을 평가하는 문항을 만들 수 있다. 이 둘을 독립적으로 제시하느냐 혹은 묶어서 제시하느냐에 따라 선택지의 양상도 달라진다. 우선 자료 해석과 관련하여 가능한 선택지의 사례들을 살펴보자.

- 해외에 있는 문화재의 현황은 매년 증가하고 있지만 환수 성과는 그에 미치지 못하고 있다.
- 특정 국가에 있는 우리 문화재에 대한 환수는 이루어지지 않고 있다.
- 몽유도원도가 일본에 있다는 사실에 대해 국민들은 물론 ○○고등학교 학생들도 절반 이상이 모르고 있다.
- 절반 이상의 국민들과 ○○고등학교 학생들은 해외에서 환수하지 못한 우리 문화재가 많이 있다고 생각한다.

자료에 대해 더 다양하게 해석할 수 있겠지만, 이 사례들만으로도 하나의 문항을 설계할 수 있다. 다만 이 내용들을 그대로 선택지에 활용한다면, 자료

TIP

전국 단위의 시험인 경우, 통계 자료 등은 대체로 공신력 있는 기관의 자료를 활용한다. 하지만 〈자료 2〉의 경우처럼 문항 설계를 위해 가공의 자료를 사용하는 경우도 있다.

에 대한 사실적 이해를 평가하는 단순한 문항이 될 수 있다. 자료가 글쓰기에 어떻게 활용되었는지, 그것이 과연 적절한 것인지를 묻고 있지 않기 때문에 [12화작03-04]의 '논거의 수집'에 대한 전반적인 평가로서는 미흡한 문항이 되는 것이다. 따라서 자료를 활용하는 문항은 반드시 초고와의 관련성 속에서 설계되어야 해당 성취기준에 대한 평가 기능을 담당할 수 있다. 다음은 자료를 활용하여 (나)를 수정하는 방식으로 2번 문항을 정교화한 것이다.

2번 문항 1차 수정안

2. '자료'를 토대로 (나)를 수정하려고 한다. '자료'의 활용 방안으로 적절하지 <u>않은</u> 것은?

① 〈자료1〉에서 해외 문화재 현황과 환수 현황을 비교하여 문제의 심각성을 드러낸다.

② 〈자료1〉에서 문화재 환수 성과가 전무한 나라가 있다는 점을 들어 정부의 소극적인 대응을 비판한다.

③ 〈자료2〉에서 몽유도원도에 대한 인식 조사 결과를 제시하여 해외 문화재에 대한 ○○고등학교 학생들의 무관심을 지적한다.

④ 〈자료2〉에서 많은 국민들이 환수하지 못한 해외 문화재가 많이 있다고 답한 설문 조사 결과를 제시하여 문화재 환수에 대한 정부의 적극적인 대응을 촉구한다.

✓ ⑤ 〈자료2〉에서 문화재 환수에 대한 ○○고등학교 학생들의 설문 조사 결과를 제시하여 적극적인 홍보를 통해 인식을 개선할 수 있다는 점을 강조한다.

이렇게 문항을 설계하면 자료에 대한 해석의 타당성은 물론 자료 활용의 적절성, 그리고 초고에 대한 고쳐쓰기 등 다양한 내용 요소들을 종합적으로 평가할 수 있다. 선택지는 "…하여 ~한다."의 구조로 되어 있으며, 이는 자료에 대한 해석을 '(나) 초고'에 적용하는 방안을 묻는 형태이다. 선택지의 완성도를 높이기 위해서는 자료 해석에 대한 부분은 되도록 적절한 내용으로 제시하고, 적용에 대한 부분을 오답의 단서로 활용하는 것이 좋다. 그래야 선

택지를 끝까지 읽고 판단해야 답을 찾을 수 있는 문항이 되기 때문이다.

나아가 두 개 이상의 자료를 비교하거나 종합하는 것과 같은 고차원적인 사고를 평가할 수도 있다. 즉, 복수의 자료들을 비교·대조하거나 종합하는 형식으로 선택지를 구성할 수 있는 것이다. 이 경우 문항의 난도가 높아질 뿐만 아니라 선택지의 정오를 판단하는 지점도 앞의 사례들보다 많아진다.

2번 문항 2차 수정안

2. '자료'를 토대로 (나)를 수정하려고 한다. '자료'의 활용 방안으로 적절하지 <u>않은</u> 것은?

① 〈자료1〉에서 해외에 있는 문화재의 수가 증가하는 비율에 비해 환수되는 비율은 상대적으로 적다는 점을 들어 문제의 심각성을 드러낸다.

② 〈자료1〉에서 특정 국가를 중심으로 문화재 환수가 이루어지는 반면 일부 나라에서는 환수가 거의 이루어지지 않는다는 점을 들어 정부의 소극적인 대응을 비판한다.

③ 〈자료2〉의 전 국민과 ○○고등학교 학생들의 조사 결과를 비교하여 문화재 환수에 대한 ○○고등학교 학생들의 높은 관심이 요구됨을 주장한다.

④ 〈자료1〉의 해외 문화재 현황과 〈자료2〉의 몽유도원도에 대한 전 국민 조사 결과를 종합하여 해외 문화재에 대한 국민적 관심 재고가 필요함을 역설한다.

✓⑤ 〈자료1〉의 문화재 환수 현황과 〈자료2〉의 문화재 환수에 대한 ○○고등학교 학생들의 조사 결과를 종합하여 ○○고등학교 학생들도 문제의 심각성을 인식하고 있음을 제시한다.

2차 수정안의 선택지를 보면, 자료들을 비교·대조하거나 종합해야만 진위 여부를 판단할 수 있다. 또한 학생들에게 여러 개의 판단 지점을 제시하여 고차원적인 사고 과정을 통해 정답을 확정하도록 유도하고 있다. 이로써 앞의 사례들보다 더욱 난도가 높은 문항이 되었다.

다음은 아직 수정 작업을 거치지 않은 초안 형태의 글과 문항이다. 앞에서 설명했던 글 및 문항의 구성 방법을 활용하여 각각의 성취기준에 맞게 수정해 보자.

■ 문항 초안

[1~3] 다음은 '노키즈존 설치는 타당한가'라는 학생 토론 논제에 대한 '(가) 찬성측', '(나) 반대측'의 입론서이다. 물음에 답하시오.

(가)

　노키즈존(No Kids Zone)이란 5세 미만, 미취학 아동, 유모차 등 조건은 다소 다르지만 어린 아이들의 출입을 금지하는 곳을 말한다. 노키즈존은 주로 커피 전문점이나 음식점을 시작으로 고급 가구숍까지 점점 확대되고 있다. 노키즈존의 설치는 타당하다고 생각하며 그 이유는 다음과 같다.

　첫째, 아이들이 소란스러울 경우 다른 이용자들이 불편을 겪을 수밖에 없다. 일부 매장에서는 영업 특성에 따라 노키즈존을 일종의 전략으로 활용하기도 한다. 즉, 노키즈존의 설치는 이용자의 불편을 없애기 위한 필요한 조치이다.

　둘째, 어린아이들의 안전사고를 방지하기 위해서이다. 2011년 한 식당에서는 어린아이가 뜨거운 물을 옮기는 종업원과 부딪혀 화상을 입는 사고가 발생했다. 이 사건은 소송으로 번져 재판부는 부모에게 30%, 식당 주인과 종업원에게 70% 정도의 책임이 있다고 보고 약 4,100만 원의 배상금을 지급할 것을 판결했다. 따라서 업주들을 이러한 안전사고를 원천적으로 방지하기 위해 노키즈존을 선택할 수밖에 없다.

　셋째, 노키즈존의 설치는 영업 자유의 한 부분이므로 그 선택은 존중받아야 한다. 소비자가 살 자유가 있듯이 업주에게는 팔 자유가 있다. 따라서 노키즈존의 설치를 원하는 업주가 있다면 이를 반대할 근거가 없다.

　'무개념 부모'가 노키즈존이 생긴 원인이라는 일부의 견해도 있다. 이 견해에 따르면 노키즈존은 식당에서 활개를 치는 어린이는 물론, 이를 본체만체 하거나 오히려 조장하는 철없는 부모가 있기 때문에 생겼다는 것이다.

(나)

　노키즈존(No Kids Zone)이란 아이를 동반하고 입장할 수 없는 공간을 말한다. 노키즈존을 선택한 업주들은 부모와 함께 찾은 아이들이 소란을 피우면 사고 발생 위험이 크고 다른 고객들의 불만도 크기 때문에 어쩔 수 없이 노키즈존을 운영하고 있다고 말한다. 하지만 모든 아이들이 소란을 피우는 것도 아닌데 노키즈존을 설치하는 것은 지나치다고 생각한다.

　첫째, 노키즈존은 '아이'라는 특정 집단 전체를 차별한다는 점에서 인권을 침해하고 있다. 모든 국민은 인간으로서의 존엄과 가치를 가지며 행복을 추구할 권리를 가진다. 또한 누구든지 성별, 종교 혹은 정치, 사회, 문화적 생활의 모든 영역에 있어서 차별받아서는 안 된다. 따라서 내가 부모라는 이유만으로, 어린 아이라는 이유만으로 차별을 받아서는 안 된다.

　둘째, 노키즈존은 기본적으로 어린아이를 통제하고 배제해야 할 대상으로 여긴다. 우리 사회가 저출산 시대에 돌입하면서 아이에 대한 경험이 부족해져 어린이를 '남에게 피해를 주는 존재'로 바라보는 기류가 형성되기 시작했는데, 이런 사회적 분위기가 노키즈존의 등장을 부추기고 있다.

　셋째, 노키즈존의 입장 제한 연령 기준이 자의적이므로 노키즈존의 제한 범위가 지나치게 넓다. 입장 제한 연령을 구체적으로 살펴보면 초등학교 입학 전, 10살, 12살 등 매장마다 다르다. 따라서 이와 비슷한 연령대의 아이들을 가진 부모들은 여러 공간에서 출입을 제한받고 있는 실정이다.

　문제가 있는 것을 고쳐나갈 수 있도록 노력하는 것은 필요한 일이다. 그러나 문제가 있다고 해서 무조건 배제해 버리는 것은 바람직하지 않다.

▸▸ 작문 상황을 보다 명확히 설정하고, 그에 따라 성취기준 [12화작03-06] '현안을 분석하여 쟁점을 파악하고 해결 방안을 담은 건의하는 글을 쓴다.'를 고려하여 쟁점이 드러나도록 대발문을 수정해 보자.

▸▸ 또한 성취기준 [12화작03-04] '타당한 논거를 수집하고 적절한 설득 전략을 활용하여 설득하는 글을 쓴다.'를 고려하여 설득 전략이 잘 드러나도록 내용을 보완해 보자.

1. (가)에 대한 설명으로 적절하지 <u>않은</u> 것은?

　① 화제에 대해 정의하고 있다.

　② 노키즈존이 확대되는 추세를 언급하고 있다.

　③ 안전사고와 관련된 실제 사례를 언급하고 있다.

　✓ ④ 고객의 관점에서 노키즈존의 장점을 제시하고 있다.

　⑤ 노키즈존은 아이를 둔 부모에게도 일정 부분 책임이 있음을 제시하고 있다.

▸▸ 성취기준 [12화작03-06] '현안을 분석하여 쟁점을 파악하고 해결 방안을 담은 건의하는 글을 쓴다.' 중 '현안 분석'과 '쟁점 파악'을 고려하여 문항을 수정해 보자.

2. (나)에 사용된 쓰기 전략이 <u>아닌</u> 것은?

① 저출산 현상을 근거로 활용하고 있다.

② 노키즈존이 인권 침해라는 점을 부각하고 있다.

③ 노키즈존의 제한 연령 설정의 문제점을 제시하고 있다.

④ (가)의 주요 내용에 대해 요약한 후 그것의 문제점을 제시하고 있다.

✓ ⑤ 노키즈존을 설치하더라도 기대하는 긍정적 효과가 일어나지 않음을 근거로 들어 (가)의 주장을 비판하고 있다.

▸▸ 성취기준 [12화작03-04] '타당한 논거를 수집하고 적절한 설득 전략을 활용하여 설득하는 글을 쓴다.' 중 '설득 전략'을 고려하여 문항을 수정해 보자.

3. (나)를 반박하기 위해 생성한 내용으로 가장 적절한 것은?

① 노키즈존은 주로 커피숍을 중심으로 확대되고 있음을 밝혀야겠어.

② 노키즈존이 아이들을 통제해야 할 대상으로 인식한 것은 아님을 밝혀야겠어.

③ 노키즈존의 제한 조건이 업소별로 상이하다는 주장은 사실과 다름을 밝혀야겠어.

④ 노키즈존 설치가 아이들을 무조건 배제해 버리는 경향과는 무관함을 주장해야겠어.

✓ ⑤ 아이와 부모들의 권리만큼 업주들의 자유도 보호받아야 한다는 것을 주장해야겠어.

▸▸ 성취기준 [12화작03-05] '시사적인 현안이나 쟁점에 대해 자신의 관점을 수립하여 비평하는 글을 쓴다.' 중 '현안이나 쟁점에 대한 관점 수립'을 고려하여 문항을 수정해 보자.

[1~3] (가)는 '노키즈존 설치는 타당한가'라는 학생 토론 논제에 대한 찬성측의 입론서이고, (나)는 반대측의 입론서이다. 물음에 답하시오.

(가)

　'노키즈존'은 노키즈존(No Kids Zone)이란 5세 미만, 미취학 아동 등 조건은 다소 다르지만 어린 아이들의 출입을 금지하는 곳을 말한다. 노키즈존은 주로 커피 전문점이나 음식점을 시작으로 가구판매점, 의류 상가 등에 이르기까지 점점 확대되고 있다. 이렇듯 노키즈존이 확대되는 것은 해당 업주들이 노키즈존의 필요성을 느끼고 있음을 보여 주는 것이며 더불어 해당 업소를 이용하는 대다수의 고객들 역시 노키즈존을 선호하기 때문이라고 할 수 있다. 노키즈존의 설치는 타당하다고 생각하며 그 이유는 다음과 같다.

　첫째, 아이들이 소란스러울 경우 다른 이용자들이 불편을 겪을 수밖에 없다. 일부 매장에서는 영업 특성에 따라 노키즈존을 일종의 고객 유치를 위한 영업 전략으로 활용하기도 한다. 즉, 노키즈존의 설치는 매장을 이용하는 다수의 고객들이 어린아이로 인해 야기되는 불편에서 벗어나기 위해 업주가 설정한 조치이다.

　둘째, 어린아이들의 안전사고를 방지하기 위해서이다. 복잡한 식당 등에서는 종종 부주의로 인한 안전사고가 발생한다. 2011년 한 식당에서 어린아이가 뜨거운 물을 든 종업원과 부딪혀 화상을 입는 사고가 발생했다. 이 사건은 소송으로 번져 재판부는 부모에게 30%, 식당 주인과 종업원에게 70% 정도의 책임이 있다고 보고 약 4,100만 원의 배상금을 지급할 것을 판결했다. 따라서 업주들을 이러한 안전사고를 방지하기 위해 노키즈존을 선택할 수밖에 없는 것이다.

　셋째, 일부 식당 등에서 손님의 복장에 제한을 두듯 노키즈존을 설치하는 것 또한 업주의 선택에 의한 것이므로 존중받아야 한다. 소비자에게 구매의 자유가 있듯이 업주에게도 판매의 자유가 있다. 따라서 노키즈존의 설치를 원하는 업주가 있다면 이를 반대할 근거가 없다.

　'무개념 부모'가 노키즈존이 생긴 원인이라는 일부의 견해도 있다. 이 견해에 따르면 노키즈존은 식당에서 활개를 치는 어린이는 물론, 이를 본체만체 하거나 오히려 조장하는 철없는 부모가 있기 때문에 생겼다는 것이다. 따라서 노키즈존 설치에 대한 비판은 업주가 아닌 그 부모들을 향해야 한다.

(나)

　노키즈존(No Kids Zone)이란 아이를 동반하고 입장할 수 없는 공간을 말한다. 노키즈존을 선택한 업주들은 부모와 함께 찾은 아이들이 소란을 피우면 사고 발생 위험이 크고 다른 고객들의 불만도 생기기 때문에 어쩔 수 없이 노키즈 존을 운영하고 있다고 말한다. 하지만 모든 아이들이 소란을 피우는 것도 아닌데 제멋대로 행동하는 일부 아이들 때문에 아예 아이들의 출입을 금하는 노키즈존을 설치하는 것은 지나치다고 생각한다. 따라서 노키즈존 설치는 타당하지 않다고 생각하며 그 이유는 다음과 같다.

첫째, 노키즈존은 '아이'라는 특정 집단 전체를 사전 차단한다는 점에서 인권을 침해하고 있다. 우리나라 헌법을 보면, 모든 국민은 인간으로서의 존엄과 가치를 가지며 행복을 추구할 권리를 가진다. 모든 국민은 법 앞에 평등하다. 누구든지 성별, 종교 혹은 정치, 사회, 문화적 생활의 모든 영역에 있어서 차별받지 아니한다. 국민의 자유와 권리는 헌법에 열거되지 아니한 이유로 경시되어서는 안 된다. 따라서 내가 부모라는 이유만으로, 어린 아이라는 이유만으로 차별을 받아서는 안 된다.

둘째, 노키즈존은 기본적으로 어린아이를 인격적인 존재가 아닌 통제하고 배제해야 할 대상으로 여긴다. 일부에서는 노키즈존의 등장을 저출산 시대의 산물로 보는 견해가 있다. 한국 사회가 저출산 시대에 돌입하면서 아이에 대한 경험이 이전 시대와 비교할 때 상대적으로 적어져 어린이를 '남에게 피해를 주는 존재'로 바라보는 기류가 형성되기 시작했고, 이런 사회적 분위기가 노키즈존의 등장을 부추기고 있다는 것이다.

셋째, 노키즈존의 입장 제한 연령 기준이 자의적이므로 노키즈존의 제한 범위가 지나치게 넓다. 입장 제한 연령을 구체적으로 살펴보면 초등학교 입학 전, 10살, 12살 등 매장마다 다르다. 따라서 정확한 기준 설정 없이 자의적으로 출입을 제한하고 있다는 비판을 받을 수밖에 없다.

문제가 있는 것을 고쳐나갈 수 있도록 노력하는 것은 필요한 일이다. 그러나 문제가 있다고 해서 무조건 배제해 버리는 것은 바람직하지 않다. 극심한 저출산 시대를 맞이하게 된 요즘, 모두가 함께 공존할 수 있는 배려의 마음이 필요하다.

1. 〈보기〉는 (가)를 쓰기 위해 현안과 쟁점에 대해 떠올린 생각이다. (가)에 반영된 것만을 〈보기〉에서 있는 대로 고른 것은?

---〈 보기 〉---

ㄱ. 노키즈존의 정의는 무엇일까?

ㄴ. 노키즈존이 확대되고 있는 이유는 무엇일까?

ㄷ. 실제로 노키즈존을 설치한 후 긍정적인 반응을 보이는 매장의 사례를 소개하면 어떨까?

ㄹ. 매장에서 아이들의 안전사고가 발생한 경우, 해당 매장 관계자에게는 어느 정도의 책임이 있다고 보았는지에 대해 소개하면 어떨까?

① ㄱ, ㄴ   ② ㄴ, ㄷ   ③ ㄱ, ㄴ, ㄷ   ✓④ ㄱ, ㄴ, ㄹ   ⑤ ㄴ, ㄷ, ㄹ

발문   기존의 1번 문항은 선택지 구성이 2번 문항과 유사하여 문항 간 간섭 및 내용 요소의 중복이 나타날 수 있었다. 이를 피하기 위해 2번 문항에서 언급된 '전략'에 대한 부분은 삭제하고 '현안과 쟁점'을 위주로 문항을 구성한 뒤, 이를 발문에 반영하였다. 또한 '현안과 쟁점'을 구체적으로 진술하면 2번 문항의 선택지와 중복될 수 있으므로 되도록 내용을 제시하지 않기 위해 '떠올린 생각'으로 한정하고 발문에 명시하였다.

〈보기〉   현안 분석 및 쟁점 파악의 첫 번째 단계는 화제를 확인하고 그에 대한 의문점 등을 구체화하는 것이다. 〈보기〉에서는 이와 관련된 사례들을 제시하였다.

선택지   합답형 문항은 〈보기〉에 제시된 내용을 모두 확인해야 하기 때문에 난도가 다소 높아질 수 있다. 이 경우 〈보기〉의 내용을 선택지 ①~⑤번으로 각각 진술하여 부정형 혹은 긍정형 문항을 구안함으로써 난도를 조절할 수 있다.

2. (나)에 사용된 설득 전략이 <u>아닌</u> 것은?

① 헌법의 내용을 근거로 활용하여 (가)의 주장이 타당하지 않음을 밝힌다.

② 노키즈존의 제한 연령이 자의적이라는 이유를 들어 노키즈존 설치의 문제점을 밝힌다.

③ 저출산 현상과 노키즈존 설치의 확대가 어떠한 관계가 있는지를 밝혀 주장의 근거로 활용한다.

④ 노키즈존을 설치해야 한다는 (가)의 주장을 일부 소개하되, 이를 반박하여 주장의 타당성을 높인다.

✓⑤ 노키즈존을 설치하더라도 기대하는 긍정적 효과가 일어나지 않음을 근거로 들어 (가)의 주장을 비판한다.

발문   성취기준 [12화작03-04] '타당한 논거를 수집하고 적절한 설득 전략을 활용하여 설득하는 글을 쓴다.'는 다양한 전략을 사용하여 설득력을 높이는 것의 중요성을 강조한다. 따라서 '쓰기 전략'보다는 '설득 전략'으로 명료하게 제시하는 것이 바람직하다. 또한 [12화작03-04]는 '타당성', '공정성' 여부를 판단하는 것이 중요하므로 이와 관련된 내용을 중심으로 선택지를 수정하였다.

선택지 ①번   전략은 의도와 목적이 명확해야만 정오 판단이 용이하다. 따라서 사용한 전략과 그 의도를 함께 선택지로 구성할 때 좋은 문항이 될 수 있다. 수정안에서는 지문에 추가된 '헌법' 관련 내용을 반영하여 선택지 ①번을 수정하였다.

선택지 ②번   주장의 문제점과 그 이유를 중심으로 선택지를 수정하였다.

선택지 ③번   주장과 근거를 중심으로 선택지를 수정하였다.

선택지 ④번   타당성 측면이 드러날 수 있도록 선택지를 수정하였다.

3. (가)를 쓴 학생이 (나)를 반박하기 위해 쓴 메모의 내용으로 가장 적절한 것은?

① 주로 커피숍을 중심으로 노키즈존이 확대되고 있음을 밝혀야겠어.

② 노키즈존이 아이들을 통제해야 할 대상으로 인식한 것은 아님을 밝혀야겠어.

③ 업소별로 출입 제한의 나이가 상이하다는 주장은 사실과 다름을 밝혀야겠어.

④ 무조건 어린아이를 배제해 버리는 경향과는 무관함을 주장해야겠어.

✓ ⑤ 아이와 부모들의 권리가 보호되어야 한다면 노키즈존의 설치를 원하는 업주들의 자유도 보호받아야 함을 주장해야겠어.

> **발문** 성취기준 [12화작03-05]에서 '현안이나 쟁점에 대한 관점'은 사람마다 다를 수 있다. 따라서 (가)를 단서로 추론하여 선택지를 판단하도록 반박의 주체를 '(가)를 쓴 학생'으로 제한하였다. 또 재반박은 실제 지문에 존재하지 않는 '가상의 상황'을 전제로 해야 하므로 '메모'로 설정하였다.
>
> **선택지 ①~④번** 기존 선택지 ①~④번이 모두 '노키즈존'으로 시작하는 반면, ⑤번만 다른 단어로 시작하고 있어 선택지 판단에 불필요한 단서를 제공할 여지가 있다. 이에 따라 내용의 순서를 일부 조정하였다.
>
> **선택지 ⑤번** 성취기준 [12화작03-05]는 '자신이 선택하지 않은 관점의 단점이나 약점, 문제점을 근거로 비판'하는 것을 내용 요소로 삼고 있다. 따라서 상대방 주장의 문제점이 부각되도록 선택지를 수정하였다.

화법과 작문 융합 문항 개발

5장과 6장에서 살펴보았듯이 화법은 담화를 토대로, 작문은 글을 토대로 문항을 구성한다는 차이가 있다. 그러나 2015 개정 국어과 교육과정의 〈화법과 작문〉이라는 교과목 명칭에서 드러나듯, 이 두 영역은 하나의 과목으로 설정되어 있으며, 평가에서도 이 둘의 연계를 지향하고 있다.

하지만 화법과 작문이 융합된 평가 문항을 개발하는 것은 그리 쉬운 일이 아니다. 교육과정을 공유하고 있다고는 하나, 각각의 성취기준이 특정한 담화 혹은 글을 상정하고 있기 때문에 개별적인 성취기준들을 묶어야 하는 부담이 있다. 또한 이를 문항으로 구현할 때 화법에서 작문으로, 혹은 작문에서 화법으로 자연스럽게 의사소통의 상황이 연결되는 맥락을 설정해야 하는 부담도 존재한다. 이로 인해 〈화법과 작문〉이라는 과목이 등장한 지 비교적 오랜 시간이 지났지만, 융합 문항을 개발하는 방법에 대해서는 알려진 바가 많지 않다. 여기에서는 화법과 작문 융합 문항을 개발하는 과정을 살펴보고, 실제로 이를 설계하는 방법에 대해 다루고자 한다.

01 융합 문항 개발의 개요

화법과 작문을 융합하여 문항을 구성할 때는 무엇보다도 담화의 상황과 작문의 상황이 유기적으로 연결되는 맥락을 설정하는 것이 중요하다. 즉, 화법 영역 성취기준의 담화와 작문 영역 성취기준의 글을 하나의 소통 맥락으로 묶어 재구성해야 한다. 가령, 화법에 해당하는 성취기준 [12화작02-03]의 '토론'과 작문에 해당하는 성취기준 [12화작03-04]의 '설득하는 글'을 토대로 평가 문항을 개발한다고 하자. 이 경우 특정한 논제에 대해 찬성측과 반대측이 토론을 하고(담화 상황), 이를 토대로 찬성 혹은 반대 입장에서 상대방을 설득하는 글을 쓰는 것(작문 상황)으로 의사소통의 맥락을 설정하면 자연스러울 것이나. 마찬가지로 작문에 해당하는 성취기준 [12화작03-02]의 '자기소개서'와 화법에 해당하는 성취기준 [12화작02-01]의 '면접'을 토대로 평가 문항을 개발한다면, 특정한 곳에 지원하기 위해 자기소개서를 작성하고(작문 상황) 이를 토대로 면접이 이루어지는 것(담화 상황)으로 맥락을 설정할 수 있다.

이처럼 성취기준에서 담화와 글을 선택해 하나의 맥락 속에서 연계했다면, 다음으로는 각각의 내용 요소들이 하나의 평가 문항으로 결합할 수 있는 지점을 찾아야 한다. 즉, 성취기준에 있는 내용 요소들을 분석하여 결합 지점을 찾고, 이를 문항으로 구현하기 위한 장치들을 담화와 작문 상황에 포함시켜야 한다. 이처럼 내용 요소를 결합함으로써, 화법과 작문을 융합하는 궁극적인 이유를 보여 주는 문항을 개발할 수 있다. 대체로 이런 문항은 세트를 대표하는 문항으로, 다른 문항보다 우선적으로 고려된다.

그런 다음 특정한 맥락을 통해 담화와 작문의 상황을 연계한다. 담화를 통해 작문을 수행하든, 작문을 거쳐 담화에 임하든, 특정한 맥락으로 두 상황을 연계함으로써 융합 지문을 구성한다.

융합 지문을 구성한 후에는 먼저 융합 문항을 설계하고, 화법의 내용 요소와 작문의 내용 요소를 토대로 각 영역의 개별적인 문항을 설계한다. 화법과 작문 과목이 연계되었다고 하여 모든 문항을 융합 문항으로 개발할 수는 없다. 화법과 작문은 각각 독자적인 특성이 존재하고 구별되는 내용 요소들이 있기 때문에, 융합 문항을 설계한 후에는 각 영역의 특성을 구현하는 문항을 설계하여 해당 영역의 성취기준 및 내용 요소를 평가하는 것이 바람직하다.

이상의 과정을 도식화하면 다음과 같다.

주의점
융합 문항 개발에서 가장 많이 실수하는 지점이 지문만 융합하고 문항은 화법 2문항, 작문 2문항처럼 각각 따로 제시하는 것이다. 융합 지문을 구성한 뒤에는 담화와 글의 내용 요소를 결합한 융합 문항을 설계해야 한다.

담화 상황과 작문 상황 간의 연계 방안 구안 → 평가 요소 선정 → 맥락 구체화를 통한 담화 및 작문 상황 설정 → 융합 문항 설계 및 작성 → 화법, 작문 각각의 개별 문항 설계 및 작성

← ─────────────── 내용 요소 및 성취기준을 고려 ─────────────── →

1) 담화 상황과 작문 상황 간의 연계

화법과 작문의 융합 문항을 개발하기 위해서는 우선 성취기준에 제시된 유형의 담화와 글을 어떤 방식으로 연계할 것인가를 고민해야 한다. 연계의 가장 손쉬운 방식은 '정보 전달, 설득, 친교, 정서 표현, 자기 표현' 등과 같은 의사소통의 목적이 동일한 담화와 글을 선택하는 것이다. 예를 들어, 토론이나 협상 등의 담화는 설득하는 글이나 건의하는 글 등과 융합하면 자연스러운 소통 맥락을 구성할 수 있다. 마찬가지로 대화는 친교의 글과 함께 제시하면 비교적 자연스러운 상황을 설정할 수 있다.

이렇듯 의사소통의 목적은 담화 상황과 작문 상황을 자연스럽게 연결하는 접점으로서 기능한다. 서로 다른 의사소통 행위가 동일한 목적이라는 특정한 맥락으로 연결될 수 있기 때문이다. 물론 목적이 서로 다른 담화와 글을 연결할 수도 있지만, 그러한 설정 자체가 억지스러울 경우에는 오답 시비 등의 문제가 야기될 수 있다.

동일한 목적을 공유하는 담화와 글은 성취기준의 내용 요소 간에도 연관성이 있기 때문에 융합 문항을 설계하는 것도 비교적 쉽다. 만약 지문에서 찬반 양측이 토론을 하고 이를 토대로 한 측에서 상대측을 설득하는 글을 작성하는 상황을 상정한다면, 토론에서의 '반론'과 설득하는 글쓰기에서의 '논거 수집'을 융합하여 문항을 구성할 수 있다.

이처럼 담화 상황과 작문 상황을 의사소통의 목적을 중심으로 연계하여 자연스러운 맥락을 구성하는 것이 화법과 작문의 융합 문항을 설계하는 첫 번째 단계이다.

주의점
만일 '협상'과 '성찰하는 글'을 연계한다면 담화 상황과 작문 상황을 유기적으로 연결하기 어렵다. 힘들게 융합 지문을 구성하더라도, 문항 설계 단계에서 각 영역의 독립된 문항으로 설계할 가능성이 많다. 이 경우 융합 지문을 구성하는 취지를 온전히 구현하지 못한다.

2) 대표 문항의 평가 요소 선정

TIP

대표 문항이란 왜 그러한 형식과 내용을 가진 지문이 제시되었는지를 알려주는 핵심적인 문항으로, 성취기준과 내용 요소를 종합하여 이를 가장 잘 드러낼 수 있는 문항이다. 따라서 하나의 지문으로 여러 문항을 설계할 경우, 대표 문항을 중심으로 문항을 설계하는 것이 좋다.

의사소통의 목적을 중심으로 담화 상황과 작문 상황을 연계한 다음에는 각각의 성취기준에 있는 내용 요소 중 화법과 작문 영역을 융합하여 문항으로 구현할 수 있는 지점을 찾는다. 앞서 언급했듯 이 문항이 화법과 작문을 연계한 의도를 드러낼 수 있는 문항이자, 다른 문항들보다 우선적으로 고려해야 할 대표 문항이다.

나음에 세시된 두 싱취기준을 중심으로, 대표 문항의 평가 요소를 선정하는 방법을 구체적으로 살펴보자.

> ☞ **화법 성취기준**
> [12화작02-04] 협상 절차에 따라 상황에 맞는 전략을 사용하여 문제를 해결한다.
>
> ☞ **작문 성취기준**
> [12화작03-04] 타당한 논거를 수집하고 적절한 설득 전략을 활용하여 설득하는 글을 쓴다.

두 성취기준은 '설득'이라는 목적을 공유하고 있기 때문에 화법과 작문의 상황을 연계하기 쉽다. 하지만 세부적으로 보면 [12화작02-04]는 협상 절차, 설득 전략, 문제 해결 등이, [12화작03-04]는 논거의 타당성, 논거의 수집, 설득 전략 등이 내용 요소에 해당한다. '설득 전략'이라는 공통된 요소가 있지만, 이는 표현 방법에 속하기 때문에 대표 문항으로 구성할 경우 융합의 취지에서 벗어나는 문항이 될 수 있다. 대표 문항은 왜 '협상'과 '설득하는 글'을 연계해서 평가해야 하는지, 즉 융합 지문을 구성한 의도가 무엇인지를 보여 주는 문항이어야 한다. 따라서 각각의 내용 요소들을 연계하여 하나의 문항으로 구성해야만 융합의 취지를 구현할 수 있다.

여기에서는 '문제 해결'과 '논거의 타당성', '논거의 수집' 등을 연계하는 평가 요소를 선정할 수 있다. 협상에서 밝혀진 '문제'와 이에 대응하기 위한 '논거의 수집'은 일반적인 논거 수집과는 다르게, 해당 문제를 보완하고 상대방을 공략하기 위한 논거 수집으로 구체화할 수 있다. 즉, 협상 과정에서 어떤 문제들이 나타났는지를 파악하고, 이에 대한 대응으로써 어떤 자료를 수집하여 설득하는 글을 작성해야 하는지를 종합적으로 평가하는 것으로 두 성취기준의 내용 요소를 통합할 수 있다.

　이처럼 화법과 작문의 성취기준에 제시된 내용 요소를 통합하여 대표 문항의 평가 요소를 선정한 후에는, 각각의 담화와 글에서 평가하고자 하는 내용 요소를 선정한다. 앞의 두 성취기준의 경우 화법에서는 '협상 절차'를, 작문에서는 '설득 전략'을 중심으로 각 영역의 개별적인 문항을 설계할 수 있다. 설득 전략은 화법 문항으로도 설계할 수 있지만, 화법과 작문 모두에서 설득 전략을 다룬다면 문항 간섭이나 선택지 간섭 등이 나타날 수 있다. 이럴 때는 화법에서는 '준언어적·비언어적 표현'을, 작문에서는 비유, 인용, 강조 등의 '언어적 표현'을 중심으로 문항을 설계할 수 있다.

3) 맥락 구체화를 통한 담화 및 작문 상황 구성

맥락 구체화란 담화 상황과 작문 상황을 어떻게 하나의 맥락으로 구성할 것인가를 결정하는 단계이다. 협상을 한 후 상대방을 설득하는 글을 작성하는 상황과, 반대로 설득하는 글을 작성하고 이를 토대로 협상에 임하는 상황은 단순히 담화와 작문의 선후가 다른 것만이 아닌 복잡한 문제들을 내포하고 있다. 협상 이후 작문을 수행하는 경우에는 사전에 협상이라는 상황이 전제되어 있기 때문에 작문에서 이를 반영해야 두 상황이 자연스럽게 연계되고 융합 문항도 설계할 수 있다. 마찬가지로 작문 이후 협상을 하는 경우에도 앞의 상황이 후속 상황에 포함되어야 한다. 이처럼 앞선 상황이 후속 상황에 영향을 끼치도록 구성해야 맥락이 자연스러워진다.

TIP

화법에서 담화는 다양한 양상으로 전개될 수 있다. 예컨대 화자가 작문 상황에서 의도한 대로 담화가 진행되지 않을 수도 있는 것이다. 이때 그에 따른 화자의 대응을 평가요소로 구체화할 수 있다.

　다만, 화법에서는 작문과 달리 청자의 즉각적인 반응이 드러나거나 화자가 대응 전략을 수정하는 과정 등이 나타날 수 있다. 그러므로 맥락을 구체화할 때 이 점을 충분히 고려해야 한다. 즉, 화법은 그 특성상 갈등의 충돌, 화제 전환 등이 다양한 양상으로 나타나기에 작문처럼 고정된 방식으로 진행되지 않을 가능성이 있다. 이러한 화법의 특성을 고려하여 화법 상황과 작문 상황의 선후 배치를 결정해야 한다.

02 융합 문항 개발의 실제 *

문항을 설계할 때는 선정한 성취기준 및 내용 요소들이 담화와 글에 고루 배치되게 하고, 문항 간 간섭이 없도록 해야 한다. 여기에서는 실제로 화법과 작문의 융합 문항을 설계하는 과정을 살펴보고자 한다. 편의를 위해 특정 성취기준을 중심으로 융합 문항을 설계하는 과정을 논의해 보자.

1) 평가 요소 선정

> ☞ **화법 성취기준**
> [12화작02-05] 면접에서의 답변 전략을 이해하고 질문의 의도를 파악하여 효과적으로 답변한다.
>
> ☞ **작문 성취기준**
> [12화작03-02] 작문 맥락을 고려하여 자기를 소개하는 글을 쓴다.

위 성취기준은 각각 면접과 자기소개서에 대한 것이다. 이 두 상황은 자기소개서를 먼저 작성하고 이를 토대로 면접을 하는 순서로 연결되는 것이 자연스럽다. 아울러 자기소개서는 지원 대상이 요구하는 구체적인 자격이나 조건이 존재하고, 이를 중심으로 기술하는 것이 특징이다. 따라서 작문 상황을 구체화한 뒤 그 맥락에서 면접을 보는 화법 상황을 설정함으로써, 두 상황이 연계되도록 지문을 구성한다.

다음으로 평가 요소를 분석한다. 먼저 내용 요소는 면접의 경우 답변 전략, 질문의 의도 파악 등이며, 자기소개서의 경우는 맥락 고려, 자기소개 등이다. 이를 토대로 대표 문항에 적합한 평가 요소를 추출하기 위해 면접과 자기소개서가 융합 가능한 지점을 찾는다. 이 예시에서는 면접관이 지원자에게 자기소개서의 내용을 확인하거나 자기소개서의 진술을 토대로 더 심층적

TIP
말하기 방식은 모든 담화에서 평가 요소로 상정할 수 있기 때문에 내용 요소가 제한적일 경우 사용할 수 있다.

---

* 2018학년도 대학수학능력시험 9월 모의평가 4~7번 문항을 변형하여 사례로 제시하였다.

인 내용을 알기 위해 질문을 하는 상황을 상정할 수 있다. 혹은 지원자가 면접관의 질문을 듣고 자기소개서의 내용을 떠올리면서 적절한 답변 내용을 구성하거나 답변 전략을 세우는 상황도 가능하다. 이렇게 융합 문항을 설계한 후에는 말하기 방식, 맥락 고려 등을 화법과 작문 각 영역에 대한 독립 문항으로 설계할 수 있다.

2) 지문 구성

융합 지문은 담화와 글이 모두 제시되기 때문에 이 둘을 연계하는 맥락이 대발문과 지문에 충분히 드러나야 한다. 가령, "(가)는 '5G 시대의 새로운 마케팅 전략'에 대한 강연이고, (나)는 (가)를 바탕으로 새로운 마케팅 전략을 설명하는 글의 초고이다. 물음에 답하시오."라는 대발문이 있다고 하자. 이 대발문은 '정보 전달'이라는 공통된 목적 아래 강연과 글(초고)이 융합하여, 전자가 후자의 주요 정보원이 되는 상황을 드러내고 있다. 따라서 초고를 쓰기 위해 강연의 내용을 활용(선택·추가·재구성 등)하는 일련의 과정을 융합 문항으로 설계할 수 있다.

이러한 의도에서 지문을 구성할 때에는 화제('5G 시대의 새로운 마케팅 전략')를 토대로 강연을 먼저 구성하고, 강연에 나타난 일부 정보를 선택 및 추가함으로써 초고를 작성한다. 물론 문항 설계를 위해서는 강연에서 일부 정보를 생략하고, 생략한 해당 내용을 글에 추가하는 등 의도된 내용 조작이 필요하다.

다음은 [12화작02-05]와 [12화작03-02]의 성취기준을 토대로 자기 표현을 목적으로 하는 글(자기소개서)과 담화(면접)를 융합 지문으로 구성한 사례이다.

[1~2] (가)는 '또래 상담 요원 모집 공고문'이고, (나)는 또래 상담에 지원하는 학생의 자기소개서이다. (다)는 (나)를 바탕으로 실시한 면접의 일부이다. 물음에 답하시오.

(가)

공고문

 2019년 ○○구 청소년 복지 센터에서는 또래 상담 요원을 모집하고 있습니다. 이에 관심 있는 학생들의 많은 지원을 부탁드립니다.
 ○ 모집 대상: ○○구 지역 내 청소년
 ○ 자격 조건: 또래 상담에 대한 지식과 경험을 가진 학생
 ○ 선발 방법: 자기 소개서 및 면접

⋮

(나)

 친구 관계로 힘든 시기를 보내고 있을 때, 저는 또래 상담을 받으면서 많은 위안을 얻은 적이 있습니다. 이를 통해 상담의 중요성을 깨닫게 되었고, 저도 친구들과 고민을 나누며 함께 성장할 수 있는 또래 상담 요원이 되고 싶다는 생각을 하게 되었습니다. 그러던 중 '또래 상담 요원 모집 공고문'을 보고 지원하게 되었습니다.

 작년부터 참여한 공부방 봉사 활동은 상담에서 신뢰와 친근감이 중요하다는 것을 알려 준 의미 있는 활동이었습니다. 공부방 봉사 활동은 초등학생들의 공부를 도와주는 활동인데, 학습 내용을 중심으로 열심히 준비해 갔지만 제 생각만큼 잘 진행되지 않았습니다. 그 이유를 고민해 보니 서로에 대한 친밀감을 형성할 겨를도 없이 무언가를 가르쳐 주려고만 했던 것이 문제라는 생각이 들었습니다. 그래서 수업 내용 중 어려운 것은 없었는지, 혹시 공부 외에 힘든 점은 없는지 서로 마음을 터놓고 이야기를 나눠 보았습니다. 그러자 아이들이 다가오기 시작했고 이후 수업도 잘 진행되었습니다. 이를 통해 공부방 봉사 활동은 물론, 상담을 할 때에도 상호 간의 신뢰와 친근감이 중요하다는 생각을 하게 되었고 상담에 대해 더 관심을 갖게 되었습니다. 이는 앞으로 좋은 또래 상담 요원이 되는 데 도움을 주리라 생각합니다.

 최근에는 상담 관련 내용을 공부하기 위해, 상담 선생님께 추천을 받은 『상담 심리학의 기초』란 책을 읽어 보았습니다. 이 책에 소개된 여러 이론 중 저는 로저스의 인간 중심적 상담 이론을 흥미롭게 읽었습니다. 로저스는 상담자의 태도를 설명하면서, 상담자에게는 피상담자에 대한 공감적 이해의 태도가 필요하다고 보았습니다. 저는 또래 상담 요원 역시 또래 친구들의 고민에 대한 공감적 이해

의 태도를 갖추어야 한다고 생각합니다.

제가 또래 상담을 받으면서 얻은 가장 큰 힘은 또래 친구가 전해 주는 정서적 위로였습니다. 만약 제가 또래 상담 요원으로 선발된다면 친구의 이야기와 고민을 경청하면서 공감해 줄 수 있도록 노력하겠습니다.

(다)

학생: 안녕하십니까? 지원자 김○○입니다.

면접관: 안녕하세요? 긴장한 것 같은데요, 편안한 마음으로 답변하면 됩니다.

학생: 네. 잘 알겠습니다.

면접관: 다양한 상담의 유형이 있는데, 청소년들에게 또래 상담이 왜 필요하다고 생각하나요?

학생: 네. 요즘 청소년들은 많은 고민을 안고 있는데요, 제가 본 설문 조사 결과에 따르면 청소년이 고민을 이야기하고 싶은 대상 1순위가 친구였습니다. 또래 상담은 생각의 눈높이가 맞는 또래 친구와 함께 고민을 나눌 수 있다는 점에서 청소년들에게 꼭 필요한 상담이라고 생각합니다.

[A] ⎡ 면접관: 평소 또래 상담에 대해 많은 생각을 했군요. 인간 중심적 상담 이론에서 제시한 상담자의 태도에 대해 좀 더 자세히 설명해 줄 수 있을까요?
    ⎢ 학생: 네. 『상담 심리학의 기초』란 책을 보면 인간 중심적 상담 이론에서의 상담자의 태도가 세 가지로 제시되어 있는데요, 공감적 이해의 태도 외에도 상담자는 피상담자를 진정성 있게 대해야 하며 피상담자에 대한 긍정적 존중의 태도를 지녀야 한다고 했습니다.

면접관: 잘 알고 있네요. 혹시 상담에서 말하는 '래포'가 무엇인지 알고 있나요?

학생: 래포의 개념을 말씀하시는 건가요?

면접관: 네. 맞습니다.

학생: 래포란 상호 간에 신뢰하며 감정적으로 친근감을 느끼는 인간관계를 말합니다. 상담은 마음을 열고 진솔하게 이야기를 나눌 수 있어야 하는 활동이므로 래포는 상담이 이뤄지기 위한 중요한 요소라고 생각합니다.

면접관: 신뢰와 친근감을 뜻하는 래포는 진솔하게 이야기를 나눌 수 있게 하는 상담의 중요한 요소라는 말이군요. 이번에는 상담 상황을 하나 말씀드리겠습니다. 또래 친구가 최근 성적이 많이 떨어져 부모님께서 자신에 대해 실망하시는 모습을 보며 우울해하고 있습니다. 이 경우에 어떻게 상담을 하겠습니까?

학생: 먼저 또래 친구와 마음을 터놓고 이야기할 수 있도록 신뢰와 친근감을 형성한 뒤 친구의 어려움에 공감해 주며 상담을 하겠습니다.

주의점

공고문 대신 대발문에 관련 내용을 상세히 제시할 수도 있다. 그러나 이 경우 대발문이 지나치게 길어 오히려 오독의 가능성이 생기기도 한다. 대발문은 가능한 한 전체 맥락을 보여 주는 것으로 대신하고, 하위 내용은 지문으로 구성하는 것이 바람직하다.

(가)는 작문 상황을 구체화하기 위해 제시한 '공고문'이다. 일반적으로 작문 상황에서는 필자의 목적, 글의 장르, 예상독자 등이 제시되어야 하는데, 여기에서는 '공고문'을 활용해 이를 구체화하였다. 공고문에는 목적(또래 상담 요원 지원), 장르(자기소개서), 예상독자(청소년 상담 복지 센터 담당자)와 함께 자격 조건을 명시하여 자기소개서에 어떤 내용이 포함되어야 하는지를 알려 주고 있다.

(다)는 면접 상황으로, (나)의 자기소개시 내용이 반영되도록 담화를 구성하였다. 이를 통해 담화와 글 간에 자연스러운 맥락을 설정할 뿐만 아니라, (나)의 내용을 토대로 면접관의 질문 의도나 학생의 대응 방식 등을 종합적으로 평가하는 융합 문항을 구안할 수 있다.

3) 문항 설계

우선 융합 지문을 구성한 의도를 구현할 대표 문항부터 살펴보기로 하자. 자기소개서와 면접을 융합한 취지가 가장 잘 드러나는 곳은 (다)에서 면접관의 질문과 지원자의 답변에 자기소개서의 내용이 반영되는 부분이다. 이 부분에서 자기소개서와 면접이라는 두 의사소통의 상황이 유기적으로 연결되고 있다. 이에 따라 (다)의 해당 부분을 [A]로 표시해 주었다.

[A]를 보면, 질문과 답변이 각각 하나이기 때문에 긍정형으로 발문을 구성하는 것이 용이하다. 이를 토대로 면접관의 질문 의도와 학생의 답변 전략에 대한 평가 요소를 포함하여 발문을 구안하면, "[A]에서 학생이 파악한 면접관의 질문 의도와 그에 따른 답변 전략에 대한 설명으로 가장 적절한 것은?" 정도로 작성할 수 있다.

하지만 이런 유형의 발문은 다양한 오답 시비를 낳을 수 있다. 질문의 의도란 복잡하고 다양할 수 있기 때문에 어느 하나로 단정하기 어렵다. 또한 의도를 적절하게 파악했다고 해도 그것이 특정한 답변 전략을 유도했다고 보기에는 어려울 수 있다.

질문의 의도를 파악하는 것과 그에 따라 답변 전략을 세우는 것 사이에는 여러 요인들이 존재한다. 따라서 답을 확정하기 위해서는 추가적인 장치가 필요한데, 이 문항에서는 〈보기〉를 활용하여 오답 시비를 줄이고자 한다.

1. 〈보기〉는 학생의 사고 과정 중 일부이다. [A]에 대한 질문 분석과 답변 전략을 연결한 것으로 가장 적절한 것은?

〈 보기 〉

[질문 분석]	[답변 전략]
ⓐ 자기소개서에서 제시한 내용과 관련하여 추가적인 설명을 요구하는군.	㉮ 자기소개서에서 언급한 책의 내용을 바탕으로 자세하게 답변해야겠군.

이와 같이 〈보기〉를 추가하는 방법을 통해 '학생의 사고'를 한정하면, 오답 시비에서 벗어날 수 있다. 아울러, 〈보기〉의 [질문 분석]과 [답변 전략]의 내용을 (나)의 자기소개서와 관련지어 서술하였다.

그러나 현재 상태로는 매력적인 오답을 설정하기 어렵고, 질문 분석과 답변 전략 중 하나만 적절한 것을 찾아도 정답을 확정할 수 있다. 그러므로 문항의 완성도를 높이기 위해서는 추가적인 설계가 필요하다. 이를 위해 먼저, 지문 (다)의 다른 부분도 [B], [C] 등의 기호를 사용하여 묶어 주었다. 다음은 지문에서 묶은 부분만을 보여 준 것이다.

[A]
면접관: 다양한 상담의 유형이 있는데, 청소년들에게 또래 상담이 왜 필요하다고 생각하나요?
학생: 네. 요즘 청소년들은 많은 고민을 안고 있는데요, 제가 본 설문 조사 결과에 따르면 청소년이 고민을 이야기하고 싶은 대상 1순위가 친구였습니다. 또래 상담은 생각의 눈높이가 맞는 또래 친구와 함께 고민을 나눌 수 있다는 점에서 청소년들에게 꼭 필요한 상담이라고 생각합니다.

면접관: 평소 또래 상담에 대해 많은 생각을 했군요. 인간 중심적 상담 이론에서 제시한 상담자의 태도에 대해 좀 더 자세히 설명해 줄 수 있을까요?

[B] 학생: 네. 『상담 심리학의 기초』란 책을 보면 인간 중심적 상담 이론에서의 상담자의 태도가 세 가지로 제시되어 있는데요, 공감적 이해의 태도 외에도 상담자는 피상담자를 진정성 있게 대해야 하며 피상담자에 대한 긍정적 존중의 태도를 지녀야 한다고 했습니다.

면접관: 신뢰와 친근감을 뜻하는 래포는 진솔하게 이야기를 나눌 수 있게 하는 상담의 중요한 요소라는 말이군요. 이번에는 상담 상황을 하나 말씀드리겠습니다. 또래 친구가 최근 성적이 많이 떨어져 부모님께서 자신에 대해 실망하시는 모습을 보며 우울해하고 있습니다. 이 경우에 어떻게 상담을 하겠습니까?

[C] 학생: 먼저 또래 친구와 마음을 터놓고 이야기할 수 있도록 신뢰와 친근감을 형성한 뒤 친구의 어려움에 공감해 주며 상담을 하겠습니다.

이후 〈보기〉의 내용을 추가하여 다음과 같이 문항을 설계하였다.

1. 〈보기〉는 학생의 사고 과정 중 일부이다. [A]~[C]에 대한 질문 분석과 답변 전략을 연결한 것으로 가장 적절한 것은?

〈 보기 〉

[질문 분석]	[답변 전략]
ⓐ 자기소개서에서 제시한 내용과 관련하여 추가적인 설명을 요구하는군.	㉮ 자기소개서에서 언급한 내용을 제시된 상황에 적용하여 답변해야겠군.
ⓑ 지원 분야의 필요성에 대해 근거를 들어 답할 것을 요구하는군.	㉯ 자기소개서에서 언급한 책의 내용을 바탕으로 자세하게 답변해야겠군.
ⓒ 지원 분야와 관련한 상황을 제시하며 수행 능력을 확인하고자 하는군.	㉰ 자기소개서에서 언급하지 않은 설문 조사 결과를 근거로 들어 답변해야겠군.

		질문 분석	답변 전략
①	[A]	ⓑ	㉯
②	[A]	ⓒ	㉰
③	[B]	ⓐ	㉮
✓④	[B]	ⓐ	㉯
⑤	[C]	ⓒ	㉰

이렇게 문항을 설계하면, 자기소개서의 내용을 토대로 각각의 질문과 답변을 확인하고 추론할 수 있는지 평가할 수 있다. 즉, 작문과 화법의 융합 문항이 구현된 것이다.

이렇게 대표 문항을 설계한 후에는 각 영역의 개별적인 문항을 구성한다. 예컨대 이 사례에서는 먼저 (나)의 자기소개서에 대해 평가 요소로 맥락 고려를 선정하여 작문 문항을 설계할 수 있다. 이때 (가)와 (나)를 연관 지어 (가)의 공고문 내용이 (나)의 자기소개서에 어떻게 반영되었는지를 묻는 문항을 만들 수 있다.

다음으로, 자기소개서의 주요 특징인 자신의 자질이나 소양을 어떤 방식으로 드러내고 있는지와 관련된 표현 전략 등을 문항으로 구안할 수 있다. 동일한 방식으로 면접에서는 면접관 혹은 학생의 말하기 방식 등을 문항으로 구안할 수 있다.

다음은 '말하기 방식'에 대한 평가 문항의 사례이다. 이미 지문의 [A]~[C]에서는 문항을 출제하였으므로, ㅌ 다른 부분에 나타난 면접관과 학생의 대화를 중심으로 문항을 설계하였다.

---

2. (다)에 나타난 학생과 면접관의 말하기 방식에 대한 설명으로 적절하지 않은 것은?

　① '학생'은 '면접관'에게 되묻는 방식으로 질문 내용을 확인하고 있다.
✓② '학생'은 '면접관'와의 견해 차이를 인정하면서 자신의 입장을 밝히고 있다.
　③ '면접관'은 '학생'의 답변에 대해 긍정적으로 반응하고 있다.
　④ '면접관'은 '학생'의 답변 내용을 요약하며 재진술하고 있다.
　⑤ '면접관'은 면접의 도입부에 '학생'의 긴장을 풀어 주는 말을 하고 있다.

7

새로운 객관식 문항의
설계 방안 탐색

01 새로운 객관식 평가 문항 개발의 필요성

객관식 평가 문항에서 발문은 학생으로 하여금 특정한 관점(논리)에서 문항에 접근하도록 제한하는 역할을 한다. 그리고 선택지는 발문이 유도하는 관점과 관련된 여러 사항들 중 비교적 유사한 성격(층위)을 지닌 것들로 선정되는데, 그중 오직 하나의 선택지만 발문과 직접적으로 연관되고 나머지 선택지들은 그것보다는 덜 연관되거나 혹은 무관한 것으로 만들어진다. 이러한 형태의 문항을 '객관식'이라고 하는 이유는 발문이 유도하는 관점에 따라 정답의 가능성이 특정한 하나의 선택지로 모아지고 다른 선택지들은 배제되어, 누가 채점을 하건 결과가 동일하게 산출되기 때문이다. 더욱이 객관식 평가는 문항이 적합하게 설계된다면 정답 오류나 복수 정답 등의 시비에서 비교적 자유롭다는 장점도 있다. 정답 기입이나 채점 방식도 OMR 카드를 활용할 경우 비교적 용이하기에 각종 시험이나 수능과 같은 대규모 평가에서 주로 채택하고 있다.

하지만 문항이 하나의 논리를 바탕으로 설계되어 있어 학생의 사고의 폭을 제한하고, 문항의 형태도 논술형이나 서술형에 비해 비교적 단순하다는 점에서 객관식 평가를 부정적으로 인식하는 경향도 있다. 하나의 논리로 단일한 정답만을 요구하는 형식이 학생의 창의성과 다양성을 중시하는 현행 교육의 흐름과는 거리가 있다는 비판이 지속적으로 제기되고 있는 것이다.

따라서 이 장에서는 객관식 평가 문항의 장점을 유지하면서도 서술형이나 논술형 문항의 장점도 함께 고려할 수 있는 새로운 객관식 평가 문항의 개발 방향에 대해 살펴보고자 한다. 이 논의는 교육 현장의 경험들을 토대로 기술한 것이기에 실제적인 검증이나 이론적 체계를 지닌 것은 아니지만, 국어과 평가 문항 개발에 대한 그간의 고민들을 바탕으로 새로운 방향을 탐색하고자 하는 시도로서 의미가 있다.

02 다양한 논리를 수용할 수 있는 구성형 문항

객관식 평가 문항에서는 발문이 제한하는 관점과 논리에 따라 하나의 선택지를 골라 정답을 택해야 한다. 이로 인해 학계는 물론 현장에서도 객관식 문항이 학생의 사고를 제한하는 평가 방식이라는 비판이 있어 왔다.

　그렇다면 만약 객관식 문항이 복수의 관점이나 논리를 적용해 문항을 해결하도록 설계된다면, 그러면서도 객관식 문항이 갖는 채점의 용이성과 효율성을 확보할 수 있다면 어떨까? 분명 기존의 방식보다는 더 큰 교육적 의미를 지닐 뿐만 아니라 현장의 활용도도 높일 수 있을 것이다. 여기에서는 이와 같은 문항, 즉 다양한 논리를 수용할 수 있는 새로운 문항 유형에 대해 탐색해 보고자 한다.

　다음은 2016학년도 대학수학능력시험 28번 문항을 구성형 문항으로 변형한 것이다.

　에우아틀로스(E)는 변론술을 가르치는 프로타고라스(P)에게 다음과 같이 제안하였다. "제가 선생님께 변론술을 배워 재판에서 처음으로 승소하면 그때 수강료를 드려도 되겠습니까?" P는 이 계약을 받아들였다. 그런데 E는 P로부터 모든 과정을 수강하고 나서도 소송에 참여할 기미를 보이지 않았고 그러자 P가 E를 상대로 그간 지불하지 않았던 수강료를 납부하라는 소송을 제기하였다. P는 주장하였다. "내가 승소하면 판결에 따라 수강료를 받게 되고, 내가 지면 자네는 계약에 따라 수강료를 내야 하네." E도 맞섰다. "제가 승소하면 수강료를 내지 않게 되고 제가 지더라도 계약에 따라 수강료를 내지 않아도 됩니다."

　지금까지도 이 사례는 어려운 논리 문제로 거론된다. ⓐ 만약 P와 E사이의 분쟁에 대한 소송이 제기되었다면 어떻게 될까?

[가] 　법률가들은 다음과 같은 관점에서 이 문제에 대해 접근한다. 우선, 이 사례에서의 계약은 수강료 지급이라는 효과를, 재판에서의 첫 승소라는 실현되지 않은 사건에 의존하고 있다는 점을 살펴야 한다. 이처럼 일정한

효과의 발생이나 소멸에 제한을 덧붙이는 것을 법률에서는 '부관'이라 하는데, 여기에는 '기한'과 '조건'이 있다. 기한은 효과의 발생이나 소멸이 장래에 확실히 발생할 사실에 의존하도록 하는 것을 의미하고, 반면 조건은 장래에 일어날 수도 혹은 일어나지 않을 수도 있는 사실에 의존하도록 하는 것을 말한다. 그리고 조건이 실현되었을 때 효과를 발생시키면 '정지 조건', 소멸시키면 '해제 조건'이라 부른다.

28. (가)를 바탕으로 ⓐ에 대한 답을 작성하고자 한다. 〈보기〉를 활용해 다음의 문장을 완성하시오.

(① / ②) 소송에서는 부관의 (③ / ④)을 근거로 계약이 (⑤ / ⑥) (⑦ / ⑧)가 승소한다.

─── 〈 보기 〉 ───

① 첫 번째　　② 두 번째　　③ 기한　　　　④ 조건
⑤ 성립되어　⑥ 성립되지 않아　⑦ 에우아틀로스(E)　⑧ 프로타고라스(P)

이 문항은 지문에 대한 이해를 바탕으로 핵심적인 정보들을 활용해 소송이 어떻게 진행될 것인지를 추론하게 하는 문항이다. 그런데 첫 번째 혹은 두 번째 재판의 경우 중 하나를 선택해 판결의 정보를 조합하여 적절한 문장을 완성하도록 하고 있다는 점에서 기존의 객관식 문항과 차이가 있다. 다시 말해 이 문항은 선택지에서 완결된 정보를 제시하고 학생으로 하여금 그것의 진위 여부를 판단하도록 하는 것이 아니라, 복수의 상황에서 정보들 간의 적절성을 판단하여 스스로 정답을 구성하도록 하는 것이다.

이러한 방식으로 문항을 설계하면, 정답에 이르는 경로가 여러 가지가 될 수 있다. 앞의 예시 문항에서는 처음에 ①번과 ②번 중 어떤 것을 선택하는가에 따라 뒤에 조합할 적절한 정보가 달라지는 '이중 경로(two-track)' 방식을 취하고 있다. 물론 지문의 성격에 따라 세 가지, 네 가지 등 다양한 경로를 구축할 수도 있다. 중요한 것은 학생이 선택할 수 있는 경로가 여러 가지라 하더라도, 선택한 특정 경로에서는 정답에 이르는 과정이 단일하도록 설계해야 한다는 것이다. 이렇게 하면 문항 오류나 오답 시비 등에서 벗어날 수 있으면서도 학생이 다양한 판단을 하도록 유도할 수 있다.

또한 이러한 문항은 차등 배점이 용이하다는 장점이 있다. 가령 앞의 문항에서 학생이 앞부분까지 정답을 썼으나 (㉠ / ⑧)에서 오답을 했다면, 그 이전까지에 대해 부분 점수를 부여할 수 있다. 기존의 객관식 문항은 정답 외에는 모두 오답으로 처리하여 평가를 단순화한다는 비판을 받았지만, 이렇 듯 다양한 경로로 정답을 구성하도록 하면 학생이 오판한 지점을 정확히 알 수 있고, 그 판단 지점을 고려하여 배점을 차등화하는 것도 가능하다. 이를 통해 기존의 객관식 평가 문항의 단점을 보완할 수 있다.

03 선택지에 따른 차등 배점형 문항

객관식 평가 문항의 장점은 유지하되 서술형이나 논술형의 장점도 함께 고려할 수 있는 또 다른 방법은 차등 배점형 문항이다. 차등 배점형 문항은 다양한 감상이나 비평이 존재할 수 있는 문학 과목에서 특히 유용하게 활용될 수 있다.

다음은 2014학년도 대학수학능력시험 예비 시행(B형) 35번 문항을 차등 배점형 문항으로 변형하여 설계한 것이다.

우는 거시 벅구기가 프른 거시 버들숩가
 이어라 이어라
어촌(漁村) 두어 집이 닛* 속의 나락들락
 지국총(至匊恖) 지국총(至匊恖) 어스와(於思臥)
말가흔 기픈 소희 온간 고기 뛰노ᄂ다
            〈춘(春) 4〉

년닙희 밥 싸 두고 반찬으란 쟝만 마라
 닫 드러라 닫 드러라
청약립(靑篛笠)은 써 잇노라 녹사의(綠蓑衣) 가져오냐
 지국총(至匊恖) 지국총(至匊恖) 어스와(於思臥)
무심(無心)흔 빅구(白鷗)는 내 좃ᄂ가 제 좃ᄂ가
            〈하(夏) 2〉

슈국(水國)의 ᄀ올히 드니 고기마다 술져 읻다
 닫 드러라 닫 드러라
만경딩파(萬頃澄波)*의 슬ᄏ지 용여(容與)ᄒ쟈*
 지국총(至匊恖) 지국총(至匊恖) 어스와(於思臥)

인간(人間)을 도라보니 머도록 더욱 됴타

〈추(秋) 2〉

간밤의 눈 갠 후(後)에 경물(景物)이 달랃고야
　　이어라 이어라
압희는 만경류리(萬頃琉璃)* 뒤희는 천텹옥산(千疊玉山)*
　　지국총(至匊悤) 지국총(至匊悤) 어ᄉ와(於思臥)
션계(仙界)ㄴ가 불계(佛界)ㄴ가 인간(人間)이 아니로다

〈동(冬) 4〉

믉ᄀ의 외로온 솔 혼자 어이 싁싁흔고
　　빅 미여라 빅 미여라
머흔 구룸 흔(恨)티 마라 셰샹(世上)을 ᄀ리온다
　　지국총(至匊悤) 지국총(至匊悤) 어ᄉ와(於思臥)
파랑셩(波浪聲)*을 염(厭)티 마라 딘훤(塵喧)*을 막는ᄯ또다

〈동(冬) 8〉

— 윤선도, 「어부사시사(漁父四時詞)」

* 닛 : 내의. '내'는 바닷가에 자주 나타나는 안개와 같은 현상.

* 만경딩파 : 넓게 펼쳐진 맑은 물결.

* 용여ᄒ쟈 : 느긋한 마음으로 여유 있게 놀자.

* 만경류리 : 유리처럼 반반하고 아름다운 바다.

* 천텹옥산 : 수없이 겹쳐 있는 아름다운 산.

* 파랑셩 : 물결 소리.

* 딘훤 : 속세의 시끄러움.

---

35. 윗글에 대한 설명으로 적절한 것은?

① 〈춘 4〉에서는 청각적 이미지와 색채 이미지를 활용하여 계절의 변화를 드러
　내고 있다.

② 〈하 2〉에서는 화자가 세속을 가려 주는 역할을 하는 자연물과 심리적 거리감

을 느끼는 상황을 나타내고 있다.

✓ ③ 〈추 2〉에서는 자연의 풍성함과 화자의 여유롭고 넉넉한 정신세계를 보여 주
   는 소재를 찾을 수 있다.

④ 〈동 4〉에서는 자연의 아름다움에 감탄하며 그로 인해 연상된 이상향에 대한
   동경을 나타내고 있다.

⑤ 〈동 8〉에서는 특정한 소재에 화자의 감정을 이입하여 내면적 갈등을 형상화
   하고 있다.

이 문항은 현재 객관식 평가의 관행에 따라 채점한다면 정답을 ③번으로,
나머지를 오답으로 처리할 수 있다. ③번의 경우 "고기마다 슬져 읻다", "슬
큰지 용여(容與)ᄒᆞ쟈"를 통해 정답임을 확실하게 판단할 수 있기 때문이다.
하지만 선택지를 세밀하게 살펴보면 ①번과 ④번은 관점에 따라 논란의 여
지가 있어서, 두 선택지의 내용이 틀렸다고 무조건 단정할 경우에는 학생들
의 창의성과 유연한 사고를 위축시킨다는 비판에 직면할 수 있다. 그 이유를
살펴보자.

선택지 ①번을 보면 〈춘 4〉의 "우ᄂᆞ 거시"에서 청각적 이미지를, "프른 거
시"에서 색채 이미지를 확인할 수 있다. 그러나 선택지 뒷부분의 "계절의 변
화를 드러내고 있다."라는 진술이 적절하지 않다는 것이 오답의 근거로 제시
될 가능성이 높다. 하지만 일반적으로 '사시가(四時歌)'류의 연시조는 강호
에 묻혀 사는 생활을 사계절의 변화와 관련시켜 노래한 것이기 때문에, 작품
의 전체적인 체계에서 보면 "계절의 변화를 드러내고 있다."가 적절한 진술
이 될 수도 있다.

선택지 ④번의 〈동 4〉는 화자가 눈이 갠 후의 경치를 이상향에 빗대며 그
아름다움에 감탄하고 있는 상황이다. 따라서 이 선택지에서 "자연의 아름다
움에 감탄하며"는 적절한 진술이다. 다만 "이상향에 대한 동경"이 나타나지
않는다는 것이 오답의 근거로 제시될 가능성이 높다. 그런데 화자가 아름다
운 경치를 바라보며 관념화된 "션계(仙界)", "불계(佛界)"를 언급하는 것 자
체가 이상향에 대한 동경을 내포한다고 볼 수도 있다.

수업 시간에 '사시가'류의 특징과 〈동 4〉에 나타나는 화자의 심리를 설명하지 않았다 하더라도, 학생의 다양한 감상이라는 측면을 고려하면 ①번과 ④번을 무조건 오답이라고 하는 것은 논란을 유발할 수 있다. 이 경우 문항을 차등 배점형으로 설계하는 것이 적절할 수 있다. 이 문항의 최대 배점이 3점이라면 아래와 같은 차등화된 채점 기준을 통해 변별을 줄 수 있을 것이다.

선택지	배점	비고
③	3점	이론의 여지가 없는 정답
①, ④	2점	다양한 감상으로 인정할 수 있는 내용
②, ⑤	0점	완전히 잘못된 감상

정답의 배점을 다양화하는 차등 배점형 문항은 선택지를 다섯 개로 구성하는 현행 대학수학능력시험이나 학교 내신 시험에서도 충분히 활용할 수 있다. 특히 문학 영역에서 이를 활용하면, 단편적이고 획일화된 감상에서 벗어나 창의적·심미적·성찰적으로 사고하고 소통하는 능력과 작품을 다양한 관점에서 이해하는 고차원의 감상 역량을 확인할 수 있기 때문에 객관식 문항의 타당성을 높일 수 있다. 출제 과정에서 난도 및 배점에 대한 협의를 통해 신뢰성을 확보한다면 기존의 객관식 평가 문항의 단점을 보완하여 발전시킬 수 있는 바람직한 장치가 될 수 있을 것이다.

04 정답을 다양화하는 복수 정답형 문항

현행 대학수학능력시험이나 학교 내신 시험에서는 채점의 객관성과 용이성을 고려하여 5지선다형 문항을 출제한다. 특히 선택지에서 정답을 고르게 하는 긍정형 문항이나 선택지에서 오답을 고르게 하는 부정형 문항이 비교적 많다. 그런데 출제를 하다 보면 네 개의 오답 선택지를 만들기 어렵거나 한 개 이상의 정답 선택지를 만드는 것이 교육적으로 바람직하다고 생각되는 경우도 있다. 이 경우에는 다음과 같은 형태의 문항을 출제하기도 한다.

2014학년도 11월 고2 전국연합학력평가(A형)

30. 윗글을 읽은 학생이 〈보기〉와 같이 반응했다고 할 때, (   )에 들어갈 말을 바르게 짝지은 것은?

─── 〈 보기 〉 ───

진공 증착을 하기 위해 증발시킨 기체 분자가 기판에(에서) (㉮)되었다면, 기판의 온도가 박막을 형성하려는 기체 분자의 온도보다 (㉯), 기체 분자의 운동 에너지가 기판 표면의 원자가 안정화되려는 힘보다 (㉰)는 것이다.

	㉮	㉯	㉰
①	탈착	낮아서	커졌다
②	탈착	낮아서	작아졌다
③	탈착	높아서	커졌다
④	흡착	높아서	작아졌다
⑤	흡착	낮아서	커졌다

위와 같은 형태의 문항은 선택지에서 정답을 여러 개 묶어 제시하기 때문에 학생들이 소거법을 통해 정답을 추측할 수 있다는 단점이 있다. 위 문항에서 ㉮에 들어갈 내용이 '탈착'이라는 것을 알면 ④번, ⑤번 선택지의 정오를

판단할 필요가 없어지고, ㉰에 들어갈 내용이 '높아서'라는 것을 알면 ①번, ②번, ⑤번 선택지의 정오를 판단할 필요가 없어진다. 편법으로 문항 풀이가 가능해지는 것은 물론, 난도가 떨어지는 결과를 가져오는 것이다.

이러한 형태의 문항에 대한 대안으로, 6지선다형이나 8지선다형 등 여러 개의 선택지에서 복수의 정답을 찾도록 하는 문항을 개발할 수 있다. 그리고 5지선다형의 선택지에서 복수의 정답을 찾게 할 수도 있다. 다음은 앞의 문항을 6지선다형으로 변형하여 설계한 것이다.

30. 윗글을 읽은 학생이 〈보기〉와 같이 반응했다고 할 때, ㉮~㉰에 들어갈 말을 각각 고르시오.

〈 보기 〉

진공 증착을 하기 위해 증발시킨 기체 분자가 기판에(에서) (㉮)되었다면, 기판의 온도가 박막을 형성하려는 기체 분자의 온도보다 (㉯), 기체 분자의 운동 에너지가 기판 표면의 원자가 안정화되려는 힘보다 (㉰)는 것이다.

㉮		㉯		㉰	
✓①	②	③	✓④	⑤	✓⑥
탈착	흡착	낮아서	높아서	작아졌다	커졌다

원래 이 문항의 선택지는 5지선다형의 짝짓기 형태로 구성되어 있었으나, 선택지를 여섯 개로 구성하고 세 개의 정답을 찾는 문항으로 설계함으로써 난도가 크게 높아졌다. 변형된 선택지를 활용하면 편법적인 문항 풀이가 불가능해지기 때문에 학생들의 이해 여부를 정확하게 파악할 수 있다.

이러한 선택지 구성은 독서 과목뿐만 아니라 문법 과목에서도 유용하게 활용될 수 있다.

13. 〈보기〉를 참고할 때, 음운 변동 사례에 대해 바르게 이해한 내용으로 적절한 것은?

〈 보기 〉

　　교체, 탈락, 축약, 첨가의 음운 변동이 일어나는 경우 음운 개수의 변화가 나타나기도 한다.

　　먼저 '집일[짐닐]'은 첨가 및 교체가 일어나 음운의 개수가 늘었다. 그런데 '닭만[당만]'은 탈락 및 교체가 일어나 음운의 개수가 줄었고, '뜻하다[뜨타다]'는 교체 및 축약이 일어나 음운의 개수가 줄었다. 한편 '맡는[만는]'은 교체가 두 번 일어나 음운의 개수가 변하지 않았다.

✓① '흙하고[흐카고]'는 탈락 및 축약이 일어나 음운의 개수가 두 개 줄었군.
② '저녁연기[저녕년기]'는 첨가 및 교체가 일어나 음운의 개수가 두 개 늘었군.
③ '부엌문[부엉문]'과 '볶는[봉는]'은 교체가 한 번 일어나 음운의 개수가 변하지 않았군.
④ '엎지[업찌]'와 '묽고[물꼬]'는 교체 및 축약이 일어나 음운의 개수가 각각 한 개 줄었군.
⑤ '넓네[널레]'와 '밝는[방는]'은 탈락 및 교체가 일어나 음운의 개수가 각각 두 개 줄었군.

　　다음은 앞의 문항을 6지선다형으로 변형하여 재설계한 것으로, 기존의 5지선다형에서 6지선다형으로 재설계하면서 난도가 상대적으로 높아졌다. 학생들이 선택지 ①번에서 이것이 정답이라고 판단했다 하더라도 남은 선택지에서 또 다른 정답을 하나 더 찾아야 하기 때문이다.

---

13. 〈보기〉를 참고할 때, 음운 변동 사례에 대해 바르게 이해한 내용을 두 가지 고르시오.

〈 보기 〉

> 교체, 탈락, 축약, 첨가의 음운 변동이 일어나는 경우 음운 개수의 변화가 나타나기도 한다.
>
> 먼저 '집일[짐닐]'은 첨가 및 교체가 일어나 음운의 개수가 늘었다. 그런데 '닭만[당만]'은 탈락 및 교체가 일어나 음운의 개수가 줄었고, '뜻하다[뜨타다]'는 교체 및 축약이 일어나 음운의 개수가 줄었다. 한편 '맡는[만는]'은 교체가 두 번 일어나 음운의 개수가 변하지 않았다.

✓ ① '흙하고[흐카고]'는 탈락 및 축약이 일어나 음운의 개수가 두 개 줄었군.

② '저녁연기[저녕년기]'는 첨가 및 교체가 일어나 음운의 개수가 두 개 늘었군.

✓ ③ '나뭇잎[나문닙]'은 교체가 세 번, 첨가가 한 번 일어나 음운의 개수가 한 개 늘었군.

④ '부엌문[부엉문]'과 '볶는[봉는]'은 교체가 한 번 일어나 음운의 개수가 변하지 않았군.

⑤ '넓네[널레]'와 '밝는[방는]'은 탈락 및 교체가 일어나 음운의 개수가 각각 두 개 줄었군.

⑥ '엱지[언찌]'와 '묽고[물꼬]'는 교체 및 축약이 일어나 음운의 개수가 각각 한 개 줄었군.

나아가 선택지의 배점을 달리하여 난도를 조절할 수도 있다. 위의 문항을 예로 들면, 선택지 ①번보다 ③번의 판단 기준이 더 복잡하므로 선택지 ③번에 부분 점수를 더 부여하는 방식이다. 전체 배점이 2점이라고 할 때, 선택지 ①번과 다른 선택지를 고른 경우에는 0.5점, 선택지 ③번과 다른 선택지를 고른 경우에는 1.5점, ①번, ③번을 고른 경우에는 2점을 부여할 수 있다.

정답을 다양화하는 복수 정답형 문항은 선택지를 다섯 개로 구성하는 현행 대학수학능력시험이나 학교 내신 시험에서도 충분히 활용할 수 있다. 특히 추측이나 우연에 의해 정답을 맞힐 가능성을 낮추어 문항의 타당도를 높일 수 있고 난도 및 배점도 쉽게 조절할 수 있기 때문에, 기존의 객관식 평가 문항의 한계를 보완하는 방법이 될 수 있는 것이다.

참고문헌

경기도교육청(2010), 서술형 평가 문학 제작 컨설팅 연수(장학자료 2010-29).

경기도교육청(2010), 지필평가 문항 제작 길라잡이.

고영근·구본관(2008), 우리말 문법론, 집문당.

교육부(2015), 교육부 고시 제 2015-74호 [별책 5] 국어과 교육과정.

구본관(2008), 우리말 문법론, 집문당.

구본관 외(2015), 한국어 문법 총론 1, 집문당.

구본관 외(2016), 한국어 문법 총론 2, 집문당.

권순희 외(2018), 작문교육론, 사회평론아카데미.

김광해(1997), 국어지식교육론, 서울대학교출판부.

김종철 외(2015), 창의와 융합의 국어교육, 사회평론아카데미.

김창원(2007), 국어교육론, 삼지원.

디에고 마르코니/신명선 외 역(2019), 어휘 능력, 역락.

래리 앤드루스/이관규 외 역(2008), 국어 수업을 위한 언어 탐구와 인식, 박이정.

류수열 외(2014), 문학교육개론 II, 역락.

박도순(2005), 문항작성방법론, 교육과학사.

박영순(1998), 한국어 문법 교육론, 박이정.

박재현(2016), 국어 교육을 위한 의사소통이론, 사회평론아카데미.

박현희·류대성(2017), 고전은 나의 힘: 사회읽기, 창비.

서울대학교 교육연구소(2011), 교육학 용어사전, 하우동설.

서울대학교 국어교육연구소(2010), 국어교육학사전, 대교.

성광수 외(2005), 한국어 표현 문법, 한국문화사.

송현정(2006), 문법 교육의 이해와 실제, 한국문화사.

스콧 톤버리/이관규 외 역(2004), 문법을 어떻게 가르칠 것인가?, 한국문화사.

신명선(2008), 의미, 텍스트, 교육, 한국문화사.

신호철(2012), 국어교육을 위한 연계성의 이론과 실제, 한국문화사.

양길석(2007), "서술형·논술형 평가 문항의 제작", 서술형·논술형 평가 전문성 신장을 위한 고등학교 지구별 교사 연수 자료, 서울특별시교육청.

염은열 외(2019), 문학교육을 위한 고전시가작품론, 사회평론아카데미.

이관규(2004), 학교문법론(개정판), 월인.

이관규(2007), 학교문법교육론, 고려대학교민족문화연구원.

이관규(2016), 국어 교육을 위한 국어 문법론, 역락.

이삼형 외(2003), 국어교육 연구의 반성과 전망, 역락.

이삼형 외(2007), 국어교육학과 사고(개정판), 역락.

이상기 외(2017), 영어 평가 문항 개발의 실제, 한국문화사.

이순영 외(2015), 독서교육론, 사회평론아카데미.

이진호(2014), 국어 음운론 강의, 삼경문화사.

이창덕 외(2017), 화법교육론, 역락.

정재찬 외(2014), 문학교육개론 I, 역락.

제임스 D. 윌리엄스/이관규 외 역(2015), 교사를 위한 문법 이야기, 사회평론아카데미.

주세형(2006), 문법 교육론과 국어학적 지식의 지평 확장, 역락.

주세형 외(2014), 국어과 교과서론, 사회평론아카데미.

최경봉 외(2017), 국어 선생님을 위한 문법 교육론, 창비교육.

최미숙 외(2016), 국어 교육의 이해, 사회평론아카데미.

한국교육과정평가원(2004), 대학수학능력시험 출제 매뉴얼: 언어영역.

한국화법학회 화법용어해설위원회(2014), 화법 용어 해설, 박이정.

• 3장 참고 자료

구운희(2009), "다망감시로써의 슈퍼 파놉티콘을 통한 현대사회의 시선의 권력관계", 한국콘텐츠학회논문지9(10), 한국콘텐츠학회, 102-109.

데이비드 카/유화수 역(2009), 시간, 서사 그리고 역사, 한국문화사.

미셸 푸코/오생근 역(2016), 감시와 처벌, 나남.

에드문트 후설/이종훈 역(2018), 시간의식, 한길사.

전동진(2008), 서정시의 시간성, 시간의 서정성, 문학들.

조광제(2008), 의식의 85가지 얼굴, 글항아리.

한국음악지각인지학회(2005), 음악의 지각과 인지 I, 음악세계.

홍성욱(2001), "벤담의 파놉티콘(Panopticon)에서 전자 시놉티콘(Synopticon)까지: 감시와 역감시, 그 열림과 닫힘의 변증법", 한국과학사학회지23(1), 한국과학사학회, 69-96.